СОЛО XX ВЕКА

АДА ЯКУШЕВА

Стихи
Песни
Воспоминания
Ноты

"ЛОКИД-ПРЕСС"
Москва
2001

АДА ЯКУШЕВА

Песня — любовь моя

"ЛОКИД-ПРЕСС"
Москва
2001

ББК 84 (2 Рос-Рус) 6
Я499

Серия основана в 2001 году

Автор проекта
Давид С. Хубларов

Составление, подготовка текста
Роллан Шипов

Дизайн
Инги Мидовой

Якушева А. А.

Я499 Песня — любовь моя /Сост. Р. Шипов; дизайн И. Мидова. — М.: Локид-Пресс, 2001. — 367 с. — (Соло XX века).

ISBN 5-320-00419-2

Ада Якушева — легенда авторской песни. Ее песни «светлы, чисты, отзывчивы, прелестны... У них была короткая первая жизнь. Рожденные на гибельном краю большого чувства, они пропелись разом, на одном коротком выдохе, и — лопнула струна, больше Ада уже не пела...» (Д. Сухарев). А песни живут и со временем не становятся менее любимыми и популярными. В этой книге впервые достаточно полно представлено творчество Ады Якушевой, включая песни, стихи и мемуары. В новой редакции мемуаров «Если б ты знал» она вспоминает о многих людях, с которыми свела ее жизнь и журналистская судьба. Интересны ее высказывания о творчестве бардов, об особенностях авторской песни, песенных фестивалях и конкурсах.

В нотном приложении содержатся ноты двадцати наиболее известных песен Ады Якушевой.

ББК 84 (2 Рос-Рус) 6

ISBN 5-320-00419-2

Ариадна Адамовна Якушева (Кусургашева) родилась 24 января 1934 года в Ленинграде, в семье служащих. Ее отец, Адам Андреевич, в 1942 году ушел добровольцем на фронт и погиб в Белоруссии, будучи комиссаром партизанского отряда. Мать, Нина Александровна, — кандидат экономических наук, преподаватель. В детстве Ада училась музыке по классу виолончели в музыкальной школе, но не окончила ее. В 1952 году поступила на факультет русского языка и литературы Московского государственного педагогического института им. В.И. Ленина, где училась одновременно с Юрием Визбором, Юлием Кимом, Петром Фоменко, Владимиром Красновским, Максимом Кусургашевым, Юрием Ряшенцевым, Юрием Ковалем и многими другими впоследствии известными писателями, артистами, журналистами.

Уже на втором курсе института начала сочинять песни на свои стихи. Эти песни быстро приобрели широкую известность и популярность. Была организатором и руководителем ансамбля студенческой песни МГПИ.

По окончании института (1956) работала в многотиражной газете Московского авиационного института (1956—1957). Одновременно занималась в семинаре самодеятельных авторов при Доме композиторов, а также училась (но не окончила его) на дирижерско-хоровом отделении музыкального училища.

В 1957 году вступает в брак с Юрием Визбором и в ноябре 1958 года у них рождается дочь Татьяна.

Некоторое время работала учителем в московской школе № 106 Октябрьского района (1962), руководила вокальным ансамблем Московского химико-технологического института (1962—1963), октетом МГПИ (1964—1965), вокальным ансамблем МАИ (1965—1966). В эти годы Ада Якушева входила в число самых известных и любимых авторов студенческой песни.

С 1966 по 1989 год работала редактором на радиостанции «Юность». Член Союза журналистов (1973).

В 1968 году вступает в брак с известным радиожурналистом Максимом Кусургашевым, другом Юрия Визбора. В этом браке имеет двоих детей — Максима (1969) и Дашу (1973).

Ныне старшая дочь Татьяна — известная радиожурналистка, младшая дочь Даша — выпускница ВГИКа, сын Максим — студент ГИТИСа.

Несмотря на то что начиная с семидесятых годов Ада Якушева концертировала редко и почти не сочиняла новых песен, многие ее песни пятидесятых и шестидесятых годов, в числе которых «Ты — мое дыхание», «Вечер бродит», «Синие сугробы», «Другие города», «Мой друг рисует горы», «В речке каменной» и другие, стали классикой жанра и до сих пор остаются в числе наиболее популярных и поющихся.

Поэт Юрий Ряшенцев сказал об Аде Якушевой: «Все, что она выразила в песнях, было присуще в ней изначально. Песни Ады Якушевой абсолютно прозрачны. Она по-женски просто и открыто говорила о том, что чувствовала, что ее волновало...

Ада Якушева была подлинной всегда. Михаил Светлов как-то сказал начинающим поэтам интересную вещь: не бойтесь банальности, идите прямо на нее, и она уступит дорогу! С Адой происходило нечто похожее. Она ничего не придумывала, ничего не боялась. Обаяние ее характера — очень женственного и если не удалого, то озорного — всякий раз отодвигало банальность в сторону...

Ада никогда не была ниспровергательницей каких-то официозных доктрин и предрассудков. Прелесть в том, что она игнорировала их, просто не замечала... Она всегда пребывала в состоянии абсолютной творческой свободы...

Любопытно, что комитет комсомола не видел в ней угрозы. Считалось хорошим тоном после торжественной части послушать песни Якушевой — одно вроде бы не противоречило другому. Еще как противоречило, потому что в ее песнях сохранилась живая человеческая душа!

У Якушевой есть беспощадная по откровенности (и пророческая) песня: У меня родится сын — то ли рыжий, будто Юрка, то ли черный, как Максим.

Это написано в годы учебы в пединституте, где царствовали ханжеские представления о том, какими должны быть отношения девушки и молодого человека! В этих строках — ее отчаянная непосредственность и смелость, сохранившиеся на всю жизнь».

А недавно поэт Дмитрий Сухарев написал: «Всем известно, что женщины совершенней мужчин. Иначе зачем мы так любили бы? В авторской песне превосходство женской организации выражено особенно наглядно.

Сомневаетесь? Тогда проделаем простой эксперимент. Положим на чашу весов все песни бардов-мужчин, от А до Я: Ампилов, Анчаров, Бачурин и дальше до конца алфавита. На другую пусть ляжет пушинкой одна-единственная песенка одной-единственной женщины:

Ты — мое дыхание,
Утро мое ты раннее.
Ты — и солнце жгучее,
И дожди.

Всю себя измучаю,
Стану я самой лучшею.
По такому случаю
Ты пааа-даа-жди.

Чаши качнутся, и мы своими глазами увидим, какая из них перевесит...

Независимо от субъективных намерений Ады Якушевой, ее песни содержали субстанцию, убийственную для тоталитарного государства — частность. Частный случай любви. Тихая, бархатная революция. Ее плоды служат авторской песне по сей день».

Стихи

•

Песни

Здравствуй, песня!

ПЕСНЯ МОСКВЕ

В институте под сводами лестниц,
Одержимые жаждой творить,
Написать захотели мы песню
И на память Москве подарить.

Город светлый, город чудный, —
Или все тебе спето давно?
Или новое выдумать трудно?
Или просто нам мало дано?

Написать бы о том, как по крышам
Пляшут светлые капли дождя.
Или, может быть, лучше напишем,
Как весною бульвары галдят,

Как шоссе убегает куда-то,
Как на площади Пушкин стоит,
Как в кривых переулках Арбата
Прячет солнце закаты свои.

Долго мерзли в холодном подвале.
Зажигала Москва фонари.
Ночь настала, и мы увидали,
Что нам нечего вроде дарить.

Город светлый, город чудный, —
Или все тебе спето давно?
Или новое выдумать трудно?
Или просто нам мало дано?

1954

ПЕСЕНКА ПРО ТРЕПАЧА

Прошел меня любимый мимо,
Прийти к фонтану повелев.
Пришла, смотрю — стоит любимый,
Увы, в кольце прелестных дев.
На ногу ногу запрокинув,
Стоит он в треске пышных фраз.
Я ж на диване рядом стыну
Уже, наверно, целый час.

Легли колонн густые тени...
У института на виду,
Руками обхватив колени,
Своей я очереди жду.
А он, о смысле жизни споря,
Не собирается кончать.
О боже мой, какое горе —
Любить такого трепача!

По длинным темным коридорам,
Дневные завершив бои,
Наш комендант ночным дозором
Обходит рубежи свои.

Терпенье лопается, то есть
Иду, где треплет милый мой.
Осведомляюсь, есть ли совесть,
И говорю: — Пошли домой!

1954

МОЕ СОКРОВИЩЕ

Синие
Деревья в инее.
Так много их, что не видать луну.
Время — семь,
Давно устали все,
Давно пора присесть и отдохнуть.

Так потерпи еще,
Мое сокровище,
Ты видишь — там вдали
Дрожат огни.
Цель видна,
Идти недолго нам, —
Хоть до того окна ты дотяни.

Поле вновь
Сияет под луной.
Остался за спиной
Короткий день.
Снег намнем,
Давай в луну пальнем,
Чтоб не светила там,
Не надо где!

Так потерпи еще,
Мое сокровище,
Ты видишь — там вдали
Дрожат огни.
Цель видна,
Идти недолго нам, —
Хоть до того окна ты дотяни.

1954

МОЙ СОЛДАТ

Попрощались мы до вокзала.
Дальше ты меня не пустил.
И тогда я песне сказала:
Песня, за ним лети!
Она — не я,
В ней нету жалости.
Она — не ты,
Она добрей.
Песня, лети, пожалуйста!
Песня, лети скорей!

Ты уехал, мой солдат.
Стало больше дней в году,
Стали мне длинней года,
Но я жду.

Если жизни одной мне мало,
Значит, нет мне время робеть.
Если можно, то я по шпалам
Ночью приду к тебе.

Хочу, чтоб гордым ты пришел домой,
Хочу при всех расцеловать.
Слышишь ли ты, далекий мой,
Песни моей слова:

Ты уехал, мой солдат.
Стало больше дней в году,
Стали мне длинней года,
Но я жду.

Ты вернешься в новую осень
С неразлучным другом одним.
А пока пусть время уносит
Быстро часы и дни.
Смотрю на карточку в твои глаза
И рву листки календаря.
Очень ты верно мне сказал:
Есть за дождем заря.

Ты уехал, мой солдат.
Стало больше дней в году,
Стали мне длинней года,
Но я жду.

1955

ПЕЧОРА

Там в океан течет Печора,
Там только ледяные горы,
Там стужа люта в январе —
Нехорошо зимой в тундре́.

С гитарой, злой и невеселый,
Худой Красновский бродит там,
Играет с чувством «Баркароллу»
Тюленям глупым и моржам.

В сугробах утопают избы,
Там день и ночь туман седой,
И бродит там голодный Визбор
С огромной рыжей бородой.

Там люди холодны, как стены,
Там нету клуба, нету сцены.
Ой-ла-ла-ла, неважно дело,
Скажи, где ставить там «Отелло»?

Там даль заснеженных полей,
Немудрено там одичать,
Там нету даже тополей —
Под чем же девушек встречать?

Ой-ла-ла-ла, бежит олень.
Ой-ла-ла-ла, лежит тюлень.
Ой-ла-ла-ла, гибнет человек,
Пришлите денег на побег!

1955

НЕ ПЕЧАЛЬСЯ, ТАНЬКА

Говоришь, что ты несчастна,
Неудачно все идет:
Если любишь, то напрасно,
Если любит, то не тот.

Пусть какой-то там мальчишка
Разлюбил теперь тебя,
Не печалься, Танька, слишком —
Много славных есть ребят.

Он не любит — ну так что же?
Это, Танька, ничего.
Он не тот, но лишь похожий
На желанного того.

Может, он, давно любимый,
Был сегодня приглашен.
Может, ты танцуешь с ним, и
Все, выходит, хорошо.

Пусть какой-то там мальчишка
Разлюбил теперь тебя,
Не печалься, Танька, слишком —
Много славных есть ребят.

1955

ПЕРВЫЙ КУРС

Каждый год в осеннем месяце,
Отложив громаду дел,
Мы с тобой стремимся встретиться
И получше разглядеть, —

Первый курс,
Незнакомый, —
Нам теперь с тобой по пути.
Здравствуй, будь, как дома.
Здравствуйте!

Каждый год весной итоговой,
Разузнав твоих людей,
Убеждаемся, как многое
Мы сумели проглядеть!

Неизвестный, обещающий,
Появившийся едва,
Неизведанный пока еще —
Познакомимся давай, —

Первый курс,
Незнакомый, —
Нам теперь с тобой по пути.
Здравствуй, будь, как дома.
Здравствуйте!

1955

* * *

Только что прошла гроза весенняя,
В мокрых тротуарах фонари зажглись.
Мне в такую пору нет спасения
От шального запаха земли.

Голуби повисли над карнизами.
Темный сумрак улицы будя,
Прутьями блестящими нанизаны
Светлые горошины дождя.

Дорого мне города дыхание,
Мне его улыбка дорога,
Потому что здесь за каждым зданием
После гроз мне чудится тайга.

[1955]

ГОЛУБЫЕ СУМЕРКИ ПОГАСЛИ

Голубые сумерки погасли,
Заискрились огоньки вокруг.
Мне с тобой идти легко и ясно,
Мой простой понятный друг.

Становлюсь я лучше и умнее,
Если светит мне твой добрый взгляд.
Мы идем, а улицы темнеют,
Фонари бегут назад.

Нам с тобой Москва спешит навстречу,
Дышит свежий холодок ночной...
Я хочу, чтоб было каждый вечер
По пути тебе со мной.

1956

СИНИЕ СУГРОБЫ

Слушай, —
        на время время позабудь,
Лучше
        тебе спою я что-нибудь,
Чтобы
        теплели строгие глаза
И не оглядывался больше ты назад.
Песню
        зачем из дома понесу,
Если
        могу найти ее в лесу, —
Знаешь,
        какой красивый лес зимой?
Ее с мороза принесу тебе домой.

В синие сугробы
Убегает день...
Если петь тебе, то надо, чтобы
Песня начиналась здесь.

Хочешь —
в ней вспыхнут лунные огни,
К ночи
хрустальный лес в ней зазвенит,
Будет в ней дерзость ветра, свежесть щек, —
Скажи мне только, что бы ты хотел еще?
Скажешь —
поймаю песню на лету,
Наши
про нас чего-нибудь сплетут...
Только не в песнях дело тут моих:
Мне просто нравится, как слушаешь ты их.

В синие сугробы
Убегает день...
Если петь тебе, то надо, чтобы
Песня начиналась здесь.

1956

ПРОЩАЛЬНАЯ

Сегодня мы с тобой в институте
Последний раз поем.
Я вижу, ты по-прежнему шутишь,
Не грустно нам вдвоем.

Смотри, как необычно расцвечен
Огнями каждый миг.
С прошедшей юной жизнью беспечной
Сегодня прощаемся мы.

А можно нам ватагою веселой
На третий влезть этаж.
А можно нам квадратики пола
Оттуда сосчитать,
Увидеть там, как стройные тени
Ложатся у колонн,
И вспомнить под колоннами теми
О том, что давно отошло.

Ты видишь, испытующе смотрит
Любимый педагог.
Ты так же на своих оболтусов
Посмотришь через год.
Когда же, позабыв обо всем,
Мы исполним ту мечту, —
Ее пришлем, привезем, принесем
И подарим тебе, институт.

1956

СЕВЕРНЫЙ

Там давно, наверное,
Закружился снег...
Там живет мой Северный —
Он не верит мне.

Отведу ту беду,
Только стает снег, —
Северный, Северный,
Ты поверишь мне.

За метелью вьюжною
Кажется ему,
Что другого, Южного,
Я скорей пойму.

Отведу ту беду,
Только стает снег, —
Северный, Северный,
Ты поверишь мне.

Пишешь так спокойно мне,
Беспокойный мой.
Я же грежу, как во сне,
Ледяной зимой.

Отведу ту беду,
Только стает снег, —
Северный, Северный,
Ты поверишь мне.

1956

НОЧИ БРОДЯЧИЕ

Ночи бродячие — синие, белые —
Отлюбя, отлюбя, отлюбя,
Хочешь, иначе я жизнь переделаю
Для тебя, для тебя.

То ли уехать в далекие страны я
Умолю, умолю, умолю,
То ли навеки любить перестану я
Что люблю, что люблю.

Только тебе это все на беду мою
Не понять, не понять, не понять, —
Ты ведь не думаешь, вовсе не думаешь
Про меня, про меня.

Где бы ни шла и ни ехала где бы я, —
Что с того, что с того, что с того?
Ты ведь не требуешь, вовсе не требуешь
Ничего...

1956

ОСЕНЬ

Прозрачная роща смолкла,
Прозрачная роща застыла.
Едва зеленеют елки,
Березы позолотило.

Дождик косит —
Осень.

Лес полнится песенным звоном,
Чернеют деревья стволами.
Ну осень, ну дождик, ну что нам,
Когда целый мир перед нами!

Дождик косит —
Осень.

Когда, перепев мотивы,
С друзьями шагаю легко я,
Каким незнакомым, красивым
Ложится к ногам Подмосковье...

1956

ПОНИМАЕШЬ

Понимаешь, ночь немая.
И тревожно, и темно.
Понимаешь, я не знаю:
Навсегда ли ты со мной?
Ну, а если вдруг однажды
Ты уйдешь, судьбу кляня, —
Понимаешь, очень важно,
Чтобы ты любил меня.

Сколько строгих слов в дороге
Для собратьев по лыжне,
Сколько милых разлюбила,
Чтобы ты мне был нужней.
Ну, а если вдруг однажды
Ты уйдешь, судьбу кляня, —
Понимаешь, очень важно,
Чтобы ты любил меня.

Понимаешь, ночь немая.
И тревожно, и темно.
Понимаешь, я не знаю:
Навсегда ли ты со мной?

Ты один, ты самый лучший,
Ты мой свет, моя мечта!
Я грущу на всякий случай,
Понимаешь, просто так...

1956

ЗЕЛЕНОГЛАЗЫЕ ТАКСИ

Уже, наверно, первый час над крышами висит.
По улицам скользят зеленоглазые такси.
Конечно, лучше ехать, но идти мне — так легко!
И я иду, и я иду по городу пешком,
По городу пешком.

Люблю — чего, по-твоему, любить совсем нельзя:
Люблю твои усталые, тревожные глаза,
Прокуренную комнату, забытую еду.
Люблю, когда любимые своих любимых ждут,
Своих любимых ждут.

Над площадью пустынною знакомый дом притих.
Конечно, от расплаты мне сегодня не уйти.
И все-таки приятно знать в конце большого дня,
Что где-то в центре два окна не спят из-за меня,
Не спят из-за меня.

1956

ПОПУТНАЯ

Спешат нам сумерки навстречу.
Москва далеко.
И в этот тихий теплый вечер
Поется легко.
Теперь все кажется особым —
Земля и вода.
И вот летит, летит автобус
В синеватую даль.

Полоской дорога уходит,
Туман застилает поля.
Ну вот мы и снова в походе,
И рядом со мною друзья.

И улыбнулся нам прохожий
Хороший один.
А может быть, он любит тоже
По свету бродить?
Белеют венчики ромашек
С обеих сторон.
И чуть дрожит от песни нашей
Голубой горизонт.

Так мы в походе — это значит,
Светлей стали дни.
А если были неудачи,
Забылись они.
Как хорошо, что мы туристы,
Что с песней дружны.
Нам зажигает вечер мглистый
Золотые огни.

Полоской дорога уходит,
Туман застилает поля.
Ну вот мы и снова в походе,
И рядом со мною друзья.

1956

КАМЕШКИ ИЗ КОНАКОВО

Светлые камешки из Конаково
Трону руками — ну что в них такого?
Зори лесные, резные закаты,
Белые спины тропинок горбатых...

И проберусь я по травам упругим,
И протяну эти камешки другу.
Друг улыбнется и скажет толково:
— Это, сдается мне, из Конаково.

Он их с ладони в ладонь переложит,
Вспыхнут глаза теплотою тревожной.
Радугой станут сквозь пальцы лучиться
Чьих-то стоянок далеких зарницы.

Это к тому, чтоб, годами окован,
Не позабыл ты свое Конаково.
Это к тому, чтобы в будущих встречах
Слышать кипение пенистых речек.

1956

* * *

Дождик опять в окна стучится,
Черные тени скользят по стене.
Прежние песни, знакомые лица
Вечером в гости приходят ко мне.

Вижу колонн тень голубую,
Призрачный свет за окном потолка.
Молча гляжу и, как прежде, любуюсь
И не могу наглядеться никак.

Это страна песен веселых,
Дружеских споров, мечты до небес.
Здесь по нехоженым шахматам пола
Бродит забытая боль о тебе.

Дождик опять в окна стучится,
Черные тени скользят по стене.
Прежние песни, далекие лица
Вечером в гости приходят ко мне...

1956

* * *

Всю фантастику от корок и до корок
Прочитав и полюбив на много лет,
Я придумала себе прекрасный город,
Чтобы стало мне уютней на земле.

Я зажгла над ним лазоревые зори,
Прочертила перекрестки кое-где,
Поселила уйму сказочных историй
На придуманных квадратах площадей.

Прикрепила постоянное светило,
Чтобы не было для темени причин.
И однажды я сама тебе вручила
От придуманного города ключи.

И задвинул ты ключи поглубже в ящик,
Плащ — на плечи, остальное — в чемодан,
Потому что тосковал по настоящим,
Существующим на свете городам.

Поднимусь я на придуманную гору,
Вслед придуманному другу посмотрю.
Мой придуманный, мой теплый светлый город
Я кому-нибудь другому подарю.

[1956]

ЗДРАВСТВУЙ, ПЕСНЯ!

Шел человек, а куда — неизвестно.
Думал о чем-то своем.
Пел человек незнакомую песню —
Мы услыхали ее.

Здравствуй, песня!
Нам бы вместе
Сны лесные подстеречь,

Да бродить по свету
По рассветам,
По дорогам новых встреч!

Тайны бескрайних глухих расстояний
С нами увидишь хоть раз.
Ночи до зорь мы просиживать станем
Вместе с тобой у костра.

Дождик осенний тебе бы послушать,
Шагом померить бы дни, —
Вечно твою беспокойную душу
Стали бы дали манить.

Здравствуй, песня!
Нам бы вместе
Сны лесные подстеречь,
Да бродить по свету
По рассветам,
По дорогам новых встреч!

1957

ЗАПИСНАЯ КНИЖКА

Записную книжку вновь листаю я:
Боже мой, да это ж всё мои друзья!
Сколько верст до нашей встречи, сколько лет!
Где вас снова черти носят по земле?

Друзья, мои друзья,
Дорогие вы мои друзья!

Потерять я эту книжку не боюсь,
Адреса друзей я помню наизусть.
Слишком много раз судьба сводила нас,
Слишком много вместе выпито вина.

Друзья, мои друзья,
Дорогие вы мои друзья!

Часть имен, наверно, позабуду я,
Это будут вовсе не мои друзья.
Не беда! На этом ли земля стоит?
Будьте вечно молоды, друзья мои!

Друзья, мои друзья,
Дорогие вы мои друзья!

1958

ПЕСНЯ О ПУТЯХ

За поездом по полю
Торопятся столбы.
Пусть даже он на полюс —
Везде бы нам побыть.

Как душа устала хотеть
Незнакомых путей,
Дальних путей, смелых путей
Хотеть!..

Дымок прозрачный белый
Расплылся вдоль окна.
Скорей бы нам за дело,
Скорей приехать нам.

Мешают спать идеи,
Мы их проверим там.
А что бы нам затеять
Большое, как мечта?

Как душа устала хотеть
Незнакомых путей,
Дальних путей, смелых путей
Хотеть!..

1958

С НОВЫМ ГОДОМ

В Новый год, как в новый дом,
Входим мы с оглядкой:
Что нас ждет в доме том,
Всё ли там в порядке?
Не скрипит ли где-то дверь,
Не течёт ли крыша?
Всё проверить, поверь,
Никогда не лишнее.

Знаем сами мы, что лад
Нарушать негоже нам,
Что пойдут у нас дела,
Как им и положено.
Свой всему назначен срок.
Мы шагнем неслышно
И поставим за порог
То, что стало лишнее.

Пусть он пуст, новый дом,
Но в одном уверены,
Что его обживем,
Дайте только время нам.
Новый год — в добрый час,
С новыми надеждами!
Только пусть друзья у нас
Остаются прежними.

[1958]

МНЕ КАЖЕТСЯ

Мне кажется, что я давно
Живу во власти снов.
За это — счастье на меня в обиде.
Я песню написать хочу
Про долгую любовь,
Которую мне не пришлось увидеть.

Когда несчастье злое
У парадного стоит,
И горе руки мне кладет на плечи, —
Я песню написать хочу
Товарищам своим,
Друзьям, которых никогда не встречу.

Я песню написать хочу,
Что виден мне в окно
Туманного, большого счастья берег.
Мне кажется, что я давно
Живу во власти снов...
Мне кажется. Но я себе не верю.

[1958]

2 – 4188

Да обойдут тебя лавины

ВЕЧЕР БРОДИТ

Вечер бродит по лесным дорожкам.
Ты ведь, вроде, любишь вечера.
Подожди тогда еще немножко,
Посидим с товарищами у костра.

Вслед за песней позовут ребята
В неизвестные еще края,
И тогда над крыльями заката
Вспыхнет яркой звездочкой мечта моя.

Вижу целый мир в глазах тревожных
В этот час на берегу крутом...
Не смотри ты так неосторожно —
Я могу подумать что-нибудь не то.

Вечер бродит по лесным дорожкам.
Ты ведь, вроде, любишь вечера.
Подожди тогда еще немножко,
Посидим с товарищами у костра.

1959

КОЛЫБЕЛЬНАЯ ТАНЕ

Бродит дождик за окошком,
По стеклу стучит ладошкой.
Ночь холодная, большая,
Дождик Тане спать мешает.

Мокнут листья, мокнут крыши.
Дождик, тише, дождик, тише!
Если ты не очень занят,
Вспомни песенку для Тани.

Если нынче не сердитый,
Тане сказку расскажи ты.
Ты ведь бродишь по дорогам,
Ты ведь знаешь очень много...

1959

БЕГУТ КОЛЕСА

В соавторстве
с Ю.Визбором

Бегут, бегут, бегут колеса
В тумане ночном.
Давай закурим папиросы
И песню начнем —
Про то, как горные отроги
Блестят под луной,
Про то, как разные дороги
Приводят к одной.

Холодный ветер шебуршится
В предутренний час.
Кому-то в эту ночь не спится
И снится про нас.

Про нас, про наши разговоры,
Про горный поток,
Про то, как ходят через горы
Две пары сапог.

Для нас другой дороги нету,
Уж так повелось —
Встречать холодные рассветы
Под рокот колес.
И длинных писем в час прощанья
Ты не обещай.
Ну что ж, товарищ, до свиданья,
А может — прощай...

1960

* * *

Дорогу ночная окутала темень,
А я все стою и жду тебя...
Погасли огни и растаяли тени,
А я все стою и жду тебя...
Спят люди, события дня подытожив,
А я все стою и жду тебя...
Ты, верно, сегодня приехать не сможешь,
А я все стою и жду тебя...
Тебя задержала, возможно, работа,
А я все стою и жду тебя...
Тебя пригласил на свидание кто-то,
А я все стою и жду тебя...
Вдруг рядом мелькнул огонек папиросы,
А я все стою и жду тебя...
— Ну, здравствуй! Что делала? — ты меня спросишь.
— Да я все стою, все жду тебя...

[1960]

ЕСЛИ Б ТЫ ЗНАЛ

Если б ты знал,
Как долго я тебя сегодня ждала,
Ты, может быть, и отложил бы дела,
Зашел ко мне на два слова —
Как раньше, помнишь?
Если б ты знал,
Как я скучаю по улыбке твоей,
Как часто я теперь завидую ей,
Моей сопернице новой.

Если б ты знал,
И если б ты имел все время в виду,
Что в этом доме даже лестницы ждут
Тебя зимой и летом... Это —
О, если б ты знал, —
Твержу я часто, оставаясь одна.
Хотя ничто б не изменилось для нас,
Если б ты знал об этом.

Что, если мне
Самой однажды к вам под вечер зайти?
Ведь можно просто проходить по пути
И заглянуть к знакомым —
Как раньше, помнишь?
Что, если мне
Игрушку сыну твоему подарить,
А возвратившись, тосковать до зари
По огоньку чужому.

Если б ты знал,
Как часто, в мыслях совещаясь с тобой,
Встречает чья-то неземная любовь
Бессонные рассветы... Это —

О, если б ты знал, —
Твержу я часто, оставаясь одна.
Хотя ничто б не изменилось для нас,
Если б ты знал об этом.

1961

ПОПУТЧИК

Иду я ночью лесом
Со станции одна.
Стоят деревья тесно,
Тропинка чуть видна.
Сказали мне, что лучше
Здесь не ходить одной...
Вдруг слышу я: попутчик
Какой-то за спиной.

От страха я сначала
Шарахнулась в кусты,
Но голос услыхала
Его из темноты.
Спросил он осторожно,
Куда хочу идти.
— В деревню мне... — Мне тоже.
— Так, значит, по пути.

Смотрели дружелюбно
Хорошие глаза.
Он много мне безлюдной
Дорогой рассказал.

Служил он год на Волге,
На Севере служил.
Он ласково и долго
О людях говорил...

Не встречусь я, быть может,
Теперь уже с тобой,
Случайный мой прохожий,
Попутчик дорогой.
Ушел он лесом стройным,
Махнул рукой: «Привет!»
Шагай себе спокойно,
Хороший человек!

1961

ТЫ – МОЕ ДЫХАНИЕ

Ты — мое дыхание,
Утро мое ты раннее.
Ты — и солнце жгучее,
И дожди.
Всю себя измучаю,
Стану я самой лучшею.
По такому случаю
Ты подожди.

Подожди, себя тая, —
Самой красивой стану я,
Стану самой умною
И большой.

Сколько лет все думаю —
Как бы поймать звезду мою?
А звезда — рюкзак за плечи
И пошел.

Ты — моя мелодия,
Ты — вроде ты и вроде я,
Мой маяк у вечности
На краю.
Спросят люди вновь еще —
Ну, как ты к нему относишься?
Я тогда им эту песню
Пропою —

Что
Ты — мое дыхание.
Утро мое ты раннее.
Ты — и солнце жгучее,
И дожди.
Всю себя измучаю,
Стану я самой лучшею, —
По такому случаю
Ты подожди!

1961

КОРРЕСПОНДЕНТ

Привыкла я за столько лет
К тому, что каждый день
Шагает где-то по земле
Один корреспондент.

Что ветры льнут к его плечам,
А он не знает стен.
Его газеты величают:
«Наш корреспондент».

Шальных рассветов синева —
Глазам моим взамен.
И все же он совсем не ваш,
Он мой корреспондент.

Так дни идут, часы бегут,
Так тянутся года.
И жить теперь уж не смогу
Я без того, чтоб ждать.

Вернется только лишь едва —
И вновь дорогам в плен...
Он все же, видно, больше ваш,
Чем мой корреспондент.

Но очень важно другу вслед
Мне каждый знать момент,
Что бродит где-то по земле
Один корреспондент.

1961

ГОРОЖАНЕ

Мы — горожане. Зарею ранней
Нас будит буден седой прибой.
Мы — дети города, горожане,
Уж так назначено нам судьбой.

Мы любим лето и зиму тоже,
Свеченье ночи и блики дня.
Мы так похожи и непохожи,
Легко понять нас и не понять.

Нас горы манят, равнины манят,
Костры скитаний в глазах дрожат.
Все потому, что мы — горожане,
А это важно для горожан.

Будь нам за тридцать, будь нам за сорок, —
Как было раньше, так и сейчас,
В сосновых селах нам снится город,
А дома сосны в окно стучат.

За этажами, за гаражами
Нам еле слышен колосьев плеск.
Ну что поделать — мы горожане,
И в этом что-то, конечно, есть.

1961

МЕТРО

Я с детства люблю лабиринты метро
И четкость внимательных справок.
Идешь себе слева и, наоборот,
Стоишь с чемоданами — справа.
Нигде так спокойно не дышится мне.
Здесь ясно, прохладно и тихо.
А если случится, что «Выхода нет»,
То рядом окажется «Выход».

Я выйду наверх — и подхватит меня
Событий и горестей вихрь.
Где место мое, не могу я понять —
Где вход для меня, а где выход?
Какие зарницы мне будут светить?
Какие встречать мне рассветы?
Какие меня поджидают пути?
Никто мне не скажет об этом.

Иду напрямик, всем сомненьям назло,
Как будто написано в рамах,
Что счастье мое ждет меня за углом,
А радость — направо и прямо.
Иду напрямик — так понятнее мне.
Встречаю препятствия лихо.
И если случится, что выхода нет,
То я отыщу этот выход!

1961

МОЙ ДРУГ РИСУЕТ ГОРЫ

Мой друг рисует горы,
Далекие, как сон,
Зеленые озера
Да черточки лесов.
А рядом — шумный город
Стеной со всех сторон.
А друг рисует горы,
Далекие, как сон.

Мой друг — он друг отвесным
Холодным ледникам,
Он друг отважным песням
Да редким маякам.
Он любит горный ветер,
Раздумья до зари.
Он любит горы эти
Товарищам дарить.

И в ясный день, и в горе
Упрямо верит он,
Что есть на свете горы,
Далекие, как сон.
Мой друг мне тем и дорог,
Что днем и ночью он
Возводит к небу горы,
Далекие, как сон.

1961

ЖИВЕТ НА СВЕТЕ ДЕВОЧКА

Живет на свете девочка,
Такие вот дела.
Живут метели белые
Да реки из стекла.
То листья кружат весело,
То ливни льют да льют —
Во всем я слышу песенку
Про девочку мою.

Она — такая девочка,
Шальная голова,
Она уже несмело нам
Умеет подпевать,
Ее глаза ликуют,
Заглядевшись на зарю.
Я девочку такую
Никому не подарю.

Живет на свете девочка.
Друзья мои живут.
Ложится солнце стрелами
На мокрую траву.
Летит дорога смелая,
Дождем иссечена...
Живет на свете девочка.
Похожая на нас.

1962

Я ШАГАЮ

Я шагаю дорогой длинной,
Все повороты ее приняв,
Потому что тому причиной
Твое спокойствие за меня.

Мне ни крыши, ни стен не надо,
Мне лишь манящий глазок огня,
Потому что со мною рядом
Твое волнение за меня.

Я не стану искать, где лучше, —
Пусть будет хуже и холодней,
Потому что со мной попутчик —
Такая нежность твоя ко мне.

Все на свете — и снег, и ветер —
В сравненье с этим равно нулю,
Потому что ты есть на свете,
А еще — я тебя люблю.

1962

ДРУГИЕ ГОРОДА

Становятся помехою
Другие города:
Опять друзья разъехались
Неведомо куда.
По-прежнему упрямо я
Пытаюсь угадать —
Какие эти самые
Другие города?

Друзья — те больше сведущи
И знающи, видать:
Насильно не поедешь ведь
В другие города.
Но разве только заживо,
Без всякого труда,
Умеют привораживать
Другие города?!

Пока друзей размеренно
Развозят поезда,
То верю, то не верю я
В другие города.
Там, может, ветры влажные,
А может, холода...
Увидеть бы однажды мне
Другие города!

Становятся помехою
Другие города:
Опять друзья разъехались
Неведомо куда.
Прости, не знаю имени,
Но это не беда —
Возьми меня, возьми меня
В другие города!

1962

НАЕДИНЕ

Мою страну зовут «Наедине».
В ней прост вопрос и объясненье просто.
Она длиной во много-много дней
И шириной во много перекрестков.
Я так люблю побыть наедине,
Вернувшись ночью в темную квартиру,
Где ветви света вьются по стене
И теплый запах темноты и мира.

Наедине... Побыть наедине...
Нельзя мне с этим не сдружиться нынче.
Я слышу за окном уставший снег
И узнаю в вещах твои привычки.
И кожей чую — утро настает,
В нем бьется ветер, северен и нежен.
Ты был иль не был? Бедствие мое —
Ты был иль не был? Жил ты или не жил?..

Ты был, ты был, но это все равно,
Об этом все равно никто не знает.
«Наедине» — зову тебя страной.
И ни на что тебя не променяю...

[Начало 60-х]

ВЕТЕР ПЕСНЮ ПОЕТ

Ветер песню поет —
Он с привычками твоими,
А трава мне твое
Выговаривает имя,
А рубашка твоя
В синих просеках мелькает.
Без тебя я — не я.
Вот история какая.

Для тебя одного
Вспомню сотню сказок сразу.
Ливни над головой,
Как цветы, поставлю в вазу.

А далекой заре
Распахну навстречу двери.
Я могу умереть,
Если ты мне не поверишь.

Ни надежд голубых,
Мне не надо стажа даже,
Я могу все забыть,
Если только ты прикажешь.
По следам бы твоим
Мне бродить тропой любою...
Может быть, это и
Называется любовью.

1963

В РЕЧКЕ КАМЕННОЙ

В речке каменной бьются камни,
По гранитным скользя камням.
Древними каменными глазами
Смотрят горы на меня.

Смотрят горы сквозь серый вереск,
Заклиная наперебой.
Я каменею, почти поверив
В их могущество над тобой.

Я немею, поверив словно
В риск на каменном краю
И в ледяную немногословность,
Так похожую на твою.

И с протянутыми руками
В этой каменной стране
Я бы навек обратилась в камень,
Чтобы ты поклонялся мне.

1963

А Я ЖДУ

Ты очень похож на меня, человек!
У сходства одна лишь помеха:
Тебе ни за что не сидится в Москве,
А мне от нее не уехать.

А я жду.
Беда — не беда.
А я жду, —
Мне трудно не ждать.
Ветер вьюжит и желтыми листьями кружит,
А я жду, — ты нужен мне.

Знакомые шутят, узнав, как живу,
Над вечным моим ожиданьем.
А что я могу, если вечно зовут
Тебя побережия дальние.

А я жду.
Беда — не беда.
А я жду, —
Мне трудно не ждать.
Ветер вьюжит и желтыми листьями кружит,
А я жду, — ты нужен мне.

Я жду хоть письма твоего, хоть звонка,
Как высшего блага на свете.
Я жду твоего делового: «Ну как?» —
Затем, чтобы разом ответить:

А я жду.
Беда — не беда.
А я жду, —
Мне трудно не ждать.
Ветер вьюжит и желтыми листьями кружит,
А я жду, — ты нужен мне.

1964

ДОЖДИ

Ты говоришь: «Выход один
Из тревог и скитаний».
Ты говоришь: «Себя найди —
И все на место встанет»...

Дожди, дожди, протяжные дожди
Нависли, словно мысли.
Ходить мне с вами — не переходить
По мокрым красным листьям.

Дождям века шагать издалека,
Дороги занавесив,
А мне себя, далекую, искать
За просеками песен.

Найти себя не так-то уж легко,
Не так-то уж легко мне,
Ведь я другой не помню никакой,
И друг другой не помнит.

Но я найду, тому свидетель будь,
Скорее в путь, скорее!
Мне б только знать, что это где-нибудь
Кого-нибудь согреет.

1964

НЕ ЗАБЫВАЙ ПРО МЕНЯ

Собрался товарищ в дорогу —
Дела, понимаю, дела.
Собрался товарищ в дорогу,
А что мне ему пожелать?
Друзей да хороших знакомых,
А главное — день ото дня
Ты помни, товарищ, ты помни,
Ты не забывай про меня.

Хочу, чтобы радостью стала
Моя ледяная печаль.
Хочу, чтобы боль и усталость
Его не коснулись плеча.
И чтобы, с дорогой искомой
Навек как-то раз породнясь,
Ты помнил, товарищ, ты помнил,
Ты не забывал про меня.

Метель голубая такая
Стучится ко мне по утрам,
А где-то товарищ шагает
Навстречу холодным ветрам.
И спорят девчонки да парни,
Кому рядом с ним у огня.
...И все же на всякий пожарный
Ты не забывай про меня.

1964

МЫ СТАНОВИМСЯ СТАРШЕ

Мы становимся старше и старше,
Крепче дружим и любим сильней.
А друзья и товарищи наши
Вовсе нашими стали вдвойне.

Грозы волосы наши полощут.
Спуск обрывист, отвесен подъем.
Мы становимся проще и проще
В переменчивом быте своем.

Мы становимся строже и строже —
Многим кажется со стороны.
А дороги все так же тревожат,
А закаты рассветов полны.

И пока беспокойство нас мучит,
Вечный риск за порогом дверей, —
Все в порядке у нас, потому что
Стали старше мы, но не старей.

1964

ДА ОБОЙДУТ ТЕБЯ ЛАВИНЫ

В соавторстве
с Ю.Визбором

Да обойдут тебя лавины
В непредугаданный тот час...
Снега со льдом наполовину
Лежат, как будто про запас
По чью-то душу, чью-то душу, —
Но я клянусь, не по твою:
Тебя и горе не задушит,
Тебя и годы не убьют.

Ты напиши мне, напиши мне,
Не поленись и напиши:
Какие новые вершины
Тебе видны среди вершин,
И что поделывают зори,
Твой синий путь переходя,
И как Домбай стоит в дозоре,
Подставив грудь косым дождям...

А мне все чудится ночами
Тепло от твоего плеча.
Вот, четырьмя крестясь лучами,
Горит в ночи твоя свеча.
Дожди пролистывают даты...
Но видно мне и сквозь дожди —
Стоишь ты, грузный, бородатый,
И говоришь: «Не осуди!»

Ах, пустяки, какое дело!
И осужу — не осужу.
Мне лишь бы знать, что снегом белым
Еще покрыта Софруджу.
Мне лишь бы знать, что смерть не скоро,
И что прожитого — не жаль,
Что есть еще на свете горы,
Куда так просто убежать...

1963—1964

СНЕГ ДА СНЕГ

Снег да снег, —
Ни дорог, ни рек.
Нет конца пути, есть одно начало.
Друг далек,
Даже сто дорог
До него идти — невозможно мало.

Шаг да шаг,
Год за годом так.
Силу день за днем обретает поступь.
Сто дорог,
Если друг далек,
Мне преодолеть невозможно просто.

Путь мой крут
и упрям, как прут.
Он никем не пройден, не обнаружен.
Снег да снег —
Ни дорог, ни рек,
А дорогу мне невозможно нужно.

1964

ПАРНИ

Созвонятся парни на неделе
И зайдут, как будто врозь.
Парни любят говорить о деле,
Если к случаю пришлось.
Я, едва они дела поделят,
Сяду рядом не дыша.
Если парни говорят о деле —
Им не следует мешать.

Речь о деле и, скажи на милость, —
Вновь у моего стола.
Только я ведь им давно простила
Их пристрастие к делам.
Явь ли, выдумка ли — все едино:
Разговор необратим.
И восходят от моей Неглинной
Вертикальные пути.

Пусть сто раз мне им картошку жарить,
Пропадая у огня, —
Я за то, чтоб все же эти парни
Собирались у меня.
Пусть сто раз меня сомненье гложет,
Все ли я понять смогла, —
Я за то, чтоб эти парни все же
Говорили о делах!

1964

ПЕСНЯ ОБ АРХЕОЛОГАХ

А мне везет: к вершинам белым
Вершит машина виражи.
Вообще-то хлопотное дело —
Археологии служить.
Там за горами, за веками —
Не угадать, не увидать —
Лежат под снегом и песками
Твои немые города.

Беру, тащу, чешу по склону,
Мне день — не в день, и ночь — не в ночь,
Я всей душой за увлеченных
И я хочу тебе помочь.
О, этот ветер, горы эти,
Любой сюрприз из-за угла...
Чего не сделаешь на свете
Из-за твоих упрямых глаз!

А если что-нибудь такое
Мне совершить не предстоит,
То все равно высокий поиск
Да будет спутником моим.
То все равно в надежде каждой —
Открытий будущих звезда.
Они заговорят однажды —
Твои немые города...

1964, август

Моя орбита

ИЗМАЙЛОВО

Так вышло, что Измайлово
Измайловым зовут,
Так вышло, что в Измайлове
Друзья мои живут.
Немало мест узнала я —
Москва вокруг своя.
Но именно в Измайлове
Живут мои друзья.

И если я измаялась
За будничные дни,
То мне мое Измайлово
Возьмет да позвонит.
Я слушаю за стужею
Измайлово свое,
И никакой не нужен мне
Центральнее район.

Сегодня, понимаешь ли,
В делах моих пробел,
Сегодня я, Измайлово,
Скучаю по тебе.
Сегодня мне тревожится
Без видимых причин.
Измайлово, чего же ты?
Чего же ты молчишь?

Кружит вокруг да около
Раздумий хоровод:
А может, ненароком я
Обидела кого?
А, может быть, — ну мало ли! —
За хлопотами дня
Совсем мое Измайлово
Забыло про меня?

Тревогу поднимаю я,
Не в силах больше ждать:
Молчит мое Измайлово —
Наверно, там беда!
Доеду до Измайлова
За несколько минут, —
В Измайлове, в Измайлове
Друзья мои живут.

1965

СУМЕРКИ

Сумерки.
Ты поднимаешь глаза от картин.
Сумерки
Четкие линии прячут.
Сумерки —
Им для тебя очень трудно светить.
Сумерки
Светят иначе.

Сумерки.
Ночь у порога дороги стоит.
Сумерки —
Волны гудящего ветра.
В сумерки
Я различаю в рисунках твоих
Зов
Этих сумерек светлых.

Сумерки —
Где-то почти ожиданье огня.
Сумерки —
Мыслей серебряных омут.
Сумерки.
Сумерки — это почти про меня...
Так что, считай,
Мы знакомы.

Знакомы, знакомы...

1965

Я НЕ ХОЧУ, ЧТОБЫ ТЫ УХОДИЛ

Снова твое бесконечное «жди!»
Белой дорогой мне в окна глядит,
Снегом о снежный стучится настил...
Я не хочу, чтобы ты уходил!

В снег не хочу, и в жару не хочу
Я прислоняться к чужому плечу.
Хватит ли сил мне, не хватит ли сил, —
Я не хочу, чтобы ты уходил.

Мне все равно, сколько лет позади,
Мне все равно, сколько бед впереди, —
Я не хочу, чтобы ты уходил.
Не уходи — или не приходи!

1965

МОЯ ОРБИТА

А мне давно знакомо время старта —
Оно начало всякого пути.
Мою орбиту не ищи на картах,
Карандашом в пространстве не черти.

Поверь, что есть она и вечно быть ей,
Услышь ее стремительный разбег.
Она легла к подножию открытий,
К подножью нежности моей к тебе.

Пускай она ничем не знаменита,
С земной орбитой незачем равнять
Друзей моих забот, мою орбиту
И этот поиск вечного огня.

Да будет старт и в первый раз, и в сотый —
Крутой полет над крышами жилья.
И на орбиту, близкую к расчетной,
Уже выходят все мои друзья.

1965

ПЕСНЯ О БРАТСКЕ

Не могу я разобраться в Братске,
И не браться бы за это мне.
Кто же знал, что в Братске — девять Братсков,
И что старый Братск лежит на дне?
Разберись-ка, где у них начало,
Как мне девять за один принять?
А вообще бы я в любом осталась,
Если б ты не ожидал меня.

Дым костров на побережье горек,
Небеса подобны парусам,
И шагает этот странный город,
Корпуса теряя по лесам,
По лесам, по перелескам пестрым,
По огням береговых ночей,
И шагать ему легко и просто
С полотном дороги на плече.

Не остаться мне и не расстаться,
Голоса его во мне гудят.
И глядят мне вслед все девять Братсков,
Девять братьев на меня глядят.
Мне домой — через барьерный грохот,
К подмосковным голубым огням.
Может, было бы не так и плохо,
Если б ты не ожидал меня.

1965

ЗДРАВСТВУЙ

Здравствуй! Это главное — ты здравствуй!
Главное — ты будь, хоть как-нибудь.
Будь ежеминутно, ежечасно,
Ежедневно, ежевечно — будь!

Будь глазами кораблям упрямым,
Рельсами — усталым поездам,
Будь геологу искомым камнем.
Мною будь, когда со мной беда.

Будь, прошу тебя, в простом и сложном,
Будь, прошу тебя, — и в этом суть,
Будь, прошу тебя, покуда можешь,
А когда не сможешь — тоже будь!

Крыльями, взметнувшимися к небу,
Пением посадочных полос —
Будь, прошу тебя, повсюду, где бы
Быть тебе сегодня ни пришлось.

Здравствуй, лучший день твой, лучший вечер,
Лучший слог в разгоряченном лбу.
Здравствуй! — говорю тебе при встрече,
А теперь при встрече крикну: будь!

[Середина 60-х]

КАМЧАТКА

Я открываю тебя, побережье Камчатки,
За свистом ветров на безбрежном твоем берегу,
За пением трав придорожных, за смутным дрожаньем палатки, —
Я открываю тебя, а открыть до конца не могу.

Я открываю тебя у подножья вулканов,
Из-за облаков — открываю тебя все равно.
Будто обновленье мое, мои самые дальние страны,
Я открываю тебя, — а ведь ты уж открыта давно.

Ты говоришь о себе неохотно, нескоро,
Словно человек, навсегда погруженный в свое.
Как же так выходит, что давняя слава того командора
Мне два столетия с лишним спокойно уснуть не дает.

Я открываю тебя, как друзей открывают
Среди тех людей, с кем случайно дороги свели.
Да, я открываю тебя, — понимаешь, так тоже бывает:
Я открываю тебя и вблизи от тебя, и вдали.

Здравствуй, Камчатка! Пусть твой океан будет кроток,
Пусть длинные рыбы хвостами в сетях шевелят.
А мне из далекого города, словно с того пакетбота,
На удивленье прохожим кричать: — Эй, ребята, земля!

1966

ГОРОДА-КОРАБЛИ

Ходят суда то туда, то сюда,
Этим судам все некогда.
Здесь только я не спешу никуда:
Ничего себе — заехала.

Океан. Он тих, велик и вечен.
Океан — то синий, то седой.
Океан, о суше нет и речи,
Да суда с названьем городов.

Зябнет «Ташкент» — не по нем холода.
Видится снег «Саратову».
Видно, знакомые мне города
На сегодня здесь запрятаны.

Для меня. Ни для кого другого.
Для меня — и я у них в плену.
«Углегорск» на широте Ростова,
[illegible]ов» совсем не на Дону.

И не беда, что земли не видать.
Мне и беда — не невидаль.
По океану бредут города, —
Я хочу от них все выведать

О тебе. Задача непростая.
О тебе, ночах твоих и днях.
Может, ты, по городам скитаясь,
Оставляешь что-то для меня.

Тают вдали города-корабли,
Тают вдали, как в памяти.
Те корабли всю меня увезли,
Что теперь со мною станется?

Если вдруг я до смерти устану,
Будет пусть мне в память о земле
То, что бродят где-то в океане
Города под видом кораблей.

1966

3 – 4188

* * *

Дорог уже немало пройдено,
Немало осталось,
Пока еще на плечи вроде нам
Не давит усталость,
Пока звенят тропинки около,
Легки, неприметны,
Пока живут у нас под окнами
Попутные ветры,
Пока стихи твои не прибраны,
А песни не спеты...
А где-то лето пахнет рыбами,
И морем согретым,
А где-то стынут зимы синие,
И так уж случилось,
Что это всё в коротком имени
Твоём уместилось.

1966

ГОЛУБОЙ ОГОНЬ

Разведу я над плитой
Голубой огонь горячий.
Будет чайник мне судачить
То про это, то про то.
И от жаркого огня
Разгорится снова утро,
Неприметную как будто
Доброту его приняв.

Мне-то что — вари, пеки,
А в глухом краю суровом
Тянут парни газопровод
Через горы и пески.
Ну, а к этому добавь
Газосварки яркий сполох
И веселый чей-то голос:
Наше дело, мол, труба!

Разведу я над плитой
Голубой огонь горячий.
Кто бы знал, как много значит
Перепев его простой!
И хотя мне незнаком
Азиатский полдень пестрый,
Он со мной светло и просто
Поделился огоньком.

1971

СКАЗОЧНЫЙ КАМЕНЬ

В апреле капели по городу пляшут.
Ну что же, всему — свой положенный срок.
Глядишь, и знакомая улица наша
Началом иных обернется дорог.

Дорог от порога десятого класса
До тех горизонтов, что ждут впереди,
К мечтам и мостам, и заоблачным трассам,
Которые нам на земле возводить.

И тут бы неплохо на всякий на случай,
Чтоб в сторону нам невзначай не свернуть,
Иметь под руками тот камень горючий,
Что в сказке прохожим указывал путь.

Но наши пути выбираем мы сами,
Мы сами считаем все «против» и «за».
И тут никакой самый сказочный камень
Не в силах тебе ничего подсказать.

А сердце подскажет, а сердце прикажет,
Ошибки не будет — на том и стоим!
Недаром сегодня надеется каждый,
Что выйдет однажды к вершинам своим.

Вода дождевая — как будто живая,
И сказочен день, и живителен дождь.
И если ты голову не потеряешь,
То, честное слово, дорогу найдешь!

1972

У КОТОРЫХ Я В ДОЛГУ

Ветер листья по асфальту кружит.
День пройдет, зима снега завьюжит.
Уезжать уже, наверно, нужно,
А расстаться не могу.
Ох, пути мои, дороги эти, —
За делами, видно, не поспеть им.
Очень много городов на свете,
У которых я в долгу.

Суждено, наверно, только помнить
Незнакомых тех моих знакомых.
Не сумею обойти пешком их
И бегом не обегу...
День, что с ними был однажды прожит,
Самым лучшим оказаться может.
Очень много есть людей хороших,
У которых я в долгу.

Время поездом зеленым мчится,
Чьи-то судьбы — мимо, чьи-то лица.
И слетает город белой птицей
К тополям на берегу.
Снова там бы побывать не худо,
Но гадать не буду, где я буду.
Очень много уголков повсюду,
У которых я в долгу.

Этот город — как теперь живет он,
В белый снег до самых крыш замотан?
Так привыкла я к его заботам —
При себе их берегу.
Потому что я теперь в ответе
За дела его и те, и эти.
Очень много доброты на свете,
У которой я в долгу.

1973

ПОЛОТНЯНАЯ РЕКА

Тянутся нити — короткие, длинные,
Словно густеет берез белизна.
Тянутся волнами нити, чтоб вынырнуть
Светлой прохладной рекой полотна.

Путь этой речки на картах не вымерен,
Не обозначен в полях и снегах,
Нет у нее ни названья, ни имени,
И не увидишь ее берега.

То ли прильнет полотенцем к лицу мне,
То парусом ясным в заливе мелькнет,
Куполом в небе повиснет бесшумно
И светлой косынкой взмахнет за окном.

Все потому, что стоят у истоков
Те люди, чьи руки ловки и легки.
Сколько тепла, доброты своей сколько
Они в эту речку любовно вплели!

Их одарить — не придумаю, как мне,
И лишь пожелать я могу им пока:
Пусть же во веки веков не иссякнет
Щедрая девичья эта река.

1973

ПОВОРОТ

Вроде немало мне бед и побед, —
Что же я стала скучать по тебе?
По волосам, по глазам, по плечам...
Время настало мне с этим кончать.

Сказано — сделано.
Грусти — ничуть.
Вещи в охапку и — в горы лечу.
А самолет — он почти недвижим.
Вот и страна между нами лежит.

Там сориентируюсь я на зарю.
Сотни вершин просто так покорю,
Сотней друзей я себя окружу,
Сотню дорог поперек исхожу.

А чтобы память пресечь на корню,
Имя твое я другим заменю.
Вот поворот и в себе, и в судьбе.
...Только бы не заскучать по тебе.

[70-е годы]

СОФРИНО

Софрино, Софрино!
Что в твоем мне имени,
Если манишь вновь меня
Ты лесами синими,
Песнею вечернею,
Тропкой неприметною?..
Не забыть, наверное,
Мне тебя поэтому.

То ли поэтому,
То ли не поэтому
Ночи черные твои
Кажутся мне светлыми.
Выйду на просеку,
Не устану спрашивать:
Где же тут живут — не тужат
Дни мои вчерашние?

Софрино, Софрино!
Звать не перестану я
Звонкий полустанок тот,
Имя твое странное, —
Словно приказано,
Приглядеть мне велено
За твоими вязами,
За твоими елями...

1981

МОКРЯГИ

Зовут, зовут нас поминутно
Бескрайний север, крайний юг,
А мне Мокряги почему-то
Пожить спокойно не дают.
Там, вероятно, за лесами
Тропинки мокрые круты.
Там бродят с мокрыми усами
По крышам мокрые коты.
Туда приехать может всякий
И утолить свою печаль.

В Мокрягах мокрые собаки
Хвостами мокрыми стучат.
Мокряги вы мои, Мокряги,
Край незабудок голубых!
В Мокрягах над любой корягой
Восходят мокрые грибы...
Возьмем рюкзак, отыщем фляги
И, запасясь слегка едой,
Давай отправимся в Мокряги
За самой мокрою водой!

1984

Я ПРИГЛАШАЮ ВАС В ЛЕСА

Я приглашаю вас в леса...
Мы так давно там не бывали,
Что вспоминается едва ли
Их несравненная краса.
Я приглашаю вас, пока
Они уютны и зелёны...
Мы там коленопреклоненно
Испьем воды из родника.

Я по тропе вас поведу —
Она усталость нашу снимет,
И станем снова молодыми
Мы у нее на поводу.
Под вечер сосны запоют,
Над головой сомкнутся ветки,
И нам покажется некрепким
Наш крепкий городской уют.

И под костра знакомый звук
Я приглашаю вас к поляне,
Где бросим между тополями
Мы скатерть прямо на траву.
Здесь юность звонкая моя
Живет, пронизанная солнцем.
Здесь, может, мы и прикоснемся
К великой тайне бытия.

1987

Если б ты знал

Воспоминания

ВМЕСТО ПРЕДИСЛОВИЯ

Как-то один дотошный летописец бардовского движения поставил на магнитофон пленки с моими песнями, выстроенными строго по времени записи, и получилась своеобразная хроника, в которой нашли отражение все мало-мальские события моей биографии — радости и горести, увлечения и разочарования, надежды и отчаяние. О чем-то в этих песнях говорилось прямо. О чем-то можно было только догадываться. Но за ними стояли все повороты моей жизни. Нечто подобное, складывая эту книжку, попыталась сделать и я. Тем более, что уже имелся кое-какой опыт. Десять лет назад, вняв настойчивым уговорам Игоря Михалева, работавшего в одном из московских издательств, я вспомнила несколько занятных историй и даже подписала гранки будущей книги. Но кто сказал, что рукописи не горят? Шел 1992 год, до бардов ли тогда было! Только три года спустя в «Библиотеке журнала "Вагант"» небольшим тиражом вышел сокращенный вариант моих воспоминаний. Постепенно книжка разошлась, и через три года «вагантовцы», переехавшие к тому времени в книжный магазин «Москва», что на Тверской улице, допечатали ее. И вот теперь я снова разложила свой пестрый архив: письма, расшифровки радиопередач, журнальные статьи и газетные интервью, звоню, что-то уточняя, старым друзьям, роюсь в черновиках и снова словно возвращаюсь в прожитое и пережитое. И украдкой стучу по столу: дай Бог, чтобы ничего не случилось и на этот раз.

Угол Пироговской

ЖЕНЬКА СТАЛИН И ЛОПЕ ДЕ ВЕГА

Я помню еще ту Москву, когда по Бульварному кольцу бегал трамвай «А», который по-домашнему именовали «Аннушкой», а на месте нынешнего Ленинского проспекта горожане сажали картошку. На Плющихе, служившей как бы продолжением Арбата, между булыжниками на мостовой пробивалась трава и в каждом дворе теснились кущи тополей и сирени. В глубине одного из таких двориков и стоял старый четырехэтажный дом, в котором, по преданию, жили когда-то монахи, а теперь в одной из коммуналок поселилась наша семья. Мой отец Адам Андреевич Якушев работал начальником экспортного отдела в наркомате лесного хозяйства, мать Нина Александровна — экономистом. Жили дружно, оба неплохо пели, к тому же отец играл на скрипке, а мама — на фортепьяно. И так как сами были самоучки, то мечтали и мне, и моему младшему брату Игорю непременно дать музыкальное образование. Но пришла война, отец, хотя у него и была ведомственная бронь, добровольцем ушел на фронт, где почти сразу же попал в окружение. Только много позже узнали мы, что он разыскал партизан, стал комиссаром отряда «За Родину» и погиб осенью сорок третьего в своих родных белорусских лесах. Так что мы поступили в музыкальную школу уже без него. Я занималась по классу виолончели, а Игорь осваивал альт. Вероятно, это уже теперь наследственное: мои дети — и Таня, и Максим, и Даша — тоже учились в музыкальной школе, предполагаю, что и моих внуков ожидает подобная участь.

А первые свои рифмованные строчки я написала в подмосковном пионерском лагере «Полушкино». Там я встретила свою первую большую любовь. Он был высок, строен и белоголов. Его звали Женька. А фамилия у него была по тем временам просто умопомрачительная — Сталин. Естественно, именно его назначили председателем совета пионерской дружины. И вот этому Сталину я сдавала рапорт на каждой утренней и вечерней линейке. Женька передавал мне записки, которые я читала украдкой от подруг: «Приходи сегодня вечером на танцы» или «Буду ждать тебя в пионерской комнате». Я отвечала ему не менее душевно. Но в стихах. Видимо, тогда уже начинала понимать силу рифмованных строк.

В девятом классе мне почему-то пришло в голову перевести с французского одно из детских стихотворений Пушкина. Учитель литературы, которому я показала свою попытку, отнесся к ней скептически, но как-то заглянувший в школу корреспондент «Огонька» случайно проведал о моем рискованном опыте, и вскоре в журнале появилась заметка, где была строчка и обо мне: «стройная девочка с косичками прочла нам свой перевод». Это стало, можно считать, моей первой публикацией.

А затем я не на шутку увлеклась театром. Возможно, причиной тому явился артист Владимир Зельдин, предмет обожания всего нашего класса. Мы старались не пропустить ни одного спектакля в Театре Советской армии с его участием. Во всяком случае, «Учителя танцев» я выучила почти наизусть. И, разумеется, это увлечение не могло не отразиться в тетрадке моих стихов. Более того, с одной из подружек мы набрались смелости и пришли поступать в юношескую студию при этом театре. Подружку приняли, меня — нет, но все же разрешили присутствовать на репетициях. Тогда же я всерьез принялась за изучение испанского языка, дабы читать Лопе де Вега в подлиннике. Это аукнулось мне добром уже в институте, когда я писала курсовую работу о пьесе Лопе де Вега «Овечий источник», за которую получила отличную оценку у своего любимого, очень деликатного и в то же время строгого, профессора Бориса Ивановича Пуришева.

Сейчас поражаюсь своей дерзости, но, твердо решив поступать на журфак МГУ, сочинение по литературе на вступительных экзаменах я написала в стихах. Куча грамматических ошибок перечеркнула все мои надежды. И только непонятной благосклонностью преподавателей можно было объяснить то, что они выставили все же удовлетворительную оценку, которая позволила мне быть зачисленной на вечернее отделение МГПИ. А через год появилась возможность перевестись на дневное. Конечно, педагогический — это не университет, но выбирать не приходилось, к тому же я утешала себя, что этот институт буквально под боком: выйдешь из дома, пересечешь Девичье Поле, и вот уже Малая Пироговка. Словом, я решилась — и нисколько теперь об этом не жалею.

ДОМ ДЛЯ НАС ОТЦОВСКИЙ

Из дневника. Он и сейчас выглядит пусть постаревшим, но не потерявшим своей величавости аристократом, этот дом на углу Малой Пироговской. Когда-то до революции здесь располагались Высшие женские курсы, и легко представить, как наполнялись просторные светлые аудитории девушками, похожими на ту курсистку, которую нарисовал Ярошенко, как гремела по праздникам музыка в огромном вестибюле и галантные юнкера из соседнего училища в Хамовниках приглашали на тур вальса чинных хозяек. Здесь нет длинных коридоров и казенных классов-кабинетов, как в нынешних типовых учебных корпусах. Дом на Пироговке по-своему уютен и немножко загадочен. Какие-то потайные лестнички ведут на балюстрады и в скрытые от глаз овальные залы. Мне нравится наш институт. Весь — от пыльных подвалов до высокого стеклянного потолка. Я люблю, запыхавшись, вбежать на третий этаж, перегнуться через перила и смотреть оттуда на распластавшиеся разноцветные юбки танцующих девчонок или вдруг, сидя где-нибудь на диване, на миг оторваться от книжки и оглядеть стены сверху донизу, любуясь нежными сочетаниями красок: светло-зеленой, ослепительно белой и голубой.

Вечерами, когда моют полы и пахнет теплым мылом, шлепает где-то по лестницам, причмокивая подошвами, бессменный институтский комендант Дементий Дементьевич, и звучно щелкают под его рукой выключатели, а от колонн тянутся длинные черные тени. И мне везде начинают слышаться песни. В дни каникул я скучаю по всему этому, как по человеку. Обежав все вокруг, я спускаюсь в подвал, где обычно мы готовимся к зачетам, с наслаждением втягиваю в себя острый запах сырости и пыли. Я почти не сомневаюсь, что институт мне дорог больше, чем другим...

Я и сегодня уверена, что наш МГПИ был в те годы самым интересным, самым лучшим вузом. И не только в Москве. Стоило лишь назваться — я из МГПИ — и сразу же в собеседнике появлялась уважительность и даже некоторая зависть. Потому что самые острые и празднично веселые капустники ставились в МГПИ. Уже накануне в наш профком звонили со всего города с просьбой о пропуске или билетике. Самые многолюдные туристские слеты, на которые считали за честь попасть студенты из других вузов, проводились тоже у нас. И песни, которые потом подхватывала вся Москва, слагались тоже нашими ребятами.

По-моему, ни в одном институте не было столько ярких и неординарных личностей. Вполне возможно, это объясняется прежде всего тем, что в то время при каждом вузе существовали пресловутые «мандатные комиссии», призванные отсеивать всех абитуриентов с сомнительной анкетой. А у многих моих однокашников она была безнадежно подпорчена. Их родители и «привлекались», и «находились», а то и вообще были репрессированы по самым опасным политическим статьям. Клеймо это было стойким и несмываемым. Но странное дело: получив от ворот поворот в других вузах, эти ребята были зачислены в наш. Вот и гадай: то ли подобной комиссии в МГПИ вообще не было, то ли работала она спустя рукава, что лишний раз подчеркивало всю непрестижность учительской профессии. Не знаю, как отнеслись к такому зигзагу судьбы сами ребята, но я благодарна ей, что провела студенческие годы с таким неблагонадежным народом. Хотя должна признаться сейчас, что была не права, когда написала в дневнике, что мне институт дорог больше, чем другим. Сколько лет прошло, а, встречаясь с давними друзьями, непременно слышу: мы везучие — у нас был МГПИ!

Из интервью газете «Педагогический университет»

Владимир Дворцов, спортивный обозреватель ТАСС. *Институт значил для меня очень много и в профессиональном, и в личном плане. У нас царил негласный закон: всем, что у тебя есть дорогого, поделись с товарищем. А они — с тобой. Я здесь встретил друзей на всю жизнь.*

Вероника Долина. *Получилось так, что в 50—60-е годы наш вуз оказался в стороне от общих указаний. От этого получился особый эффект в культуре, особый вклад в нее выпускников МГПИ. В таком вузе, как мне кажется, должны воспитываться любовь, дух любви друг к другу.*

Вадим Егоров. *МГПИ мне дал настоящую студенческую жизнь со своим особым ароматом и эмоциональным укладом, дал очень много для моего развития как поэта.*

Семен Богуславский, директор школы. *Для нас слово МГПИ звучит как пароль. Это не просто альма-матер. Это — семья, что-то вроде пушкинского лицея. «Угол Пироговской — дом для нас отцовский!..».*

ЗА ЧТО МЫ ЛЮБИМ ТРЕПАЧЕЙ

Меня перевели на дневное отделение с условием до первой же сессии сдать экзамены и зачеты по предметам, которые я не проходила на вечернем. И я целыми днями пропадала в читалке, переписывала чьи-то конспекты, бегала за преподавателями, договариваясь о сроках сдачи. А настоящая студенческая жизнь шла где-то стороной.

И вот сижу после очередного экзамена в нашем институтском скверике. Блаженствую: можно теперь хотя бы до завтра не заглядывать в учебник. Пригревает осеннее солнце, кружится разноцветная листва. Вижу, недалеко окружили девчонки двух парней. Один — кареглазый, коренастый, — отчаянно жестикулируя, рассказывает, судя по всему, занятную историю. Второй — стройный, светловолосый, в зеленой ковбойке и, замечу, очень симпатичный — время от времени что-то добавляет, и тогда вся компания взрывается хохотом.

— Кто это? — осведомляюсь я у присевшей рядом однокурсницы.

— Ты не знаешь, кто? — искренне удивляется она. — Это же Володька Красновский! А это Юрка Визбор, — в него полинститута влюблено!

А через какое-то время у нас было факультетское комсомольское собрание. В перерыве все вскочили со своих мест и помчались к сцене, где уже настраивали гитары те двое парней. И тут началась песня, которую сразу же подхватили все вокруг.

Мирно засыпает родная страна,
И в московском небе золотая луна.
Ночью над Союзом
И над нашим вузом
Медленно слетает тишина.
Пусть нам издалёка зачеты грозят,
Думать каждый день об этом все же нельзя.
С песней кончил день ты,
Мы с тобой — студенты,
Это значит — мы с тобой друзья!

Пели самозабвенно, слаженно, как и поют гимн. Это действительно был гимн педагогического института.

Красновский и Визбор были курсом старше. Они, кажется, никогда не разлучались друг с другом. В школе сидели за одной партой, в МГПИ — в одной группе. Оба заядлые спортсмены и фанатики гитары. Без них не обходилось ни одно мало-мальски интересное дело. И, разумеется, именно Красновский и Визбор стали душой наших студенческих музыкально-театральных обозрений. Так что, если и на самом деле половина института была влюблена в Юру, то оставшаяся, вероятно, предпочитала Володю.

Познакомиться с ними ближе мне помог случай. На летней практике, проходившей в пионерских лагерях, мы вели специальные педагогические дневники. Туда обычно заносились темы проведенных занятий, планы воспитательных мероприятий, но я, рискнув отойти от установленных образцов, записывала забавные ребячьи диалоги, любопытные ситуации. И когда потом прочитала этот дневник на курсовом итоговом собрании, он стал чуть ли не институтским бестселлером. О нем говорил весь факультет. Когда очередь дошла до Визбора, он решил познакомиться с автором дневника. Так я попала в избранное (как тогда говорили, «визборное») общество обозренщиков. Я была польщена, хотя мне и поручили на первых порах сугубо техническую работу — вести учет идеям, хранить черновики, собирать авторов обозрения на очередную встречу. И вот это оказалось самым трудным. У каждого свой график занятий, домашние дела, посторонние заботы. С Визбором дело обстояло проще: он и дневал, и ночевал в институте, и обнаружить его местонахождение было тоже нетрудным делом. На этот счет один из обозренщиков сказал так: «Если я, проходя по институту, вижу толпу девушек, то легко могу догадаться, кто в ее центре». И я понимала этих девушек: Юра был отменным рассказчиком. В его изложении самые банальные истории чудесным образом превращались в яркие, захватывающие воображение феерии. Обычная прогулка в лес приобретала масштабы чуть ли не кругосветного путешествия. Что ни случай, то новелла со своим сюжетом, остроумными характеристиками действующих лиц и вторым, большей частью юмористическим, планом. Нет, он ничего не придумывал, все было так, как происходило на самом деле, просто окрашивалось в совершенно неожиданные цвета.

Визбор был одновременно и своим, нараспашку открытым парнем, и превосходным актером, как бы оценивающим со стороны каждый свой жест и каждую фразу. Он не просто играл роль. Он выстраивал свой образ, весьма симпатичный и притягательный, этакого мужественного, немало повидавшего человека, знающего истинную цену всему.

И если добавить ко всему тому броскую внешность юного викинга с неизменной гитарой в руках, его романтические стихи, которые печатались почти в каждом номере институтской многотиражки, то станет ясно, кому я адресовала тогда одну из первых своих песен.

Прошел меня любимый мимо,
Прийти к фонтану повелев.
Пришла, смотрю — стоит любимый,
Увы, в кольце прелестных дев.

На ногу ногу запрокинув,
Стоит он в треске пышных фраз.
Я ж на диване рядом стыну
Уже, наверно, целый час.
Легли колонн густые тени...
У института на виду,
Руками обхватив колени,
Своей я очереди жду.
А он, о смысле жизни споря,
Не собирается кончать.
О боже мой, какое горе —
Любить такого трепача!

ЧТО ИСКАЛ ЧИЧИКОВ В МГПИ?

Песня про угол Пироговской тоже из нашего обозрения. Что же это был за жанр? У меня сохранилась программка с таким предисловием:

«Маленькая история нашего маленького коллектива. Сначала были только песни. Песни преимущественно для пения, а не для печати. Кроме песен были традиции. Эти песни и традиции рождали споры. А споры, в свою очередь, родили такую форму, как обозрение. Первым из них было «И кто тебя выдумал?», рассказывающее о новых похождениях Чичикова, заглянувшего ненароком в дом на углу Малой Пироговки. Вторым — «Песня о литфаке». Третье — мы предлагаем сегодня вашему вниманию».

А теперь попробую прокомментировать эту коротенькую справку.

Нет, сказать, что коллектив авторов обозрения был маленький, никак нельзя. В его создании принимало участие множество студентов: художники, декораторы, исполнители, музыканты. Но, разумеется, сложилось ядро, вокруг которого все крутилось. Это они придумывали сюжет, набрасывали примерный текст, сочиняли музыку. Обычно собирались в двадцать пятой аудитории (такой инвентарный номер имела небольшая подвальная комнатка с одним столом и несколькими колченогими стульями), приносили из буфета бутерброды, закуривали дешевый «Дукат». Я разворачивала толстую амбарную тетрадь, и начиналось долгое и шумное сидение, пока ночной комендант Дементий Дементьевич не прогонял всех домой. И так каждый вечер до последней генеральной репетиции — бурлящий котел остроумия, озорной выдумки, веселой фантазии.

Вот что вспоминает об этом бессменный постановщик наших обозрений именитый ныне режиссер Петр Фоменко в интервью газете «Педагогический университет»:

— Это были не традиционные капустники, а театральная трибуна, с которой высказывалось откровенно то, что нас заставляло и тревожиться, и радоваться, и грустить. Одно из обозрений начиналось с того, что Чичиков проезжает по Малой Пироговке и слышит из комнатки, где располагался комсомольский комитет:

— И у нас еще есть мертвые души, которые не платят взносы...

И Чичиков командует:

— Селифан, заезжай!

И, конечно же, увидел здесь кучу интереснейших для себя вещей: как обменивает диссертацию на приблудную дворнягу бесшабашный гуляка Ноздрев, как торгуются из-за оценок студенты с прижимистым профессором Собакевичем.

Помню, после обозрения «И кто тебя выдумал?» мы пришли в буфет, чтобы отметить премьеру: Юра Визбор, Боря

Вульфов, Оскар Гинзбург, Юра Ряшенцев, Света Богдасарова, Володя Красновский (вот кто был душой нашей компании!). А в буфете сидит директор института Дмитрий Алексеевич Поликарпов в черном костюме, наверное, еще цековского пошива. Подозвал нас, мы сели вокруг.

— Вот, ребята, вы вчера показали обозрение... — И сказал два слова, мне близких, но нецензурных. — Хотите, я вам такое обозрение покажу! — И стало ясно, что все он хорошо понимал. — У меня в жизни было много школ. Я учился во МХАТе, в музыкальном училище Ипполитова-Иванова, в ГИТИСе. И все-таки дороже МГПИ у меня ничего не было. Я сюда попал, не скрою, не от хорошей жизни. Но не было бы счастья, да несчастье помогло. Для меня как был МГПИ, так и остался. Это как прийти в дом, где прожил полсотни лет, а потом его оставил. Это помогает жить...

Второе обозрение называлось «Песня о литфаке». Оно начиналось так:

Для новогодней кутерьмы,
Для именинных чаепитий —
Во что не превращали мы
Жилплощадь наших общежитий!
И в этом зале наша сцена
Была ль когда-нибудь родней,
И веселей, и драгоценней,
Чем в дни концертных эпопей?
И сколько родилось имен
Под сводом греческих колонн!
Вы помните — Красновский Вова
Играл Отелло зло и ново?
Здесь Ряшенцев, поэт большой,
Смеялся левою щекой,

Читал свои поэмы Визбор —
Поэт, герой, властитель дум,
И Альперович, трезвый ум,
Подверженный маяковизму.
Здесь Гинзбург рос, растет Коваль,
Вот-вот родится Розенталь.
Певцы, танцоры, музыканты,
Вот он каков — родной литфак!
Турист, спортсмен и весельчак.
Поэтому у нас таланты
Не переводятся никак...

Подозреваю, что истоки пристрастия к театральной песне Юлия Кима и Юрия Ряшенцева, ныне признанных мастеров этого жанра, тянутся именно к нашим обозрениям, что поэтому наполнены музыкой и песнями многие фильмы и спектакли Петра Фоменко.

И сценический талант Володи Красновского, для которого предназначались все главные роли в наших обозрениях, тоже окреп здесь, в старом доме на углу Малой Пироговки. Володя уже тогда твердо решил стать драматическим артистом. Он знал о моей былой привязанности к театру, поэтому считал меня некоторым образом своей единомышленницей. Звал он меня почему-то на польский манер Ядей. Уже окончив институт и учительствуя в далеком северном селе, прислал он мне такое письмо:

«Ядя, здравствуй!

Я продолжаю верить в тебя, как в самого стойкого нашего романтика. Хотя должен предупредить, что во многих уже не верю, и сомнения эти появились уже на пороге нашего студенчества. Вот тут-то и оказалось, что кое у кого «души прекрасные порывы» были только фразой, красивой ширмой, чтобы скрыть скучную пошлость своих помыслов. Романтики на словах, они, когда доходит до дела, предпочитают рыбью плавность и мыши-

ную суету, чтобы глядеть с высоты своего материального благополучия на романтическую рвань.

Я безмерно рад, что мы с Юркой повидали и узнали огромный кусок жизни. Далека она от той, которой мы раньше жили. За это время я немало размышлял об искусстве и убедился окончательно: чтобы создать что-то значительное, надо хорошо знать жизнь. Без этого, будь ты сто раз умен и талантлив, ничего путного не сделать. Извечный интеллигентский вопрос о смысле жизни проясняется теперь с каждым днем. Тяга к искусству во мне запрятана глубоко-глубоко. Бывает, что об этом и совершенно не думаешь, но жадно всеми порами впитываешь увиденное и услышанное. Все силы приложу, чтобы жить в искусстве. По-прежнему мечтаю создать свой театр, но обязательно перегоню его в Сибирь, чтобы доказать, что можем быть на высоте и в провинции. Молодые должны не просто ездить по стране, набираться впечатлений, а жить и работать в глуши, отдавая все хорошее, что есть у нас, и набираясь такого же хорошего и от людей...»

Володя стал артистом. Но не драматическим, а эстрадным. Разъезжал с гастрольными бригадами Москонцерта по небольшим провинциальным городкам и селам, выступал с поэтическими программами по стихам Пастернака, Ахматовой, Цветаевой, пел под гитару свои песни. Возвращался в Москву усталый и задумчивый, чтобы через какое-то время снова отправиться в путь. Он и умер в дороге. Врачи сказали, что порвалась сердечная мышца. Первая из невосполнимых потерь...

Каждый из обозренческих вечеров МГПИ становился событием, центральной темой разговоров, предметом обсуждения на страницах вузовской многотиражки. Самая просторная — девятая — аудитория наполнялась до отказа. Всегда отводились места и для преподавателей, которые тоже были постоянными нашими зрителями. Они, хоть и узнавали себя в порой довольно ехидно выведенных персонажах, как правило, обид не держали. И не будет формальной данью уважения доброе слово о них. О считавшемся уже тогда классиком философской мысли Алексее Федоровиче Лосеве, блестящей пушкинистке Арусяк Георгиевне Гукасовой, прекрасном знатоке средневековья Борисе Ивановиче Пуришеве, авторе известного учебника по русскому языку Сергее Ефимовиче Крючкове. И если, честно говоря, у некоторых преподавателей были все основания упрекать нас в нерадивости и невнимании к их предметам, то наши любимые профессора посетовать на это никак не могли. На семинарах мы порой вступали с ними в достаточно рискованные споры, отстаивали свое мнение, говорили то, что наверняка поостереглись бы высказать другим людям. И они платили нам таким же доверием.

Но случалось, что спектакли-обозрения имели своим последствием вызовы в деканат или в комсомольский комитет. Помню такую частушку:

Ночью темною окрест
К нам в ярангу вор залез.
Хорошо, что он залез
Не в родную МТС.

— Издеваетесь! — рявкнул побывавший на обозрении директор института Поликарпов, возглавивший впоследствии отдел культуры ЦК КПСС. Уж кто-кто, а он-то понимал толк в иносказаниях. Но, к чести его будет сказано, он не прибегал к административным мерам, ограничиваясь в основном отеческими нотациями и ворчливыми внушениями. И вообще странное впечатление производил этот суровый, с холодным огоньком в глазах человек. С одной стороны, мы знали, что в бытность свою оргсекретарем Союза писателей Поликарпов был одним из самых ревностных искоренителей идеологической крамолы, и в частности, — одним из инициаторов травли Бориса Пастернака. Перед ним буквально трепетали все партийные и комсомольские функционеры вуза. Волевой и властный, он гонял их за каждый промах и прилюдно показывал им свое пренебрежение. В то же время многое спускал нам, студентам, и даже часто вставал на нашу сторону в извечных конфликтах с администрацией. И сквозь пальцы глядел на весьма скользкие и двусмысленные шуточки наших обозренщиков.

А мог бы поступить и по-другому. Ведь, хотя и получили те годы название «оттепели», студеные сквозняки ощущались явственно. И, окрепнув, они потом изрядно потрепали судьбы многих...

Вот смотрю на давние фотографии. Мальчишки — сумасброды и непоседы. И что-то родное в каждом лице. Знаю: надо будет — позвоню, напишу, окликну, и они обязательно отзовутся. Потому что нас связал и навсегда породнил «угол Пироговской, дом для нас отцовский — МГПИ».

МОСКОВСКИЙ ПОЮЩИЙ

Наш институт, который именуется сейчас Педагогическим университетом, помог раскрыться самым разнообразным способностям своих питомцев. И, естественно, по-своему остался он в памяти, допустим, артиста Льва Барашкова и профессора-литературоведа Валентина Коровина, олимпийской чемпионки по гимнастике Галины Шамрай и физика-лауреата Романа Персонова, политических деятелей Сергея Станкевича и Владимира Лукина. Я же все время возвращаюсь к песням, которые тоже составили достойную главу в летописи нашего МГПИ. Ведь не только шутки ради, а на полном серьезе эта аббревиатура расшифровывалась как Московский государственный поющий институт. Причем, я добавила бы, поющий в основном свои песни. Правда, среди своих мы числили и приблудившиеся к нам со стороны случайно услышанные от родителей или в электричках, переписанные со старых граммофонных дисков изысканно-печальные песни Вертинского, полузабытые «Кирпичики», отчаянно-бесшабашную «Берите бублики». Помню, как умолкали все, когда Володя Красновский брал в руки гитару и задумчиво начинал:

Что-то солнышко не светит,
Над головушкой туман.
То ли пуля в сердце метит,
То ли близок трибунал...

Только много позже узнала я, что это песня мятежных антоновцев из пьесы Владимира Киршона «Хлеб». Ну, а тогда само имя автора находилось под строжайшим запретом.

Что же касается песен, сложенных в нашем институте, то корни их родословной уходят достаточно глубоко. Если отбросить множество легендарных версий, то можно утверждать, что автором одной из первых стал Всеволод Сурганов, впоследствии известный критик, написавший на мелодию музыкальной заставки к популярной в свое время радиопередаче «Клуб знаменитых капитанов» наш «Турградовский гимн»:

Рассвет над окнами встает,
Туман ползет с реки.
Друзья, пора идти в поход,
Наденьте рюкзаки...

Вообще, туристская тема была преобладающей в нашем самодеятельном творчестве: МГПИ с полным правом можно было назвать и «путешествующим» институтом. Туристский клуб на Пироговке считался одним из самых крупных и деятельных в Москве. Каждый выходной проводились загородные вылазки, а в каникулы сразу несколько групп отправлялись в походы по Уралу, Кавказу, Кольскому. Венцом же становились слеты на берегах подмосковной реки Рожайки. Так что рюкзак и гитара, если бы существовал герб института, могли бы стать его принадлежностью. Понятно, на лесных привалах или у вечернего костра не очень-то располагало распевать «.Комсомол — верный партии сын» или «Так нам сердце велело». Хотя подозреваю, что подобное не очень-то пелось и в других ситуациях. И пришлось студентам-туристам самим взяться за перо. Ревниво относясь к творческим поискам друг друга, каждый норовил перещеголять остальных, и часто можно было увидеть, как на походной стоянке бродит за палатками, вперив взгляд в звезды, незадачливый кандидат в барды и что-то шепчет посиневшими губами. Но иногда это давало и неплохие результаты.

Володя Красновский однажды иронически заметил, что все наши туристские песни можно разделить на два разряда. Первый — когда в них присутствует слово «пусть»: «пусть ураган палатку снес». И второй — со словом «хорошо»: «как хорошо, что мы промокли!» Не берусь утверждать, что когда-то придуманные строчки и сегодня числят в своем творческом багаже солидные литературные критики Игорь Мотяшов и Слава Иващенко или директор школы Семен Богуславский, но в свое время они явно гордились ими.

А потом наступила, как мы ее называли, «эпоха Визбора и Красновского». Володя был дьявольски музыкален: он ловил ритм с лёта. Врывался в комнату, в спортзал, в аудиторию и победно возглашал:

— Слушайте, что я сочинил! Бросьте всё и слушайте!

И начинал выстукивать на столе, на подоконнике, на чем придется что-то бешеное, заполняя паузы какими-то музыкальными междометиями. Нет, это надо было не только слышать, но и видеть!

Стихов он не писал. Но, выбирая тексты для своих песен, был предельно придирчив. И многие из наших институтских сочинителей обиженно фыркали:

— Тоже нашелся Дунаевский!

А Визбор, как автор песен, начинал анонимно. Одна из его первых песен была про веселого машиниста по кличке «Нос» — парня, который всем казался весьма легкомысленным и ненадежным, но в нужную минуту доказал обратное. Я запомнила лишь концовку:

И снова составы по шпалам шпарят,
И парень ведет свой электровоз.
Вот он каким оказался, парень,
Веселый парень по кличке Нос!

Помню еще какую-то музыкальную историю, героем которой был «лейтенант молодой и красивый». Визбор утверждал тогда, что эти песни напел ему сосед. Потом уж признался:

— Боялся, что скажут «дешевка»...

И опасался, по-моему, не зря.

Первая песня, которая вдохнула в него какую-то веру в себя, была про таинственную страну Мадагаскар, у жителей которой тяжелы и метки стрелы. А случилось это так. Сидел как-то вечером у себя на Неглинке. Окно было распахнуто. И вдруг с улицы донеслось что-то знакомое. Прислушался — «Мадагаскар»! Значит, поют!

А потом понесло-поехало: «Теберда», «Домбайский вальс», «Жить бы мне, товарищи, возле Мелитополя»... Их можно было уже услышать не только в нашем институте. Визбор становился знаменит, его приглашали на городские слеты, в жюри всевозможных конкурсов.

Песенное поветрие не обошло стороной и другие вузы. Свои барды объявились в МГУ, геологоразведочном, строительном институтах. Стали проводиться их вечера в ленинградском клубе «Восток», в Алма-Ате, Киеве, Казани. Но все же законодателем мод оставался долгие годы наш МГПИ. Каждое поколение студентов как бы передавало эстафету следующему. Вот они, учившиеся в нашем «поющем» институте:

Светлана Богдасарова, Борис Вахнюк, Максим Кусургашев, Вероника Долина, Вадим Егоров, Валерий Олейников, Владимир Чернов, Александр Васин, Владимир Бережков. Это только те, кого я знаю и о ком тоже могла бы написать.

Но, признаюсь, закрадываются иногда опасения: не останутся ли эти песни только фактами наших личных биографий, всего лишь приметами уходящего времени, как писал Визбор, — «словно полужесткие крепления или радиолы во дворах»? Но вот беру в руки только что напечатанный сборник «Песня начиналась здесь», помеченный последним годом минувшего века. Читаю предисловие известного ныне «яблочника» Владимира Лукина:

«В этой книжке собраны очень разные стихи. Разные ритмы, разные темы, разные авторы. Объединяются они, на мой взгляд, двумя вещами. Во-первых, они все написаны теми, чья профессия — учитель. Конкретнее — выпускниками МГПИ разных лет. Во-вторых, поразительно чистой, тонкой, светлой и немного грустной интонацией. Как сказал один из авторов, мой друг и сокурсник Юлий Ким: “Есть такое ремесло: рыцарь-одиночка”.

Именно эта интонация — родовой знак учительской поэзии. Потому что она — душевный настрой настоящего российского учителя. Человека, который искренне и неизменно надеется на чудо: на торжество разума, добра и справедливости. Который старается вдохнуть эту надежду в молодые души.

И сквозь все времена эта интонация, этот мотив российского учительства звучит и согревает людей.

Многие из авторов этой книги — барды, их песни стали спутниками жизни многих из нас. Мне, например, выпускнику пединститута 1959 года, просто невозможно представить свою жизнь без песен Визбора, Кима, Якушевой. Те, кто помоложе, наверняка скажут то же самое о Егорове, Долиной...

Институтские походы с друзьями и их песнями как-то незаметно перешли в поход длиною в жизнь. Но песни походов нашей молодости и песни нашей жизни — одни и те же. "Слушай, на время время позабудь!"

Держите эту книжку при себе и, когда вам станет грустно, откройте ее. По себе знаю — это лучшее лекарство».

ЦВЕТНОЙ ТУМАН ВООБРАЖЕНИЯ

В свое время официальная критика отмечала — и совершенно справедливо, — что бардовская песня обходит стороной романтику ударного труда советской молодежи, выполняющей грандиозные планы партии по строительству коммунизма. Упрекала, что барды идут на поводу у отсталой части слушателей, у чуждых взглядов и дурного вкуса. Что следует держать руку на пульсе нашего замечательного времени и воспевать героев пятилеток, а не туманить людям головы экзотическим флером абстрактной книжной романтики. И в этом тоже была своя правда. Барды действительно старались уйти из жестко регламентированной, окрашенной одноцветной кумачовой краской, нашей советской реальности в яркий, пусть и выдуманный, мир жарких страстей и нерасчетливых поступков, гриновских алых парусов и бесшабашных искателей приключений. Помните, у Блока:

Однажды на ноже карманном
Найдешь пылинку дальних стран.
И сразу мир предстанет странным,
Окутанным в цветной туман.

Вот такие пылинки находили и Турияннский, услышавший печальные напевы неведомых кабестанов, и Визбор, увидевший Южный Крест, залезший на рассветное небо Мадагаскара, и Ким, наблюдавший, как на далеком Севере ходит рыба-кит. И как оказалось, корни этих песен уходят достаточно глу-

4 – 4188

боко, и один из них имеет прямое касательство к благодатной почве нашего МГПИ.

Как-то, это было лет пятнадцать назад, мне позвонили из московского клуба самодеятельной песни и пригласили на слет, посвященный одной интересной дате.

— Какой именно? — осведомилась я.

— Приезжайте — узнаете. В субботу в десять утра вас будут ждать на сорок пятом километре Можайского шоссе.

И вот в назначенное время я приехала на тот самый километр. Там ждали не только меня: вереницы людей тянулись от станции к лесу. Скоро дорога привела на живописную поляну, где была уже сооружена сцена, имитирующая палубу старинного корабля с высокой мачтой и натянутым парусом, с вахтенными в тельняшках и большим плакатом: «Бригантине — 50».

— Что это за флотский праздник? — спросила я у Вани Акименко, непременного распорядителя многих подобных слетов.

— А вам еще не сказали? Отмечаем юбилей песни «Бригантина»! Да, да, той самой, что в дальнем синем море поднимает паруса. И главный сюрприз — сегодня у нас в гостях один из авторов этой песни, который тоже учился в вашем МГПИ. Я сейчас ему вас представлю!

Так я познакомилась с Георгием Соломоновичем Лепским, рядом с которым и провела потом весь день. А после всяких приличествующих случаю торжественных слов и приветствий, после лесного праздничного застолья, конечно же, усадила его перед микрофоном.

Ада Якушева. Георгий Соломонович, неужели полвека уже живет эта песня?

Георгий Лепский. Да, эта песня была написана в 1937 году. С Павкой Коганом — так мы его звали — мы жили по соседству на улице Правды, а познакомил нас его двоюродный брат, учившийся со мной в одной школе. И началось для меня незабываемое время, словно пронизанное стихами, потому что он буквально бредил поэзией. В нашем «поселке», так именовалось несколько деревянных домишек на нашей улице, уже сложилась небольшая компания ребят, которых он тоже приохотил к поэзии. Но он был, пожалуй, на голову выше нас всех. Начитаннее, острее чувствовавший всю сложность тех лет. С одной стороны — имена и события, призванные воспитывать гордость за свою страну: Алексей Стаханов, Валерий Чкалов, папанинская эпопея, вера, что обязательно будет построено справедливое светлое будущее... И Павка писал:

И мальчишки моей поруки
Сквозь расстояния и изморози
Протянут худенькие руки
Людям коммунизма...

С другой стороны — тревожные ночи в ожидании черных энкаведешников, опустевшие квартиры соседей, которых увозили на Лубянку. И предчувствие неизбежности надвигавшейся войны, а у Павла даже какое-то провидчество сроков, когда и где это будет... Еще тогда он написал «Во имя войны сорок пятого года» и такие строчки:

Когда-нибудь в пятидесятых
Художники от мук сопреют,
Пока они изобразят их,
Погибших возле речки Шпрее...

Мы тогда с Павкой виделись почти каждый день. То я к нему приходил домой, то он ко мне. И не один, а часто с целой компанией. Он к тому времени уже учился в знаменитом ИФЛИ вместе с Николаем Отрадой, Сергеем Наровчатовым, Михаилом Кульчицким. Я музыкального образования не имел, играл на рояле по слуху, подбирал разные мелодии. Что пели? И старинные народные «Славное море, священный Байкал», и песни гражданской войны, и тогдашние шлягеры Блантера и Дунаевского. Читали стихи. Всем нравились Маяковский и Есенин. У Павла любимыми были Гумилев, Светлов, из иностранных — Киплинг. Вообще он был по натуре романтик. Его влекли яркие краски неведомых земель и морей, люди необычной судьбы, вольница, готовность к подвижничеству. Так что появление «Бригантины» было просто неизбежным. Не помню сейчас точно, кому из нас пришло тогда в голову написать подобную песню. Скорее всего, ему, потому что у него уже было готово четверостишие:

Надоело говорить и спорить
И любить усталые глаза.
Во флибустьерском дальнем море
Бригантина поднимала паруса...

Правда, я до этого ни одной песни не сочинил, хотя часто импровизировал, но тут же забывал мелодии. А тут сел к роялю и наиграл. Павлу понравилось. И он стал писать продолжение, а я утрясал ритмические стихи с мелодией. И через час-другой родилась песня. Сначала она ходила только в нашем узком приятельском кругу, потом Павел показал ее своим друзьям по институту. И когда в тридцать девятом я был призван в армию, то как-то услышал, что поют ее совсем незнакомые мне люди. С Павлом мы после этого встретились только раз, когда я на несколько дней приехал из армии в Москву. Обнялись на прощание, словно предчувствуя долгую разлуку. А через год началась война. Почтовая наша связь прервалась, потому что воевали мы на разных фронтах, и только спустя какое-то время до меня дошла горькая весть, что Павка погиб осенью сорок второго в разведке на сопке Сахарная голова под Новороссийском. А я после войны поступил на художественно-графический факультет нашего общего с вами педагогического института.

А.Я. А вот встретиться довелось только теперь...

Г.Л. Да, разминулись во времени. Хотя я по радиопередачам, по магнитофонным записям знал, что студенты МГПИ сложили немало прекрасных песен. И слышал, что за эти песни вам тоже немало досталось. Ведь «Бригантину» не включали в песенники, не передавали по радио, не исполняли в концертах. Считали, что она по духу своему космополитична. Дескать, стоит ли нашей молодежи петь про какое-то флибустьерское море, про людей такой сомнительной репутации? Вот если бы про наших героев-пограничников, о сталеварах или механизаторах...

А.Я. А вот пели и поют уже столько лет! Сколько же вам было, когда вы сочинили эту песню?

Г.Л. Мне шел восемнадцатый год.

А.Я. А Павлу?

Г.Л. Девятнадцатый. Он был на год старше меня...

ОКТЕТ ИЗ СОТЕН ГОЛОСОВ

Сначала справка из музыкального словаря: «октет — ансамбль восьми исполнителей». Не могу сказать, почему мы остановились именно на таком составе, могло быть и пять, и десять, и двенадцать. Впрочем, на первых порах так оно и было, о чем напомнила мне заметка, опубликованная в те давние времена в многотиражке нашего МГПИ.

«Прародителем нашего вокального ансамбля был квартет: Вера Пушечникова, Валя Романенко, Бэлла Лифшиц и я. А шефство над нами взяли Володя Красновский и Юра Визбор. Когда же они уехали на Север, мы от неверия в свои силы удвоили каждый голос, и получился октет. Этот период в истории октета известен возникновением метода «гуся» — исполняя песни, мы почему-то дружно вытягивали шеи. Затем у нашего октета появились свои дочерние коллективы — квартет Светланы Богдасаровой и мой ансамбль при московском Доме туристов, который находился у Заставы Ильича. Помещениями для репетиций нас не баловали, и вскоре веселые туристы стали вывешивать такие объявления: «Ансамбль имени Якушевой занимается сегодня на складе», а когда склад закрылся, то: «на чердаке» или «на задворках». В конце концов нам пришлось возвратиться в «альма-матер» на Пироговку. Тем более, что институтский профком расщедрился и пригласил для нас профессионального руководителя Игоря Мануйлова. Он научил нас многому, в том числе достойно держаться на сцене».

А потом октет возглавила Ирина Олтаржевская. Она знаменита тем, что в манеру нашего исполнения был внедрен метод «вяканья». Им мог овладеть каждый: достаточно только вместо всех гласных тянуть звук «я» и сопровождать это уже упомянутым вытягиванием шеи. Чтобы поднять качество вокала, Ире пришлось прибегнуть к маленькой хитрости: она придумала, что октет ждут не дождутся в Вене. Почему именно в Вене, не знаю. Наверное, потому, что этот город был когда-то музыкальной столицей мира. Во всяком случае, репетиции сразу же стали проходить и чаще, и интенсивнее.

На смену Олтаржевской пришла Нина Щеглова. Она тянула октет уже к четырехголосью и тоже сокрушалась, что девушки поют недостаточно душевно. Сейчас Нина преподает на Алтае. Там у нее тоже есть октет, который, возможно, поет, наконец, многоголосно и сердечно.

После Нины в наш девичий коллектив пробрался Володя Чернов. Но, несмотря на это, октет сохранил чистоту звучания и солидно пополнил свой репертуар. Прослушав его выступление, композитор Никита Богословский сказал: «Вам бы надо на эстраду, только этого не надо!».

Маститый профессионал был, вероятно, прав.

Но вернемся в дом на Малой Пироговке, в небольшую комнату на первом этаже, где висела табличка «Научно-студенческое общество». Тут и нашел пристанище наш октет. Репетиции проводились чуть ли ни каждый вечер. Девчата подобрались пригожие — это я не о себе, — и неудивительно, что рядом с НСО постоянно крутились парни. Со стороны могло показаться, что они ждут, пока мы закончим петь, и немедленно сядут за обсуждение какого-нибудь серьезного научного реферата. Но на самом деле все обстояло значительно проще: они ждали окончания спевок, чтобы отправиться потом с подружками в кино или соседний сквер.

Но вот Петр Фоменко — тот приходил по делу. Он был режиссером наших обозрений. И его, естественно, интересовало: не появится ли в нашем октете новая песня, которую он мог бы включить в свое сценическое действие? Замечу, кстати, что он сам отлично играет на скрипке.

В это время прибился к нашему октету и Володя Туриянский. Это был уже и вовсе чужеземец, не имевший к нашему институту совершенно никакого отношения. Просто услышал как-то, пришел и предложил стать нашим аккомпаниатором. А поскольку уже тогда прилично играл на гитаре (чем, к сожалению, не очень-то владели мы), вопрос был решен. Правда, это вызвало сначала некоторое недоумение и даже ревность тех, кто по-прежнему оставался за дверью, но потом, убедившись, что Володя преследует чисто творческие цели, они смирились с этим. А мы обрели в веселом и на редкость обязательном парне прекрасного товарища и весьма строгого ценителя наших музыкальных занятий. Вот только о себе он рассказывал не очень охотно. И было почему. Много позже мне стало известно, что семью Турияского не обошла горькая чаша, испить из которой довелось многим в те времена. В тридцать шестом, когда Володе не было и года, арестовали его отца и препроводили в лагеря на Крайнем Севере, а мать с тремя детьми сослали в Казахстан. Кто знает, не из тех ли далеких лет пришли потом в Володины песни такие строчки:

Ночная степь, как давняя тоска,
Чернее пистолета у виска...

А вообще-то аккомпаниатор нашего октета оказался компанейским и, в самом хорошем смысле этого слова, романтичным человеком. И мы совсем не удивились, когда узнали, что Володя ушел с третьего курса института культуры, где учился, и отправился куда-то в Сибирь с геофизической экспедицией.

Мы сейчас с ним живем по соседству, но видимся крайне редко. Да что там видимся — услышать его голос по телефону и то доводится совсем не часто. Набираешь знакомый номер, и обычно трубку берет его жена Тося.

— Володя в Москве?

И, как правило, слышишь в ответ:

— Нет, на Урале. (Или — в Средней Азии, в Заполярье, на Таймыре.) Что делать: нынешняя профессия Турианского не располагает к домоседству. Он — настройщик геофизической аппаратуры. И точками отсчета тех или иных жизненных событий стали для него экспедиции. (Хмурит лоб, вспоминая: «Это было после моей поездки в Тюмень...»)

Одна из его первых песен была «Ты слышишь печальный напев кабестана». Что такое «кабестан», никто из нас не знал, но чувствовалось — это явно связано с дальними странствиями. Когда мы спросили Володю, верна ли наша догадка, он тоже признался, что имеет об этом «кабестане» весьма смутное понятие, потому что переложил на музыку стихи из одной повести братьев Стругацких о звездолетчиках. Но и потом, когда стал писать песни уже на свои стихи, в них не пропал этот «печальный напев» бесконечных дорог и уходящих к горизонту таинственных далей.

Да, мы стали реже видеться с Володей, но зато я все чаще и чаще встречалась с его песнями. Они, словно переняв беспокойный характер своего автора, тоже принялись бродяжить от костра к костру, их пели люди, которые тоже «зачем-то сбежали от теплых квартир» и колесили по всему свету. По песням Володи можно с точностью проследить все маршруты его экспедиций: «В синих метелях Карелия спит», «Кодарская осень — слепые ветра», «Мы мокнем в тайге за рекой Алгомой», «В обгорелой степи за Ишимом». Такая кочевая жизнь сопряжена со многими тяготами. Приходится месяцами жить вдали от семьи, переходить сотни километров от точки до точки, мерзнуть в палатках, подолгу ждать вертолет. Но я ведь сказала, что Володя — неисправимый романтик гриновского толка.

В наш век лихой нам нужно так немного:
Улыбку друга, ветер над листвой.
Дай Бог, друзья, нам легкую дорогу
И синюю звезду над головой...

«Ада, здравствуй! Вот я опомнился немножко после дороги и первых дней пребывания в этом, не имеющем никакого народнохозяйственного значения, местечке под названием Сарайчик.

Уезжал я очень сумбурно, я бы даже сказал — скоропостижно. Были проводы и легкое возлияние в рамках существующих антиалкогольных законов и ущемлений. И, конечно, смута, дым, гитара и всякие задушевные разговоры, без чего в России и жить было бы невозможно.

Это мой двадцать девятый полевой сезон. Я уже себе, верно, и не представляю, что бы я делал летом в Москве. Наверное, при любых обстоятельствах я стал бы путешественником, но, увы, все открыто, пронумеровано, классифицировано и учтено в больших гроссбухах. Да, собственно, какой российский человек не любит путешествия в дальние страны? Ведь нас с детства окружают границы, рогатки, таможни и лютый правопорядок. И так хочется все время завинтить куда-нибудь, где нас нет! Вот и теперь — Сарайчик, где никто нигде не работает, но все кушают балыки и черную икру, которые так любят взбесившиеся миллионеры на прогнившем Западе. Совершенно браконьерское местечко! Прямо лермонтовская Тамань, но без таинственности и очарования.

В первую же ночь нашего обитания в Сарайчике мы обнаружили небольшую, но чрезвычайно боевую и агрессивную популяцию клопов. Пытаясь сохранить достоинство, мы бежали, бросив «обозы и женщин с детьми». Пыль, грязь, песок, невообразимая жара, полудохлые собачары, плоско лежащие среди улицы, и туча хитрых ворон, которые выделывают невероятные артикулы.

Вот и все. До встречи. До свиданья!
Не грусти, прошу, и не болей.
И — до золотого увяданья,
До осенних криков журавлей.

Надеюсь, я не уморил тебя своим письмом. Привет всем, кому ты считаешь нужным. Володя».

Наверное, я пристрастна в своем отношении к Туриянскому. Но мне кажется, что его голос нетрудно различить и в шумном бардовском многоголосье. Не зря же он признался, что его «тянет шагать со всеми не в ногу».

На вечере ленинградского клуба «Восток», отмечавшего в 1988 году свой двадцатипятилетний юбилей, в переполненном зале собрались и совсем юные, и ветераны КСП. Все ожидали начала концерта. И вдруг в одном из уголков стал толпиться народ. Сюда потянулись и другие. Подошла и я, и услышала Володю и его гитару. И снова, как и в те далекие годы, когда песня звала в тесный круг, ощутила я волнующее чувство приобщения к тому доброму, что всегда объединяло нас. А ведь песня-то была совсем немудрящая — о том, как счастливы те, кто снова уходит на клиперах в туманную даль. Простые слова и простые истины. Но как, оказывается, нужны они нам и сегодня!

А между тем октет МГПИ становился, не побоюсь этого сказать, московской знаменитостью. Нас наперебой приглашали выступать не только в своем институте, но и в других вузах, на городских молодежных праздниках, на туристских слетах. В то время проводилось множество всевозможных конкурсов и смотров самодеятельной песни, и (мне приятно об этом вспоминать) почти на каждом октет занимал призовые места. Но, пожалуй, главное, что все эти бессонные репетиции, споры, поиски рождали светлое и ни с чем не сравнимое чувство бескорыстного и сердечного братства, когда всё на всех — и радости, и горести.

— Ваш МГПИ был тогда центром бардовской песни, — признался, вспоминая те годы, Алик Городницкий. — Мы в Ленинграде считали вас лидерами, и каждому, кто наведывался в Москву, давали задание — обязательно разузнать про ваши новые песни, привезти их домой.

И не скрою, как была я рада получить недавно приглашение на концерт нынешнего институтского октета. И встретить там старых друзей, и услышать, как оказалось, не забытые наши песни.

Теперь мы встречаемся все реже и реже. Но доведется увидеться — теплеют глаза и моложе становятся лица. Вера Королева, и Нора Баллер, и Наташа Войтелева, и Инна Ганцбург, и Рита Чигиринова, и Лена Кондрашова, и Лариса Сумерская, и... Да разве перечислить всех, кого сдружила песня! Октет — это восемь человек. А прошли через него, наверное, сотни.

Ирина Олтаржевская. *Я считаю себя очень счастливым человеком, потому что в моей жизни был такой замечательный* *коллектив, как наш октет МГПИ. Мне повезло, по-иному и не скажу, работать в очень сложных, но и интересных условиях: мы одними из первых среди московских школ перешли на продленный день. И вот встал вопрос: чем занять ребят, чем увлечь? И тут я вспомнила октет и организовала такой же в нашей школе. И эти мальчишки и девчонки, считавшиеся «трудными», поначалу встречавшие насмешками предложение спеть всем вместе, не только запели, но и стали гордиться этим. И сколько сейчас таких октетов в других школах! Я бы вывела и доказала истинность педагогической формулы: «Песня — важный фактор воспитания личности».*

Для одного из наших обозрений Юрий Ряшенцев сочинил такой финал:

Звезды мигают в каждом окне,
напоминая из отдаленья,
что все на свете имеет конец,
и данная встреча — не исключенье.
Не исключенье и этот год,
и все четыре студенческих года.
В зал этот новая юность войдет,
но будет видна в них та же порода,
порода студентов, немного шальных,
отважных, веселых, настойчивых, смелых,
и будут они, как и прежде, сильны
и в шутке, и в смехе, и в песне, и в деле.
И новые песни здесь зазвучат,
но будут петь их другие люди.
А наших ребят, а наших девчат
в ту пору уже в институте не будет.
А песни останутся — наши с вами, —
связавшие нас с этим домом навек,
с нехитрым мотивом, с простыми словами, —
они разлетятся по нашей Москве.

И ребята, поющие что-то хором,
Вдруг замолкнут, и кто-нибудь скажет так:
— А ну-ка, давайте ту, которую
лет десять назад сложил литфак!
И начнут ее задушевно и строго,
доверяя как будто свою мечту,
эту песню о дальних путях-дорогах,
в которые нас проводил институт...

ЗЛОКЛЮЧЕНИЯ ОРФЕЯ

Немало времени прошло, но нет-нет, а встречаю я людей, наслышанных о нашем октете, верных его поклонников и даже некоторым образом родственников. К числу последних я смело могу отнести известного писателя и публициста Леонида Жуховицкого, ведь его жена тоже пела в нашем коллективе.

Ада Якушева. Но я думаю, что не только это обстоятельство может объяснить ваш интерес к бардам.

Леонид Жуховицкий. Разумеется. Авторская песня в течение многих лет составляла, может быть, главное содержание моей души. Ведь на протяжении нескольких десятилетий это был, наверное, единственный бесцензурный вид искусства. Она была обращена прямо к нам, без посредничества начальства, в то время как многие другие виды искусства адресовались начальству, минуя нас.

Году в шестьдесят пятом я написал повесть, которая называлась «Орфей, или Легенда о Ричарде Тишкове». Повесть о барде. Потом мне говорили, что прототипом я взял Высоцкого. Но это не так, хотя я уже тогда знал Высоцкого, и многие из его песен мне нравились. Это был собирательный образ. Мне хотелось в этой повести проследить связку: искусство и общество. Обычно она выглядела так: художник — цензор — народ. У бардов же среднее звено в этой связке выпадало. Здесь шло напрямую: художник — народ. И тогда я понял для себя одну, честно говоря, жутковатую вещь, что народ не только друг, но и враг художника, в которого он поверил. Народ хочет и ждет, чтобы художник работал на пределе. Он не прощает художнику не только падения, но даже того, что он какое-то время находится на плоскости. И вот начинается страшная гонка, когда человек пытается обогнать самого себя. Сегодня писать лучше, чем вчера, а завтра — лучше, чем сегодня, — это, возможно, замечательная формула. Но это работа на разрыв аорты. И вот мы удивляемся часто ранней гибели художников, у которых это наиболее ярко выражено...

А.Я. И мы обвиняем обычно в этом начальство или обстоятельства.

Л.Ж. А виноваты и все мы, наша жестокая любовь к ним! И вот эта работа на износ — необычайно интересный материал для исследования. Хотя я понимаю, что это тоже жестоко — использовать чью-то смертельно трудную судьбу как материал для исследования.

По повести «Орфей» я сделал пьесу и долго мучался с ней. Несколько лет ее нигде не разрешали к постановке, пока ныне известный московский режиссер Юрий Еремин не уехал в Ростов, где почти полуподпольно поставил ее. И еще очень дорогое воспоминание — Новосибирский фестиваль 1968 года, где я на всю оставшуюся жизнь наслушался Галича. Замечательные люди были на том фестивале — Ляля Розанова, Женя Шатько, Виктор Славкин, Жора Целмс. И хотя за это нам всем досталось, с тех пор никто не скурвился, все остались людьми.

А.Я. Мне тот Новосибирский фестиваль тоже, как говорится, вышел боком.

Л.Ж. Да, всех пытались наказать. У кого-то книжка полетела, какой-то премии не дали, но зато целую неделю мы жили как абсолютно свободные люди. Это сейчас свободу мы стараемся сделать нормой, а тогда, наоборот, она была исключением из всех правил. И, кстати, это был единственный легальный концерт Александра Галича в нашей стране. И потом вот еще чем я по праву могу гордиться. Вы, может быть, помните нашу первую встречу?

А.Я. В редакции журнала «Молодой коммунист».

Л.Ж. Совершенно верно. Тогда на Булата Окуджаву начались дикие, изуверские — по-другому и не скажешь — гонения. И мне удалось напечатать в этом журнале первую статью в его защиту.

Я и сейчас считаю его одним из крупнейших наших поэтов. С него началось, пожалуй, мое неравнодушие к бардам. Хотя признаюсь, что мое отношение к ним неровное. Я люблю позднего Высоцкого и рад, что однажды судьба свела меня с ним в работе над фильмом «Короткие встречи». Возможно, я несправедлив к Визбору. Он не был в числе любимых мною поэтов. Но его песня «Волейбол на Сретенке» — песня обо всем нашем поколении. И ее бы одной оказалось достаточно, чтобы имя Визбора осталось в истории нашей культуры. Мне нравится Кукин. Люблю, простите, Аду Якушеву...

А.Я. Я непременно ей это передам!

Л.Ж. Передайте, пожалуйста! Я довольно много лет дружу с Вероникой Долиной. Это удивительная личность. Смешная, нелепая, женщина на триста процентов, но со всеми приметами большого поэта. Мне удалось написать предисловие к ее поэтическому сборнику. И вообще, я счастлив, когда удается хоть чем-то помочь барду. Это очень яркое и тонкое искусство как-то оказалось между жанрами. А что это означает в нашей бюрократической стране? В Министерстве культуры нет такого управления или отдела, ведающего бардами. Никому они абсолютно не нужны! И вы знаете, может быть, это обстоятельство и спасло, — что не было и нет никакого начальства, что никто ими не командовал, никто не учил жить.

А.Я. Нас окружал какой-то свой микромир. Мы сами создавали для себя среду обитания...

Л.Ж. Что касается вашего института, то это действительно так. Ведь помимо того, что он дал плеяду прекрасных бардов, там выросла целая гроздь блистательных поэтов — Олег Чухонцев, Владимир Войнович, Таня Кузовлева, Саша Юдахин... Я думаю, что такой ряд имен составил бы честь любым пяти курсам Литинститута! Так что считайте это моим признанием в любви.

ПЕСНЯ НАЧИНАЛАСЬ ЗДЕСЬ

Как-то заглянула я на занятия нашего институтского туристского семинара. Заглянула и решила остаться. Здесь властвовал Володя Маландин. Это был поистине легендарный походник, непререкаемый авторитет. О нем даже сложили песню, в которой были такие слова:

У нас такой роскошный рыжий вождь,
С ним не страшны ни вьюги и ни дождь!

Но петь это мы при Володе остерегались: какой никакой, а все же начальник. Хотя действительно он был огненно рыж и повадками походил на туземного вождя — суров, величав и категоричен. Поскольку в семинаре занималось немало моих друзей, я решила остаться. Мы учились, как выбирать место для привала, ориентироваться по карте и компасу, оказывать первую помощь, разжигать с одной спички костер. И к сдаче семинарских зачетов готовились, пожалуй, не менее тщательно, чем к экзаменам в основной учебной сессии. Маландин был придирчив и строг. Но зачет я сдала и правильно сделала. Потому что полученные знания оказались весьма полезными на практике, когда и мне самой поручили провести многодневный лыжный поход по маршруту Бологое — Ленинград. В группе у меня было всего пять девчонок. А поскольку полагалось иметь помимо начальника еще и физорга, культорга и комиссара, то у нас осталась лишь одна подчиненная — добродушная и не очень расторопная Инна Ганцбург. Мы ее называли не иначе как «народная масса» и всячески подчеркивали свое начальственное положение. А она постоянно грозила взбунтоваться и требовала все больше демократических свобод. Ныне я особенно ясно вижу всю привлекательность подобной позиции.

В этом походе предусматривалось проведение ночевки в полевых условиях. А это значило найти после дневного перехода удобную, защищенную от ветра площадку, утоптать снег, настелить хвойные лапы и растянуть задубевшую от стужи брезентовую палатку. Потом набрать валежника, разжечь костер и поставить на него котелки для чая и каши.

Вышли мы в конце января. Мороз крепчал и крепчал, мы выбивались из сил, прокладывая лыжню по твердому насту, постоянно летели с ботинок полужесткие крепления — «лягушки», так что к вечеру мы не могли уже сделать ни шагу. И вот, сообща соображая, как это все положено делать по правилам, мы с грехом пополам натянули палатку, кое-как запалили костер и, наскоро поужинав, улеглись наконец на тощую хвойную подстилку, прижавшись друг к другу и проклиная про себя тех, кто выдумал эти полевые ночевки.

Зато утро было бесподобным! Как сейчас вижу: я иду с ведром к проруби, под ногами поскрипывает снег. Лес, голубой от инея, звенит на разные голоса, как хрустальный. И огромное рыжее солнце поднимается над вершинами елок. В том походе и сложилась песня «Слушай». Я представляла, как, возвратившись в Москву, расскажу про это ледяное утро одному человеку, который закурит «Беломор» и будет сидеть рядом, не проронив ни слова. Это ведь тоже дар — уметь выслушать другого...

Слушай, —
на время время позабудь,
Лучше
тебе спою я что-нибудь,
Чтобы
теплели строгие глаза
И не оглядывался больше ты назад...

Эту песню я и привезла в Ленинград, где нас приютили в общежитии коллеги — студенты педагогического института имени Герцена. Там впервые и прозвучала «Слушай». И оказывается, у песен свои поистине неисповедимые пути и скорости передвижения: возвратившись через несколько дней в Москву, мы вдруг услышали ее в нашем институте! Кстати, никогда не знаешь, сколько отпущено той или иной песне. Эта оказалась живучей. Конечно, если бы я заранее знала, что она так заживется, наверняка приложила бы гораздо больше стараний. Впрочем, неизвестно, как бы тогда сложилась ее судьба. Во всяком случае, моим младшим она нравится: ведь эту песню мама написала папе, когда они были совсем молодыми.

ВЫСОКИЙ БЛОНДИН СО СТРОГИМИ ГЛАЗАМИ

Из дневника. В последнее время пропадаем в Политехническом. Слушаем поэтов. А на обратном пути я слушаю Визбора. Я уже знаю, что у него три друга — Красновский, Маландин и Кусургашев. Володька мне нравится. При Маландине — робею. А вот Кусургашев...

— Он сейчас где?

— В Бурят-Монголии. С женой.

Мне немного досадно: такой человек — и женат. Воображение рисует мне высокого стройного блондина со светлыми строгими глазами. Еще не зная его, я начинаю ему симпатизировать.

Но вот недавно забежала в редакцию нашей многотиражки «Ленинец», где проводит занятия наш литературный кружок, и увидела незнакомого черноволосого парня, который скрипучим голосом что-то доказывал Ряшенцеву. Увидев меня, Ряшенцев сказал:

— А вот, Максим, Ада, о которой я тебе уже говорил. Познакомься.

— Кусургашев, — представился он.

— О, это вы! — воскликнула я уважительно, пытаясь скрыть разочарование. Никогда вас не видела, зато столько слышала!

Он, наклонив голову набок, угрюмо что-то буркнул и снова повернулся к Ряшенцеву. Вот тебе и стройный блондин со светлыми строгими глазами! И мне не терпится узнать, что могло в нем понравиться Визбору?

Возможно, что в поисках ответа на этот вопрос я стала присматриваться к новому знакомому. Он часто заглядывал в институт, мы виделись с ним у Визбора на Неглинке, у Юры Ряшенцева, который жил по соседству с Пироговкой и где любили собираться наши «обозренщики». А потом как-то позвонил телефон, и я услышала сердитый скрипучий голос:

— Хватит сидеть в Москве! Собираемся, поедем на Волгу!

— Но у меня же практические занятия в школе, — попробовала возразить я.

— Пять дней ничего не значат. Жду тебя завтра в десять утра у касс Савеловского вокзала!

Из дневника. Никогда я не чувствовала себя такой свободной! Мы идем в сторону от шоссе по запутанным лесным тропинкам уже который час. Максим ведет к избушке знакомого ему лесника. Но избушки все нет и нет. Во мне, как в детстве, проснулась любовь к приключениям, тем более что уже совсем стемнело, и, судя по хлюпающей под ногами воде, мы попали в болото. А кругом столько таинственных и страшных звуков. Неожиданно вышли на поляну, и нам навстречу сначала выплыл огонек, а потом и силуэт большой черной избы. Лесник встретил нас радушно, угостил чаем с медом и уложил на сеновале. Заснули как убитые. А утром, когда пригрело солнце, на поляне, окруженной высокими соснами, мне вспомнился Пастернак:

В траве меж диких бальзаминов,
Ромашек и лесных купав,
Лежим мы, руки запрокинув
И кверху головы задрав...

А после лесник послал нас привести пасущихся у болота лошадей. Максим водрузил меня на толстую старую кобылу, я обняла ее за шею, и все же между нами не было никакого взаимопонимания. Сперва она побрела в обратную сторону, а затем помчалась радостным галопом к лесу. Я вцепилась в гриву и подпрыгивала на метр от ее спины. С тех пор я никогда уже, наверное, не рискну сесть на лошадь.

Эти пять дней совершенно неожиданной для меня прогулки не остались незамеченными в институте. Когда я вернулась, многие многозначительно интересовались: «Ну, как?»

А я так же коротко и неопределенно отвечала: «Отлично!»

Но так или иначе сомнений не развеяла, потому что мой спутник имел прочную репутацию завзятого сердцееда. Дескать, пока дойдет от дома до института, десяток девчонок перецелует.

Когда я дописала все это и прочитала Максиму, он неопределенно усмехнулся и пожал плечами. И я тогда предложила ему, так сказать, бросить взгляд со стороны, как осталось это в его памяти. Думаю, что такая уловка вполне уместна, и я обращусь к ней еще не раз.

СВЕТЛЫЕ КАМЕШКИ ИЗ КОНАКОВО

Максим Кусургашев. У выпускников педвуза по сравнению с коллегами из других институтов была когда-то далеко незавидная участь: поскольку подразумевалось, что в педагоги подаются в подавляющем большинстве представительницы слабой половины человечества (юноши действительно составляли всего несколько процентов от общего числа обучающихся здесь), вполне резонно посчитали, что военная кафедра в этом институте — излишняя роскошь. А посему, получив диплом и проработав какое-то время в школе, мы получали повестки из военкомата с предложением явиться на медкомиссию, которая должна была подтвердить нашу возможность выполнить почетный долг перед страной и примерить солдатские шинели. Насколько я знаю, эта участь не обошла почти никого. Меня она ожидала в Улан-Удэ, где я работал по распределению после окончания института. Юру Визбора и Володю Красновского — в сельской школе под Воркутой, а Слава Иващенко написал об этом из сибирского города Канска: «Замутилась вода в горной речке Кан, понахмурились таежные сопки. Но плачь и гордись, сибирская земля! Ликуй, военный министр! Идет в солдаты подававший надежды педагог-словесник Вячеслав Иващенко! Держись, супостат! Спи спокойно, советский народ!»

И вот, отслужив положенное на одном из пустынных разъездов Маньчжурки — так именовалась тогда КВЖД, протянувшаяся от Читы до пограничной с Китаем станции Отпор, — я вернулся в Москву. Надо ли говорить, что первым делом побежал на Малую Пироговку. И так уж случилось, что сразу попал на очередное заседание литературного объединения, которое вел Юра Ряшенцев. В перерыве, отозвав меня в сторонку, он доверительно шепнул:

— А ты знаешь, толковая молодежь пришла! (Ему самому тогда только что исполнилось двадцать пять.) Конечно, зеленые еще, но толк будет, поверь мне... Вот Юра Коваль и Юлик Ким, видишь, симпатичный такой, повыше — это Коваль, а узкоглазый смешливый — это Ким. Один пишет рассказики, второй — стихи, и весьма ядовитые. А вот дальше, за ними — Ада Якушева. Сплошная лирика! Тебе наверняка понравится!

Об Аде Якушевой я уже был достаточно наслышан из писем Визбора. Он писал мне в Улан-Удэ, а потом в армию, что пришла с вечернего такая любопытная девчонка, поет под гитару свои песни, и вообще симпатичный человечек. Я догадывался, что эта самая Якушева представляет для Визбора интерес не только с творческой точки зрения. И поэтому попытался повнимательнее приглядеться к ней. Нас познакомили, и мне она тоже показалась человеком весьма привлекательным. Так что потом, встретившись с Визбором, мне не пришлось лукавить, дипломатично одобрив его выбор.

— Да нет у меня ничего серьезного в этом плане, — смутился он. — Просто чисто товарищеские отношения! Могу дать слово!

Вот на том слове я его и поймал. Сейчас, рассказывая об этом, я допускаю, что поступил не очень ладно, но что было, то было. Спустя какое-то время, когда у второкурсников началась так называемая «пассивная» педагогическая практика в подшефной школе, я предложил Аде наплевать на бессмысленное сидение на скучных уроках и прогуляться на Верхнюю Волгу. Поясню: когда я еще был студентом, то в летние каникулы подрабатывал инструктором на Сходненской турбазе, откуда водил группы туристов на другую базу — Лисицкий бор в Калининской области. Так что места эти хорошо знал и был уверен, что они не могут не понравиться. Признаться, не ожидал, что мое несколько легкомысленное приглашение будет принято, и уже на следующий день мы зашагаем с рюкзаками по Рогачевскому шоссе. Естественно, мог ли я упустить случай, чтобы показать свою осведомленность. Заглянули в Подъячево, где бывал Толстой, в Шахматово, связанное с именем Блока, и, разумеется, в Конаково, тогда мало кому ведомый городок на Верхней Волге. Сейчас, после сооружения Конаковской ГРЭС, здесь выросли многоэтажные кварталы, а тогда — вспоминаешь об этом не без грусти — он больше походил на деревню. Приземистые деревянные дома с резными наличниками, множество садов, тихие, поросшие травой улочки, на которых паслись козы. А вплотную к городу подходил могучий вековой бор с укромными полянками, с аллеями-просеками, ведущими к берегу Волги, с зарослями ивняка, в котором всю ночь заливались соловьи. И повсюду светлые груды битого фаянса — отходов здешнего фарфорово-фаянсового завода, когда-то принадлежавшего известному фабриканту Кузнецову. На поляне возле волжского притока Сучка разожгли мы костер, слушали, как шумит рядом большая река, перекликаются ночные птицы.

Спустя месяц как-то поздним вечером Юра Визбор позвонил мне и, не скрывая ехидства, осведомился:

— А что, в Конаково и на самом деле светлые камешки?

Я поломал голову, припоминая:

— Что-то не заметил...

— А вот Адель заметила.

Больше на эту тему мы никогда не говорили.

Светлые камешки из Конаково
Трону руками — ну что в них такого?
Зори лесные, резные закаты,
Белые спины тропинок горбатых...

И проберусь я по травам упругим,
И протяну эти камешки другу.
Друг улыбнется и скажет толково:
— Это, сдается мне, из Конаково.

ТРИ ЖЕНЫ НАЗАД

Из дневника. Сегодня Визбор наконец-то удрал от своих туристок ко мне. Шел снег. Первый настоящий и пушистый снег. Юрка мимоходом чмокнул меня в щеку. Так привычно, как будто всю жизнь только этим и занимался. Вот тебе и первый поцелуй! Зато я теперь уже не возвращаюсь домой одна. После лекций, читалок и прочих всяких дел бегу в спортзал. Там он сует мне то рубашку, то конспекты, и я, поглядывая то на него, то на часы, терпеливо болею. Володя Маландин, капитан волейбольной команды, понимающе усмехается:

— Что, Якушева, любишь?

— Люблю! — отважно отвечаю я.

— Конечно, — волейбол? — уточняет Маландин.

— Волейбол, — киваю я.

Визбор часто повторял блоковское утверждение, что «только влюбленный имеет право на звание человека». И могу засвидетельствовать, что в подобном состоянии он пребывал постоянно. Причем это было очень заметно. Намечался флирт с комсомольской активисткой, и тогда он страстно обличал формализм в работе с молодежью, а во взгляде сверкал непреклонный корчагинский огонек. Появлялась на горизонте отчаянная яхтсменка, и немедленно приобреталась тельняшка. Правда, она не занашивалась до дыр, потому что наступала очередь неожиданно возникшему пристрастию к деревенскому фольклору или к проблемам социологии. Возможно, поэтому многие удивлялись потом, сколь широк диапазон его познаний в самых различных областях.

Подозреваю, что из всех этих фрагментов он пытался вылепить цельный образ идеальной для него женщины. И скульптурной этой работе не видно было конца. Когда на свадьбе моей старшей дочери собрались все три жены Визбора — я, Женя Уралова и Нина Тихонова, — я поделилась этими наблюдениями, и они, кажется, согласились со мной. Так что, восстанавливая хронологию того или иного события, Юра мог с полным правом повторить излюбленную фразу Зиновия Гердта: «Это было три жены тому назад».

Вообще-то он никогда и не старался скрывать предметы своих увлечений. Они приобретали весьма подробные и узнаваемые черты в героинях его стихов и песен. О некоторых из них он даже сообщал в своих письмах, полагая, что подобная откровенность лишний раз говорит о его предельной искренности. В одном из них, которое я получила от Визбора, когда он уже служил в армии, я почерпнула строчку-обращение для своей песни, в свою очередь позаимствованную потом Николаем Добронравовым.

Ты — моя мелодия,
Ты — вроде ты и вроде я.
Мой маяк у вечности
На краю...

Из письма Юрия Визбора. *«Здравствуй, моя симфония, моя рапсодия и все десять глав романа в стихах! Я вернулся в Кандалакшу, такой небритый и грязный, каким ты отродясь меня не видела, разгрузил радиостанцию и вот пишу тебе. Что происходило за этот месяц, описать трудно, так же, как восход солнца в летнюю ночь. Скажу только, что очень непривычно после бревен и топора держать в руках такой тонкий инструмент, как ручка, в чем ты можешь убедиться по моему почерку. Завтра с Володей Красновским мы отправляемся к начальству со слезной просьбой послать нас радистами на «точку». Здесь у нас, на Кольском, «точка» — это радиостанция, обслуживающая авиацию.*

В творчестве наступили полная деградация и вымирание. Бьюсь, бьюсь — ни черта! В последнее время, начитавшись Ле-

онова и Франса, привык озарять свои потемки глубокими высказываниями относительно человеческого устройства.

Буду каяться, ибо раскаяние облегчает душу, а грех тяготит. Во время прошедших учений недели полторы мы стояли на связи в одной очаровательной карельской деревеньке. Машина моя стояла во дворе, из которого открывался вид на леса, дорогу и реку. Над этой-то рекой стоял старый, полуразвалившийся дом, где жила девушка, внимательно смотревшая на меня, когда по вечерам я выходил покурить на старые бревна. Собственно говоря, я с ней так и не познакомился, и вообще мы не сказали с ней друг другу ни слова. Но тем интереснее, ибо раскрытое чудо всегда теряет половину своей привлекательности. Короче, играли мы с ней в гляделки полторы недели, да и то по вечерам, ибо днем она работала: семья у них большая, а работница она одна. Так и уехал я из этой деревушки, несколько приподнятый над тем, что принято называть серостью жизни. Вот и весь мой грех.

22.07.57 г.»

Но эта исповедь невинного человека напомнила мне о других, более осязаемых его грехах.

В те годы он любил довольно многих
И многие из них гордились им.
Но мы к нему не будем очень строги
И героинь его ему простим.
Они идут по всем стихотвореньям,
Но почему-то он не все сказал,
А по каким-то там соображеньям
Запечатлел в стихах лишь их глаза.
А так как было этих глаз немало,
То, не сказать, чтоб часто, но подчас
Мое воображение смущало
Количество его любимых глаз.

О них писал он ласково и мило,
С такой любовью и с такой душой,
Что мне, пожалуй, даже страшно было
Его любвеобильности большой.
И из-за каждой визборовской ели,
Из-за его метелей, из-за гор,
Они все время на меня глядели,
Да так, что я их помню до сих пор.
Я перед их красивостью немела,
Видала наяву их и во сне...
И где-то в глубине души жалела,
Что все они принадлежат не мне.

ОТЕЛЛО В ТУНДРЕ

Всему бывает конец. И студенческим годам тоже. Пришло время прощаться с институтом и Визбору с Красновским. Разумеется, всегда неразлучные, они подписали распределение в одно и то же место — в Коми АССР. По моим представлениям, это где-то на Крайнем Севере, где полыхает полярное сияние и бродят белые медведи. Я в напутствие написала им песню, выслушав которую, они почему-то сказали:

— Ну, и злющая же ты!

Не знаю, что им не понравилось? Может быть, небритость Визбора или предположение, что на Севере угас режиссерский талант Красновского, мечтавшего в институте поставить «Отелло»?

С гитарой, злой и невеселый,
Худой Красновский бродит там,
Играет с чувством «Баркароллу»
Тюленям глупым и моржам.

В сугробах утопают избы,
Там день и ночь туман седой,
И бродит там голодный Визбор
С огромной рыжей бородой.

Там люди холодны, как стены,
Там нету клуба, нету сцены,
Ой-ла-ла-ла, неважно дело,
Скажи, где ставить там «Отелло»?

К моему полному изумлению, песня эта, предназначенная для сугубо домашнего пользования, вдруг запелась северянами. Об этом я узнала от Алика Городницкого, когда зашел разговор о его первом знакомстве с Заполярьем, о котором он тоже немало написал впоследствии. Как раз там он и услышал мою незатейливую песенку. Правда, собственные имена ее героев претерпели изменения: Красновский стал «бродягой», а Визбор — «призраком».

— А я-то думал, что это какая-то фольклорная вариация, — признался Городницкий.

Из письма Юрия Визбора. *«Ой, не знаю, какими словами и начать письмо! Девки, милые! Сегодня я полон к вам любви и большой нежности — до чего же вы славные! Вы себе даже не представляете, что для нас значат ваши письма и посылки! Принес ваши книги в учительскую.*

— Что же это прислали вам, Юрий Иосифович? Сахар?

— Нет, тут книжки... О'Генри...

— О Генри?

— Ну да, литератор такой был.

— Знаю, знаю! У него еще есть... Как это?

— "Короли и капуста".

— Вот-вот. Правильно! Про капусту... (вздох). А здесь сажай не сажай, капуста не родится. Вот в давешний год...

Местность нашу зовут Кизема. Расположена она среди живописных болот. Летопись свою Кизема ведет с 1942 года, когда сюда прибыла первая партия заключенных. Земли — в прямом смысле — здесь нет: весь поселок построен на шлаке, в противном бы случае — утонул. Мы живем в единственном двухэтажном, удивительно халтурно построенном доме: сыплется штукатурка, льет вода, полная звукопроницаемость. Из двух незакрывающихся окон видны: закат, деревянная водокачка на его фоне, полотно железной дороги и чахлая постройка станции. По другую сторону — вид из кухни — поселок. Вся эта музыка окружена тайгой. В этой — другой стороне — и расположена наша школа. Директор — лысый рябой человек маленького роста. Образование — шесть классов и курсы. Имеет блат на всей дороге. Дети его зовут "Арбуз". Завуч — старая дева с английской фигурой. Приглашала обедать и брала под локоть. Остальные учителя — люди покладистые и практичные. С высшим образованием еще одна девушка, историк из Ленинграда.

Люди, живущие в Киземе, разные — раскулаченные, отбывшие заключение и освобожденные без права выезда, украинцы, сотрудничавшие с немцами, заключенные — и мы. С чем здесь хреново — это со жратвой. За хлебом большие очереди. Сахара, масла и мяса, а также других злаков — нет. Начинает казаться, что все они произрастают только на Кузнецком мосту. Основная моя пища — баранки, привезенные из Москвы, и кильки, пойманные советскими рыбаками в Белом море. Но мне от этого не легче, даже если эти кильки пойманы в счет 1990 года. А впрочем, "не имей сто рублей..."

Юрий Визбор, станция Кизема Печорской железной дороги, Архангельская область».

А потом там же, в Киземе, Юру и Володю призвали в армию. Не заезжая в Москву, они прямо из своего северного поселка отправились в Кандалакшу на Кольском полуострове.

Ты уехал, мой солдат.
Стало больше дней в году,
Стали мне длинней года,
Но я жду...

Из письма Юрия Визбора. *«Дорогая моя поэтесса! Вспомнил хмурую осень и бульвар Гоголя, и мне захотелось сесть рядом на диване, улыбнуться и сказать "да". Я написал письмо, но оно, наверное, от нашей студеной жизни получилось неуклюжим. Прости. Мы помаленьку отвыкаем от галантности и настольных ламп. Лом, лопата и ветер — наши близкие друзья. Поэтому не осуди за скудность мыслей и бедноту эпитетов.*

Что там нового в большом доме на Малой Пироговке? Как отважная ватага обозренщиков? Написано ли новое сатирическое полотно, яркими красками бичующее пережитки? Все это меня очень интересует.

Что же до нас, то наша жизнь петляет, как горная дорога. Сейчас два часа ночи. Я дежурю с боевым штыком на ремне — охраняю мирный сон бывших шалопаев — нынешних солдат. К праздникам получили вашу телеграмму. Спасибо, что не забыли. Вы, наверное, собрались у Ряшенцева. Водка, поэзия, замедленные встречи, полузакрытые глаза... Да, с Максом интересно в компании. А еще интереснее в деле. Относительно его ты сделала очень правильный вывод.

Но как ты могла написать «если у тебя есть время, то не бросай стихи»!. А у меня времени нет ни секундочки! А стихи писать надо, иначе нельзя. Поэтому я пишу их в строю, в столовой, моя пол, долбя землю, грузя уголь... Один достопочтенный литератор, подвизающийся в нашей гарнизонной газетке, в итоге долгих поисков все же настиг меня, выдрал у меня стихи, заявив, что я — глыба. Ну, если я — глыба (решил я), то он, конечно, матерый человечище! Посылаю тебе зарисовки с наших армейских будней.

В системе авиационного наведения радисты, наводящие самолеты на цели, обязаны записывать все в вахтенный аппаратный журнал. Все, вплоть до междометий, ибо если сбивают самолет, тянут за это в первую очередь радиста. А поскольку в армейском лексиконе непечатные слова все более вытесняют слова иные, радисты пишут в скобках — «мат».

Однажды комдив вызвал радистов и сказал: «Необходимо вести точную запись всех слов в эфире. Надо посмотреть, кто у нас в дивизии занимается сквернословием».

И радисты стали заносить в журнал всех «богов» и «матерей». Через неделю комдив пришел на пункт наведения:

— Макогоненко!

— Я!

— Дай-ка мне аппаратный! Все записываешь?

— Так точно!

— Вот мы сейчас и посмотрим... Так... Кто это тут припустил такого Христа?

— Вы, товарищ полковник!

— Я? Да? Интересно... Сам, значит, самолично?

— Так точно!

— Гм... Ну, а дальше... Это что?

— Это командир полка на капитана Ершова... Я, правда, не успел все записать...

— И так достаточно! Смотри, как разгулялся! А с виду такой образованный... Когда это он? Ага, 19 мая. Вот я ему на совещании и всыплю! Поедем дальше. Ой, ой! Мать честная, Дева-Богородица, а это кто так крестит? А?

— Вы, товарищ полковник!

— Опять я? Это что же, выходит, я больше всех в дивизии ругаюсь?

— Должность такая, товарищ полковник...

— Макогоненко!

— Я!

— Ну и язык у тебя!

— Так точно!

— И вообще, я вижу, вы здесь распустились! Передай дежурному, чтоб в аппаратном больше не писали всей этой дряни. Обрадовались, писатели! Просто «мат». И в скобочках...».

Письма с треугольным солдатским штемпелем я получала чуть ли не каждый день. И так же регулярно отвечала на них. Это сейчас можно сравнительно легко связаться по всевозможным мобильникам, с помощью спутниковой связи поговорить с самыми отдаленными точками по телефону, — так что эпистолярный жанр приходит в упадок. А жаль. Перебирая в своем архиве письма, думаю, что из них было бы нетрудно сложить довольно интересный роман со стихотворными диалогами. Например:

Юрий Визбор.

Ты не думай, что, как в бреду,
Я пишу тебе писем том.
В эту полночь я сам приду,
Надеваю уже пальто.

Я (ему в ответ).

Я о другом подумала, мой милый,
Мой в полночь надевающий пальто.
Я, кажется, серьезно полюбила,
А у тебя ко мне совсем не то.
Ты сам в себе не разобрался толком,
И черт с тобой! Бесись. Я подожду.
Но если это будет слишком долго,
То я сама тогда к тебе приду...

И пришла...

НА НЕГЛИННОЙ, У АДЕЛИ

В сборнике «День поэзии — 78» было опубликовано стихотворение Дмитрия Сухарева с таким посвящением: «Старым друзьям Аде Якушевой и Юрию Визбору — вам, стоявшим у колыбели студенческой песни и жившим некогда в доме, у входа в который были начертаны таинственные слова “Начальник управления культуры”».

Помню, в доме на Неглинной
Жили Визбор и Адель.
Дом был сумрачный и длинный,
Неуютный, как отель.
Дверь — к начальнику культуры
(Он все время на посту),
А другая дверь — к Адели,
Третья — вовсе в пустоту.
Оттого ль, что без начальства
Нам культурно жить нельзя,
Приходили очень часто
На Неглинную друзья.
Гостя парочка встречала
И к столу его вела,
И гитарочка звучала
Над клеёночкой стола.
Пели чисто, жили просто —
На какие-то шиши.
Было жанра первородство,
Три аккорда, две души.
На Неглинной, у Адели,
Где игрушки на полу,
Пили, ели, песни пели,
Дочь спала в своем углу...

5 – 4188

Я тоже хорошо помню этот дом на углу Неглинки и Кузнецкого моста. Говорят, что он запечатлен на гравюрах еще пушкинского времени. Тому, кто видел фильм «Покровские ворота», нетрудно будет представить обстановку нашей коммуналки. Общая кухня, общая огромная прихожая, общий телефон на стенке, исписанной нужными кому-то номерами. И четыре совершенно разных и по укладу, и по привычкам семьи, обреченные обстоятельствами на долгие годы жить бок о бок. Юрисконсульт Союза писателей и пенсионерка, бухгалтер и врач. Конечно, не обходилось и без ссор, но обязательно находился кто-то, произносивший укоризненно: «Друзья! Не надо крика! Ведь мы же все интеллигентные люди!» И, поскольку каждый считал себя интеллигентным человеком, немедленно воцарялся мир.

Перед зарплатой, когда у всех иссякали и деньги, и припасы, мы устраивали общие трапезы, приносили на кухню что у кого осталось, и это небогатое, но веселое застолье становилось настоящим праздником.

Сейчас, когда я уже давно живу в отдельной квартире, мне так не хватает порой этого трижды окаянного коммунального братства, когда можно в любую минуту выскочить из дома, не тревожась, на кого оставить дочку, выплакать на плече у соседки свои печали и даже поручить, задерживаясь где-то, встретить гостей. А их в ту пору на Неглинку заходило немало. Они приносили дешевое вино, я наскоро готовила нехитрую закуску, ставила чай, и тогда — разговоры и песни до утра.

Созвонятся парни на неделе
И зайдут, как будто врозь.
Парни любят говорить о деле,
Если к случаю пришлось.

В нашей комнате во всю стену висела карта Союза, и каждый вновь приходящий к нам оставлял на ней автограф. Юра работал тогда разъездным корреспондентом, мотался по командировкам, и мы часто принимали героев его очерков и репортажей — полярных летчиков и сибирских геологов, дальневосточных рыбаков и молодых ученых из разных академгородков. Приходили знакомые по альплагерям горноспасатели и коллеги-журналисты. На этой карте расписались Евгений Евтушенко и Андрей Вознесенский, Василий Аксенов и Лев Аннинский, Валентин Никулин и Вениамин Смехов. Ну, а про бардов и говорить не приходится. На Неглинке бывали Булат Окуджава, Михаил Анчаров, Александр Городницкий...

Заходили на Неглинку и случайные люди. Помню, как заглянул рослый румяный парень (назовем его Васей) с неподвижными птичьими глазами. Мне он сразу не приглянулся, но Визбору отрекомендовали его как большого поклонника бардов, и это нас успокоило. Вася стал бывать у нас. В разговорах участия обычно не принимал, больше слушал, почти не мигая и уставившись в одну точку. А послушать было что. У нас читались самиздатские сборники, рассказывались политические анекдоты, пелись не предназначенные для чужих ушей песни. Это было в те самые шестидесятые, подарившие сначала надежду, что грянут какие-то перемены, а затем и похоронившие ее. Это тогда Визбор написал «Разговор с технологом Петуховым», который сейчас часто цитируют:

Зато мы делаем ракеты,
Перекрываем Енисей,
А также в области балета
Мы впереди планеты всей!

Знаю, что эта песня грозила неприятностями Владимиру Высоцкому, в то время только начинающему барду, и его даже вызывали в определенные органы, посчитав, что именно он является ее автором. А докопавшись, что с пресловутым технологом Петуховым вел разговор Визбор, зарубили Юре зарубежную командировку и на какой-то срок отлучили от эфира.

Вполне возможно, что в данном случае помог установить истинного автора как раз упомянутый Вася. Я быстро убедилась, что он очень наблюдательный человек: мог запросто подсказать, где у меня стоит горчица и куда запропастилась тетрадь с визборовскими рисунками. И уже совсем добило меня, когда Юра отправился в командировку, а на пороге снова возник Вася.

— Юра уехал, — сказала я.

— Знаю, — не смутившись, ответил он. — Вчера в десять вечера. А вернется в понедельник.

Похоже, не только любовь к бардовским песням привела его на Неглинку. Но вот что еще странно. Вася, правда, ничего не объясняя, как бы вскользь, предупреждал, что нельзя быть чересчур доверчивыми и не все следовало бы обсуждать в кругу незнакомых людей. Может быть, и на самом деле барды в какой-то мере были его слабостью?

Много лет спустя столкнулась с ним в лифте в Останкино. Он посмотрел на меня своими неподвижными глазами и сделал вид, что не узнал. А может, это было и на самом деле так. Ведь столько времени прошло с его визитов на Неглинку.

А вот еще совсем недавнее эхо из тех далеких дней — прощальный телефонный звонок уезжающего на постоянное жительство в Германию Володи Туриянского:

— Чтобы вывезти свою старинную гитару за рубеж, я должен был получить разрешение из управления культуры московской мэрии. Поехал по указанному адресу. И куда же попадаю? На Неглинку! В вашу комнату на третьем этаже, куда бы я пришел с закрытыми глазами. Даже прослезился. А чиновник, выписывающий разрешение, заметив это, сказал с участием:

— Да не расстраивайтесь так, может, еще вернетесь...

— Может быть, и вернусь, — вздохнул я.

ЛЕГКО ЛИ БЫТЬ СОАВТОРОМ?

Отвечаю. Однажды мы с Юрой Визбором решили создать общую песню. Дело было на Неглинке. Моя свекровь Мария Григорьевна, подремывая, листала журнал. Маленькая дочка спала, а мы, присев на тахту около дверей (комната ведь у нас была одна), принялись за песню. Тихонечко споря и слегка поругиваясь, мы благополучно одолели четыре будущих куплета, а на пятом разразился скандал. «Встречать красивые рассветы», — предложил Визбор. Я ужаснулась: «По мне “красивые рассветы” — это никакие! Надо тогда объяснить эту красоту! Уж лучше в таком случае “дрожащие”!» Настала очередь возмутиться Визбору: «Во всех песнях рассветы только и делают, что дрожат!» — «И все-таки “дрожащие”, — настаивала я, — ведь у нас песня “Дорожная” и рассветы именно дрожат за вагонным окном!» «Нет, “красивые”!» — «Нет, “дрожащие”!» Я, всхлипнув, завернула сонную Таньку в одеяло и вместе с ней помчалась из дома в ночь, в пургу. За мной погнался ошарашенный Визбор. А за ним Мария Григорьевна в халате и домашних тапочках, крича: «Мне плевать, какие у вас будут рассветы, но вы же ребенка застудите!» Я, конечно, вернулась, горестно плача. А рассветы стали — «холодные»...

Для нас другой дороги нету,
Уж так повелось —
Встречать холодные рассветы
Под рокот колес...

В жизни человек компанейский, Визбор и в сочинительстве был таким же. Вероятно, сказалась привычка к совместной работе, приобретенная еще во время «обозренческого» писательства. Его соавторами были и Юра Ряшенцев, и Дмитрий Сухарев, и Максим Кусургашев. А вот что касается меня, то к моим творческим опытам относился, мне кажется, весьма предвзято. Он просто был уверен, что я неисправимая выдумщица, и того, о чем я пишу, в жизни не может быть. Когда я ему показала песню «Снова твое бесконечное “жди”», он буквально впал в отчаяние — как это понимать: «Не приходи или не уходи»? А потом взял и ушел. Потом пришел. Правда, ненадолго, и снова ушел...

Визбор считал, что мы с ним очень похожи, и действительно, у нас были сходны и привычки, и пристрастия. Мы любили одних и тех же поэтов, нам нравились одни и те же кинофильмы. У нас даже почерк был одинаково тороплив и невнятен. Но вот что касается песен, то тут мы могли спорить до изнеможения. Я почти страдала оттого, что он свои песни пересыпает различными чисто профессиональными терминами и трудно произносимыми географическими названиями. Он же упрекал меня, что я как акын: что вижу, о том и пою. Ему обязательно требовался какой-то подтекст. Помню, когда ко мне пришла строчка «Мой друг рисует горы», она покоробила Визбора своей незамысловатостью. Дескать, подумаешь, что твой друг рисует горы! Ну и что? И в самом деле: ну и что? Кроме того, что в нашей комнате все стены были увешаны рисунками этих гор. Не знаю, считал ли он художество свое настоящим призванием, но отдавался этому занятию серьезно и с увлечением. Ему нравились Рерих и Рокуэлл Кент. Строгие силуэты, скупые краски. И места на его рисунках тоже были пустынные и суровые. Возможно, за это он любил горы и Север. Перечитывал и мог кусками цитировать «Обыкновенную Арктику» Бориса Горбатова. Когда-то сделал даже по этой книге инсценировку на радио «Мы и радист Вовнич».

И еще он любил дарить свои рисунки друзьям. Один из них — черные с игольчатыми лапами ели на фоне ало-фиолетового заката, а вдали острые пики заснеженных гор — он принес на день рождения моему сыну Максиму.

Мой друг рисует горы,
Далекие, как сон,
Зеленые озера
Да черточки лесов.
А рядом — шумный город
Стеной со всех сторон.
А друг рисует горы,
Далекие, как сон...

Песню про археологов, которую я показала Визбору, он тоже с ходу забраковал. Но строчка «Да обойдут тебя лавины», которой я собиралась завершить последний куплет, ему очень понравилась.

— Все!— ревниво сказал он. — Будем писать вместе! И начнем песню как раз с этой строки!

Я согласилась не сразу, поскольку уже знала, чем у нас обычно заканчивается совместное стихосложение. Но его предложение поставить сразу же впереди ударную строку меня восхитило. Это же надо, сколько возможностей у человека, если он надеется найти еще более сильную строку в концовку песни!

Начали мы, как всегда, лихо. Но потом, тоже как всегда, дело застопорилось. И заканчивать Визбору пришлось уже одному в альплагере «Терскол», о чем вспомнила я недавно, наткнувшись на его письмо: «У нас все нормально. Я уже дописываю нашу с тобой песню».

ЕСЛИ Б ТЫ ЗНАЛ

Из дневника. Вот уже подходит и мое распределение. Надо выбирать, куда ехать после окончания института. Ряшенцев предлагает в Молдавию. Там тепло и море рядом. Дала телеграмму в армию Визбору и позвонила Максиму. И обрадовалась, сравнивая их ответы. Оба советуют: подальше от Москвы! Например, на Алтай. Я продолжаю открывать в Юрке — Максима, в Максиме — Юрку.

Я, конечно, вряд ли вспомнила бы многое из тех давних лет, если бы не страницы этого старого дневника. Кстати, когда однажды он попался на глаза Визбору, то Юра весь вечер читал его, осыпая сигаретным пеплом и похохатывая, а потом торжественно произнес:

— Все, Адель! Когда-нибудь я опубликую эти записи под своим именем — и прославлюсь!

Я согласно кивнула: уж больно много там было дорогих нам обоим подробностей, которые к тому времени стали забываться. Но мало того. Как я теперь вижу, в этой старенькой серой тетрадке, исписанной торопливым почерком, заключалась еще одна большая тайна: все, что происходило в дальнейшем, было там предсказано и намечено. Вероятно, при всех внешних переменах мы оставались неизменными по сути. Хотя, будь Визбор чуточку повнимательнее и менее самоуверенней, он мог бы о многом догадаться, не читая моего дневника. Я помню, как возмутила его песня «Если б ты знал», сложенная еще до нашей семейной аварии. Едва сдерживаясь от негодования, он поинтересовался, откуда я выкапываю подобные сюжеты? Хотя уж этот сюжет лежал, как говорится, на самой поверхности. Максим с женой и сыном жили тогда почти рядом с нами, и мы часто наведывались в гости друг к другу.

Если б ты знал,
И если б ты имел все время в виду,
Что в этом доме даже лестницы ждут
Тебя зимой и летом...

Всю жизненность этого сюжета Визбор понял лишь спустя какое-то время, когда появилась возможность что-то изменить в сложившейся ситуации. И понял, и принял. Ведь именно Максим был единственным свидетелем, когда мы с Юрой расписывались в ЗАГСе. Он же пришел в роддом встречать меня с Танькой, потому что Визбор задержался в очередной командировке. А через несколько лет, в свою очередь, Юра пришел в роддом, когда я ждала сына. Они стояли с Максимом под окнами и что-то ободряюще кричали мне. Соседки по палате интересовались:

— Какой из них твой?

— Тот, который потемнее.

— И правильно — другой староват.

И все потому, что сверху им была видна Юркина лысина.

Перебирая свой беспорядочный архив, я ненароком наткнулась на старенькую оранжевую папку, озаглавленную : «Мне и от меня». В нее я откладывала всякую мелочь: какие-то записки, поздравительные телеграммы, адресованные себе самой напоминания о неотложных делах, — и поэтому, зная о содержимом, отложила эту папку в сторону. Дескать, вряд ли пригодится. Но как-то, в редкую свободную минуту, решила все-таки заглянуть и не пожалела — пестрая мозаика этих мелочей помогла воскресить в памяти картины казалось бы, уже безвозвратно забытого! Кое-что из той оранжевой папки я и вынесла, как говорится, на поля своей книжки.

Из оранжевой папки. *«Мама! Все в порядке. У меня растут два зуба. Пишу тебе на тихом сне. Палата у нас серо-белого цвета. Пришли мне мою фотографию, когда я была маленькой и походила на мальчика. Меня выбрали звеньевой и вызывали на флаг. Во мне 28 килограммов и 140 сантиметров. Твой котенок, мышонок, слоненок и, конечно, медвежонок».*

«Дорогая мама! Получила твою посылку. Очень рада. Но в другой раз, если захочешь посылать мне вишни или клубнику,

ты их засахари и присылай побольше. Я ходила в лес, и мы нашли десять земляник. Я пишу тебе каждый день, а ты пиши мне почаще! Тата. 1968 г.»

«В прошлом письме я тебе посылала ландыш. Получила ли ты его? Я здесь скучаю. Ты спрашиваешь, почему? Я и сама не знаю почему... Как поживает маленький Максимка? Вырос ли он? Напиши, как прошли экзамены у Лешки? Как живут мои кошки? Мы тут все время строимся. Скоро и в туалет будем ходить строем. Пока все. Передай привет бабушке, папе, Максиму. Тата. 1970 г.»

«Дорогая мама! Я занимаюсь музыкой каждый день. Напиши мне, какую часть играть от сонатины. Передай привет папе и бабушке. Как живет моя собака Белка? Передай ей тоже привет. Ты, наверное, знаешь мой адрес, он написан на конверте. Целую, твоя дочь Тата. П/л "Светлячок". 1967 г.»

«Таня! Мы выскочили в гости. Закрой все окна. Приструни, пожалуйста, своих родственников Максима и Дашу. Пусть ужинают и готовятся ко сну. Не то... Мы».

«Дорогие родители! Мы благополучно возвернулись с улицы и сейчас готовимся к просмотру нового кинофильма. Окна закрыли. Ведем себя хорошо. Хорошо ведите и вы себя в гостях. Не то... Мы».

Из дневника. Я давно ждала этого вечера. Но не знала, из чего он состоит. А состоит он, оказывается, из тихого шелестящего дождя над крышей деревянного дома, непонятных шорохов и всхлипов и тусклой керосиновой лампы на маленькой веранде.

Поздний вечер. Дети еще не спят. Но разговор их все медленнее и тише. Беспородная кошка Ксюша прыгнула на стол откуда-то сверху, глянула жуткими ночными глазами и удалилась. Я осталась совсем одна. Дождь приутих, и легкий теплый ветер ворвался в сад. И тут мне послышался звук шагов, все ближе и ближе. Показалось, что кто-то бродит по черному саду, спотыкаясь и останавливаясь, но не решается, а может, не хочет войти. И какая-то тревога вдруг коснулась меня. Почудилось, что там, в Москве, что-то случилось. Забеспокоившись, я задула лампу, заперла дверь и пошла к детям.

А утром приехал Максим и сказал, что Визбор тяжко болен. Диагноз плохой. Дай Бог, чтоб врачи ошиблись...

Хозяин дома Василий Михайлович Белов, человек спокойный и рассудительный, много лет проработавший сельским фельдшером, попытался успокоить нас, припомнив, что в подобных случаях может помочь отвар из цветов картошки.

«Господи, — подумала я. — Возьми от меня и передай Юре мои силы!». А сил-то уже и не было. Ночью меня скрутила страшная судорога. Мне показалось, что я сама умираю. А когда утром очнулась, увидела, что вся наша маленькая дачная команда: Максим, дети и преданная моя подружка Галка Ершова, которая со своей дочкой Анютой проводила свой отпуск вместе с нами в деревне, — уже ожидали с корзинками в руках. Надо было собирать цветы картофеля. Но был конец августа, цветы эти давно уже осыпались, и нам пришлось потратить полдня, прежде чем мы набрали кучку тяжелых фиолетово-желтых соцветий. А вторую половину дня мы провели в лесу, чтобы набрать хоть немного ягод.

В Москве я сразу позвонила Юре:

— Давай держаться, — сказала я. — А то родили дочку, а сами разлеглись — это нечестно.

— Давай держаться, — ответил он.

— Я забегу к тебе, ладно?

— Забегай, но ты меня, наверное, не узнаешь, я очень похудел.

— Ты меня тоже. Я вся синяя, и щеки ввалились. Но я повешу на шею табличку с фамилией, как, помнишь, было у нас на вечере встречи выпускников института...

— Хорошо, — улыбнулся он.

Это был наш последний разговор. Юра умер 17 сентября. Накануне дня рождения Даши. Она сказала:

— У меня теперь всегда будет печальным мой день рождения...

Очень много городов на свете

ТОЧКИ НА КАРТЕ

Я уже упоминала, что на Неглинке висела на стене во всю комнату большая карта Союза с автографами наших гостей. И еще там отмечались цветным карандашом места, где случалось побывать нам самим. Естественно, что бóльшая часть подобных отметок была сделана Визбором. Он еще в студенческие годы увлекся туризмом, окончил знаменитый в Москве семинар горных инструкторов, который вел писатель Сергей Болдырев, и каждое лето пропадал в горах. А зимние каникулы проводил в лыжных походах по Карелии, Уралу. На третьем курсе одно из таких путешествий могло бы закончиться весьма печально. Вместе с Максимом Кусургашевым, Володей Красновским и Людмилой Фроловой решили навестить выпускниц нашего института, уехавших по распределению работать в глухое удмуртское село. Зима выдалась суровой, несколько раз они сбивались с пути, встретили волчью стаю, чуть не замерзли. Об этом потом написана песня «Тихий вечер спустился над Камою» и повесть «Удмуртия», прозвучавшая по радио, и, к сожалению, утерянная. А после Визбор работал разъездным корреспондентом и бóльшую часть времени проводил в командировках. Такую же профессию выбрал затем себе и Максим Кусургашев. Его привязанностью стала Сибирь. Более десяти лет Максим возглавлял на радиостанции «Юность» «бамовскую группу» и, по-моему, легче теперь ориентируется на Байкало-Амурской магистрали, чем в Москве. А поскольку семья моя прибавилась и я попала чуть ли не в разряд многодетных матерей (Таня, Максим и Даша), то для меня каждая поездка, каждая продолжительная отлучка из дома превращалась в сложную проблему.

Итак, отцы кочевали, а я сидела с детьми.

Привыкла я за столько лет
К тому, что каждый день
Шагает где-то по земле
Один корреспондент.

То, какая это действительно огромная земля, я, пожалуй, впервые поняла, когда стали разъезжаться, окончив институт, по местам распределения мои друзья, и от них начали приходить письма с порой никогда не слышанными мною раньше обратными адресами.

«Здравствуй, Ада! Очень обрадовалась твоему письму. Оно, кстати, добиралось сюда два с половиной месяца. Пишу — тороплюсь. Почта сегодня пришла и сейчас же уходит обратно. Работаю в шестых, восьмых и девятых классах. Веду русский и литературу. И еще — я секретарь учительской комсомольской организации. Трудности в том, что газет свежих нет, и все новости только по радио. День мы встречаем раньше вас на семь часов. Живем весело, большинство учителей — молодежь. Так что в поселке — лекции, беседы, кружки — всё мы. Я руковожу поселковым хоровым коллективом, а в школе — туристским кружком. Для походов у нас здесь раздолье! Местные ребятишки и меня могут многому научить — бывалые охотники и знающие таежники. На каникулы собираюсь в «категорийный» поход. Все ночевки будут полевыми — до ближайшего селения двести десять километров.

Нас, москвичей, здесь замучили: и взрослые, и дети заставляют рассказывать о Москве. Письмо мое придет, наверное, под самый Новый год. Успешной вам сессии, веселых походов и побольше новых песен. Пришлите их тексты с нотами. Олени с почтой уже убегают. Будьте здоровы, дорогие! Нина Агафонова, пос. Нелькан Нижне-Амурской области».

«Ада, поздравляю тебя с Новым годом! Я работаю в пекинском университете на факультете русского языка и литературы и очень доволен этим. Прими привет от Вана и других наших ребят. Гун Вэй Тай, Пекин».

«Ада, наверное, ты уже догадалась по обратному адресу, кто тебе пишет? Да, та самая Галка Костылева. Помнишь, у Визбора: "Будет тонкий звон хрустальный, если стукнуть лыжной палкой ровно в полночь по луне"? А у нас в октете пели: "Если стукнуть этой палкой Костылеву по спине". Наши песни здесь, на Камчатке, пользуются огромным успехом. И сколько я уже рассказывала о МГПИ, нашем октете и о тебе! Я преподаю в вечерней школе и письмо пишу тебе на перемене. Вот уже и звонок».

«Здравствуй, и на время время позабудь! Выбрал самый большой лист и пишу тебе бесконечное письмо. Над моим домом развевается красный флаг. В Комарихе досрочно вспахали зябь. Лучшие трактористы премированы. Я — самый достойный из учителей школы — был избран на краевой съезд и оттуда привез рюкзак книг и грипп с высокой температурой. А вообще моя жизнь однообразна, но это хорошее однообразие, потому что оно заполняется работой. Мой досуг — книги, и они заменяют мне любимых девушек. Мне не хватает друзей, Коваля, Кима, разговоров с Визбором, твоей варварской игры на гитаре. Не хватает Москвы, ее спящих ночных улиц, мягкого света ее фонарей. Обо всем этом хорошо думать в непогоду, как сейчас, когда на дворе буран, а через полчаса надо идти в школу на репетицию. Низкий поклон всем. Валерий Агриколянский, село Комариха, Алтайский край».

ПО СЛЕДАМ ГОЛУБОЙ ДЕВЫ

Я никогда не считала себя настоящей туристкой, а что касается альпинизма, то отношусь к нему с большим предубеждением, полагая, что незачем создавать для себя искусственные ситуации, в которых приходится рисковать жизнью. И поэтому не испытала большой радости, когда однажды на Кавказе, в альплагере «Джайлык», куда я приехала просто отдохнуть, меня пригласили на одно из восхождений. Друзья, зная мои походные песни, думали, что имеют дело со страстной поклонницей подобных штук, и решили, видимо, сделать мне подарок. Я держалась как могла. С большим трудом поднялась с группой альпинистов на плато к месту ночевки, но ранним утром перед основным восхождением забастовала и сказала, что никуда дальше не двинусь и буду ждать восходителей на этом месте. И почти сразу же пожалела об этом. Площадка была каменистая и пустынная, вдобавок круто обрывалась со всех сторон. Сначала пронизывал лютый холод, а когда поднялось солнце, стала допекать жуткая жара. Меня окружали только скалы и тишина. Стало как-то не по себе. Невольно вспомнились страшные истории, которыми регулярно меня снабжали Визбор и его друзья. О Черном Альпинисте — вестнике несчастий, о Голубой Деве, появление которой тоже не сулило добра. Я все же приказала себе не бояться и решила в ожидании возвращения группы сварить кофе, чтобы хоть как-то порадовать восходителей. Достала примус, с которым имела дело только в далекие детские годы, заправила керосином, подкачала, поднесла спичку — и тут он повел себя как-то странно: зашипел и вспыхнул. Я скинула ковбойку и стала ею колотить пламя, зацепила за примус, и мы вместе с ним покатились к краю обрыва. Но в конце концов он все-таки погас. Я же, не переставая трястись, снова наладила его и зажгла. Короче, когда ребята вернулись с восхождения, кофе для них был готов.

Никаких вершин я никогда уже не покоряла. Мне гораздо больше по вкусу пришелся укромный уголок на берегу горной реки рядом с альплагерем. И песню я написала совсем о другом. Заканчивалась она словами:

В речке каменной бьются камни,
По гранитным скользя камням.
Древними каменными глазами
Смотрят горы на меня...

МЫ СПУСКАЕМСЯ В ГЛУБЬ ВЕКОВ

Эту фразу любила повторять на своих лекциях преподавательница исторической грамматики, чтобы мы, будущие словесники, могли еще раз удостовериться, в какие «недра» уходят корни нашего языка. И вот уж никогда не думала, что это образное выражение приобретет для меня самые реальные очертания.

Я всегда с большим почтением относилась к археологам. А Зося — сестра Максима — как раз археолог. И слушать ее — одно удовольствие. Особенно удаются ей истории с загадочным, бросающим в дрожь сюжетом. Вероятно, потому, что она вообще склонна ко всякой чертовщине, утверждая, что это у нее от прадеда, который был шаманом. И еще Зося — верный дружок: она, подобно «скорой помощи», всегда появлялась на Неглинной, когда я очень нуждалась в том. И вот однажды в такой ситуации она и пригласила меня в экспедицию на Памир, организованную ленинградским Эрмитажем. База экспедиции находилась в таджикском городке Пенджикенте. Со всех сторон — горы. Вдоль каждой улочки — арыки. Их мерный шум напоминал шелест зарядившего надолго дождя. До места раскопок надо было добираться по ущелью. Дорога ужасная, порой казалось, что ее и вовсе нет. Несколько раз наш дребезжащий грузовичок буксовал, и тогда камни из-под колес летели прямо в пропасть, дна которой не было видно.

Дорога в горы на тебя похожа:
Ей напрямик — никак нельзя.
Шофер ненабожный твердит: «О Боже,
Не подвели бы тормоза!»
А я гляжу, едва живая,
В его дремучие глаза:
Уж я-то знаю, что бывает,
Когда откажут тормоза...

Но Бог помог. Переночевали в горном селении, а наутро нас снова погрузили на грузовичок и повезли еще дальше и выше. Площадка, где велись раскопки, была залита зноем. По раскаленным камням ползали скорпионы, тарантулы и прочая нечисть.

«Самый верный способ определить эпоху захоронения, — поучала меня Зося, — это найти монетку». Вот этими поисками я и занялась на первых порах. Притомившись, прилегла на каменную глыбу, но, услышав какой-то шорох, сразу же вскочила: с камня буквально стекала огромная желто-зеленая змея. Надо ли говорить, что после этого все мое внимание было отдано не поискам монеток, а тому, нет ли по соседству какой-нибудь ядовитой живности. Непосредственно с археологией было кончено, и моя экспедиционная деятельность свелась к помощи кашеварам и песням у вечернего костра.

А мне везет: к вершинам белым
Вершит машина виражи.
Вообще-то хлопотное дело —
Археологии служить.
Там за горами, за веками
Ни угадать, ни увидать —
Лежат под снегом и песками
Твои немые города.

В это лето я повидала и узнала немало нового. Мы ночевали в небольших селениях, где дома прятались за высокими глиняными заборами-дувалами. Нам приходилось подниматься на головокружительную высоту, откуда реки казались тонкими синими нитями. В горах шумели камнепады. Млели в палящих лучах солнца старинные города. Казалось, можно увидеть, как испаряется из арыков вода — воздух был над ними тягуч и плотен. И вот волшебное мастерство древних строителей: под сводами живописно-ярких, украшенных разноцветными керамическими плитками дворцов и мечетей — всегда живительная прохлада. Я больше никогда не была в тех местах. А Зося каждый год уезжает в экспедиции. Она защитила диссертацию о каких-то находках, относящихся то ли к каменному, то ли к бронзовому веку, и по-прежнему балует меня жуткими и необъяснимыми историями. И я по-прежнему верю каждому ее слову.

Из оранжевой папки. *Телеграмма из Благовещенска: «Да хранит тебя песня!» (1958)*

«Ада, список утвержден, завтра улетаем на Курилы. Николай Бондарев. Май 1967 г.»

«Уезжаю в Ульяновск ставить местный спектакль. Для него очень нужны ваши песни «Не уходи» и «Мой друг рисует горы». Желательно в вашем исполнении. А. Чаплеевский. Октябрь 1967 г.»

«Дорогая Ада! Как живешь-можешь? 2 апреля — день геолога. У нас на работе (Центральная геохимическая экспедиция) вечер. Ребята тебя очень хотят послушать. Обещали быть Никитин и Колесников. Я тоже буду выступать. Местком обещал каждому кинуть по пять рублей и накрыть стол. Если откажешься, затаю кровную обиду. Очень по тебе соскучился. Твой В. Борисов. Март 1967 г.»

ИСКОПАЕМЫЙ ПРЕДОК

Поскольку уж зашла речь об археологии, то самое время вспомнить и еще одно знакомство. У меня на полке книжка с очень добрым автографом. В аннотации об авторе сказано так: «Валентин Дмитриевич Берестов родился в семье учителя в городе Мещовске Калужской области. Уже первые стихи его заинтересовали Анну Ахматову, Корнея Чуковского, Самуила Маршака. Окончил исторический факультет МГУ по отделению археологии, участвовал в работах Новгородской и Хорезмской археологических экспедиций, о чем он рассказал потом в повести «Государыня пустыня». Выпустил несколько книг лирических и детских стихов».

С Берестовым я познакомилась в белорусском поселке Раубичи, где проходил семинар молодых поющих поэтов. Для проведения занятий в творческой мастерской был приглашен и Валентин Дмитриевич. Седовласый, осанистый, он, судя по всему, чувствовал себя вполне уютно среди шумливой и беспокойной бардовской поросли. Я, зная уже к тому времени немало его, в основном, детских — с лукавинкой — стихов, обрадованно сказала:

— Вы знаете, я именно таким вас и представляла — большим и добрым! И давно хотела с вами встретиться...

— Я тоже, — неожиданно для меня ответил Берестов. — Ведь мы еще в экспедициях пели ваши песни.

Так начался наш разговор, в котором... Впрочем, вот почти дословная его запись, прозвучавшая потом в передаче «Юности».

Ада Якушева. А вообще, как вы относитесь к этому жанру?

Валентин Берестов. Люблю, и давно. Даже больше того — я и сам когда-то пробовал себя в этом деле. У меня был друг Юра Раппопорт, тоже археолог, и мы с ним сочиняли наши экспедиционные песни. Правда, гитары у нас не было, мы их пели под аккордеон. Песенки были озорные и задиристые. И потом я с радостью обнаружил, что их поют не только археологи, но и просто туристы. Слышу:

— Братцы, а споем-ка про курганы Топрак!

Я спрашиваю:

— А вы знаете, что такое Топрак?

— Нет, не знаем!

— Так вот, Топрак — это древняя крепость, которую мы когда-то раскапывали.

А вообще-то, тому, что я начал писать стихи, я тоже обязан песням, которые услышал когда-то в детских радиопередачах. И мое первое стихотворение было как раз подражанием этим песням. Позже я так написал про это время:

Бывало, в детстве песенку услышу —
И не могу расстаться с ней никак,
Всем надоем: залезу на чердак,
Стараясь не греметь, ползу на крышу.
С трубой, с антенной рядом постою
И ветру эту песенку спою...
Я — пленник песни, я — посланник песни,
Я за нее готов гореть в огне
В тот сладкий миг, когда она во мне!

А.Я. Ну, теперь ясно, что у вас определенно бардовское прошлое!

В.Б. Да, я ваш ископаемый предок! А если серьезно, то вам, наверное, интересно будет узнать про некоторые мои исторические изыскания. Например, вы знаете, что Александр Сергеевич Пушкин в последний год своей жизни напечатал в журнале «Современник» переведенную с французского речь автора знаменитой пьесы «Стакан воды» — Скриба при избрании его в Академию? И в этой речи Скриб говорил как раз о французской песне, которая хранит память народа. Пушкин нашел для этого в русском языке определение — «поющие архивы», «веселые летописи». Пушкин, который, говорят, недолюбливал Беранже, был рад, узнав, что песню «Ну не смешно ль, вот славный был король!» Беранже сумел *пустить* еще при Наполеоне. Песня, высмеивающая владык! И Пушкин мечтал, что такие песни будут и у нас.

И еще один любопытный пример. Пушкин посвятил Анне Петровне Керн не только известное «Я помню чудное мгновенье». Есть у него и стихотворение «Я ехал к вам». Так вот, чтобы, вероятно, усилить впечатление, поэт при встрече с Керн не прочитал, а спел эти стихи своим звучным голосом!

А.Я. То есть Пушкин...

В.Б. Наш человек! А разве не бардовское начало в лермонтовских «Выхожу один я на дорогу» и «Казачьей колыбельной»? И поются не как романсы, а как бардовские песни стихи Некрасова «Что ты жадно глядишь на дорогу» и «Эх, полным-полна коробушка». Вот куда уходит предыстория бардовской песни!

НЕ МОГУ Я РАЗОБРАТЬСЯ В БРАТСКЕ

В середине шестидесятых Братск был, пожалуй, самой популярной и модной стройкой, как тогда говорили — «символом трудового энтузиазма молодежи». Таким же, как за десятилетие до этого была целина, а затем стал БАМ. И, естественно, ЦК ВЛКСМ решил снарядить туда агитбригаду. Не уверена, что ее состав подсказали сами братчане, но во всяком случае, она была сформирована на базе МГПИ — наш вокальный октет, Юлий Ким и я. Это была моя первая столь далекая и долгая поездка, и поэтому вечно занятый Визбор проводил меня до самого самолета и не успокоился, пока я не взошла на трап.

— Оставь ее одну — она сядет на другой рейс и приземлится где-нибудь в Западном Берлине, — сказал он моим спутникам.

Кроме того, он дал телеграмму своему приятелю Алексею Марчуку с просьбой встретить меня в Братске, в которой, вероятно, поделился такими же опасениями. И встревоженный Марчук встретил нас с цветами прямо на посадочной полосе. Тот самый инженер Братской ГЭС, с которым я была знакома до этого только по песне Александры Пахмутовой «Марчук играет на гитаре». Я представляла его этаким разбитным былинным героем, а он оказался деликатным парнем, сразу же взявшим на себя заботы нашего провожатого. Он привел нас на плотину знаменитой ГЭС, где пытался объяснить разные технические премудрости этого впечатляющего сооружения, а мы понимающе кивали, что, возможно, позволило Марчуку посчитать нас людьми, достаточно сведущими в строительстве гидростанций. Иначе, я думаю, он не подарил бы мне потом авторскую брошюру «Напряженная анкеровка бетонных плотин», которую сопроводил весьма галантным посвящением. Стройка была шумной и многолюдной. Работа здесь шла, по-моему, круглые сутки. И нам тоже пришлось выступать по нескольку раз в день — на просеке ЛЭП, автобазах, строительных площадках. Принимали нас хорошо, и хотелось бы думать, что причиной тому было не только известное сибирское гостеприимство. Особенно хорош был Юлик Ким, он каждый раз привносил в свои выступления что-то новое, а потому его было одинаково интересно слушать и тем, кто сидел в зале, и нам, стоящим за кулисами.

Пригласили нас и на праздник Братского моря. Мы вышли на огромную баржу, служившую сценой, а слушатели расположились амфитеатром на берегу. Для своей агитбригады мы придумали еще в Москве звучное и, как нам казалось тогда, оригинальное название «Бригантина». Но в Братске нам сказали, что за последнее время у них побывал уже добрый десяток подобных «бригантин». Единственное, что нас немного утешило, так это обращение хозяев праздника:

— Мы хотели бы, чтобы именно ваша бригантина навсегда причалила к нашим берегам!

А потом, как и полагается, вынырнул из морских пучин седобородый Нептун с трезубцем, чтобы принять парад катеров и яхт, прошли соревнования по гребле и плаванию, а в завершение появился из-за сопок самолет, из которого посыпались парашютисты и приводнились прямо в волны. А мы сидели у костра, и Алеша Марчук угощал нас запеченной в бумажных пакетиках только что выловленной рыбой.

Побывали мы и в соседнем (по сибирским масштабам) Усть-Илимске, в котором ГЭС только начинала строиться. И не было еще там рукотворного моря, и не затопила Ангара живописные островки Лосята, которых вы не увидите уже сегодня. На таежных полянах пылали оранжевые жарки — таежные розы, а на скалистых берегах тесно жались друг к другу тоненькие березки. «Так им легче выстоять под ветрами», — объяснили устьилимцы.

С той поры, вернувшись в Москву, я стала часто вынимать из почтового ящика письма, помеченные штемпелями сибирских новостроек.

«Здравствуй, Ада! Приветствую тебя от имени влюбленного Братска. Надеемся еще не раз увидеть тебя на холодной нашей земле. А пока ты будешь нам петь с магнитных лент, а мы — вспоминать то неповторимое время, когда до тебя можно было дотронуться рукой на берегу Братского моря и говорить тебе всякие слова, которые мы так и не научились говорить должным образом. Пусть сопутствует тебе удача, и если когда-нибудь понадобится помощь в грубой физической силе или расчет анкерных плотин, ты свистни — тебя не заставлю я ждать. Алексей Марчук. Братск».

Я бы свистнула, но куда? Ведь Братск, оказывается, не один город, а целых девять! По числу почтовых отделений. Но если в Москве никогда не услышишь, к примеру: «Я пошел в

Москву И-85», то там то и дело: «Позвони мне в Братск-8» или «Я поехал в Братск-3». Именно не «пошел», а «поехал», потому что добираться из одного Братска в другой приходится не на городском троллейбусе или трамвае, а по таежной дороге на попутном грузовике.

«Уважаемая Ада Якушева! Пишут вам братские школьники. Скоро мы будем отмечать день рождения города. А недавно у нас в гостях был инженер Алексей Николаевич Марчук. От него мы узнали, что вы написали новую песню о Братске. Хотелось бы ее от вас получить, чтобы исполнить на городском празднике. Братск-5, школа № 13».

Не могу я разобраться в Братске,
И не браться бы за это мне.
Кто же знал, что в Братске — девять Братсков
И что старый Братск лежит на дне?..

Быть недалеко от Байкала и не повидать его — нет, этого позволить мы себе не могли. И поэтому следующим пунктом поездки нашей агитбригады стал Иркутск, откуда мы и добрались на машине к берегам легендарного озера. Описывать его красоты — заведомо безнадежное дело. Тут можно изъясняться только междометиями — «ах» и «эх»! Что мы обычно и делаем каждый раз с Кимом, вспоминая те места. Расскажу о другом. Об уникальном Лимнологическом институте в байкальском поселке Листвянка, где мы познакомились с научным сотрудником Валентиной Галкиной, заведующей здешним музеем. Она провела нас по нескольким залам с великим множеством всевозможных экспонатов — чучелами зверей и птиц, заспиртованными рыбами и моллюсками, показала богатейшую библиотеку, где собрана вся литература, касающаяся этого великого озера, и прочитала — нет, скорее, спела нам лекцию о Байкале. А продолжилась наша экскурсия уже на берегу, под мерный шум прибоя, на лесной тропе, где можно было, по словам Валентины, встретить и медведя. Это обстоятельство не отбило у нас охоту рискнуть посидеть вечером у костра, где нам довелось отведать и знаменитого байкальского омуля. И, вполне понятно, пели про «славное море» и «омулевую бочку». А потом и свои песни.

«Ада, здравствуй! Эту записку я пересылаю тебе с девчатами из гидрометеостанции. Житье наше островное идет своим чередом. Со льда уже ушли экспедиции на машинах, но он еще прочный — до полутора метров. Довольно холодно, но солнце скоро начнет припекать и, когда съест снег со льда, на него вылезут греться коренные обитатели Байкала — нерпы. Потом лед почернеет, зашипит и ходить по нему будет опасно. И так до конца мая, до первого катера. Связь будет только по радио. Кстати, девчата слышали твою передачу по радио и остались очень довольны. Ждем новых песен. Привет Киму. Жерар Черняев, озеро Байкал, остров Большой Ушканий».

Знала ли я, что пройдет время и снова зачастят к нам на московский адрес письма из тех, далеких байкальских мест. Из таежных поселков Кичера, Новый Уоян, Гоуджекит. Объясняется это просто. Десять лет Максим вел радиопрограмму о строителях БАМа «Песни на просеках». И все эти годы к нам на проспект Мира заглядывали, бывая в Москве, многие герои его передач. Мастера звеносборки и проходчики тоннелей, лесорубы и мостовики. И я уже знала, что Павлик Анисифоров непременно будет угощать омулем и кедровыми орехами, а строители Кичеры Саша Рябков и Ваня Дрозд первым делом проведут ревизию моего домашнего хозяйства и, обнаружив изъяны, примутся чинить розетки и краны, ремонтировать мебель, обустраивать антресоли. Дескать, Митрич (это Максим) пусть занимается своими передачами, а мы что-то и сами понимаем в строительном деле.

ПЕСЕННАЯ МАГИСТРАЛЬ

Максим Кусургашев. Прочитала как-то мне инженер Тамара Шульга, строившая бамовскую столицу Тынду, свои стихи, в которых были такие запомнившиеся строчки:

Мы дождями умыты
И исхлестаны ветром,
И не так знамениты,
Как иные поэты.
Но в предутренней просини
Здесь поэзия с нами.
Днем рубившие просеки,
Ночью бредим стихами.

Свидетельствую, стихами на БАМе бредили многие, их можно было услышать в каждом притрассовом поселке. Стихи эти в основном были негромкие, когда улыбчивые, когда с грустинкой, может быть, и не всегда складные. Но никак не холодные.

Сейчас можно считать этих парней и девчат, приехавших строить БАМ, неисправимыми идеалистами. Мерзли в лютую стужу в палатках, вели по таежным чащам просеку, пробивали, проваливаясь в наледи, зимники, и твердо верили, что сами увидят, как пойдут по уложенным ими рельсам поезда, засверкают огнями новые поселки, проснется от вековой спячки этот глухой край.

Помню, как в самом начале стройки добрался я в палаточный городок на берегу горной реки Кичера. Кругом еще не тронутая тайга на сотни километров, куда только вертолетом и можно долететь, и вдруг вижу на лесной тропке столбик с трафареткой: «Осторожно, поезд!» Поневоле протер глаза, что это за наваждение? Провожатый усмехнулся: — Это наш прораб Андрей Табаков поставил. Сказал, пусть помнят ребята, зачем они сюда приехали. Встретят еще первый состав на станции Кичера! Незадолго до вас был один чиновник из Москвы, увидел табличку и поднял шум: — Очковтиратели!

Вспоминаю и другое — бамовские праздники гитарной песни на сопке Фестивальная в окрестностях Тынды. Здесь собирались строители со всей трассы. Первым делом — послушать своих, те песни, которые сложили сами строители. А их с каждым годом становилось все больше, недаром же БАМ называли «песенной магистралью». А потом давали слово и гостям. Главным образом приглашали бардов. Побывали в гостях у бамовцев Юрий Кукин и Гриша Гладков, Виктор Берковский и Вадим Егоров, камчатский ансамбль «Кант» и московские «Берендеи». Как-то заехал и американский певец Дин Рид.

Из поселка в поселок гуляли и магнитофонные записи, и самиздатские бамовские песенники. Вот беру один из них, выцветший, в полтетрадных листка сборничек. Читаю список авторов: изыскатель Надя Пузыревская, инженер Сергей Железняков, учительница Надежда Атлас, строитель Александр Симаков. Их песни были известны на всей трассе. А о тындинском электрике Володе Гузие и говорить не приходится. Строка из его песни стала названием художественного фильма о строителях магистрали: «Лучшая дорога нашей жизни». Я был на таежном разъезде Балбухта в тот предзимний ненастный день, когда там укладывали последнее «золотое» звено, и видел слезы на лицах этих суровых парней.

И когда оркестр медью брызнет,
Мы поймем, что в стужу и в пыли
Лучшую дорогу нашей жизни
Мы с тобою вовремя прошли...

И на самом деле вовремя! Ушли в историю нелегкие будни стройки, считавшейся когда-то флагманом всесоюзных ударных, о которой ее начальник легендарный Константин Мохортов очень точно оказал: это было, когда комсомол в последний раз поверил партии»...

Спасибо, что и сегодня не забывают дорогу к нашему дому бамовские знакомцы. Бывший начальник комсомольского штаба Леня Хромченко, проходчик тоннелей Юра Буров, организатор песенных праздников на сопке Фестивальной Таня Денисова. Еще в Тынде она поступила на вечернее отделение иркутского университета и защитила на «отлично» дипломную работу: «Самодеятельная песня как современное развитие городского романса».

А совсем недавно пришло письмо из Северобайкальска от Андрея Табакова. Того самого, который поставил когда-то на таежной тропе трафаретку «Осторожно, поезд!»

«Ада и Максим, здравствуйте! Когда же вы соберетесь приехать к нам? Недавно мы справили новоселье. Построили дом на самом берегу Байкала и, конечно, сибирскую баню рядом. Марина развела огород, ждет, чтобы угостить собственными овощами. Поезда потихоньку, но ходят. Надеемся, что скоро начнется и постоянное движение. А я пока работаю начальником яхт-клуба. Так что приедете, и мы такую регату устроим! Сплаваем в Хакусы, на Верхнюю Ангару, в Кичеру, где мы когда-то встретились. Так что ждем! Андрей и Марина Табаковы».

ВАМ ПРИВЕТ ОТ ПОЛОСКИНА!

О Камчатке я была уже наслышана немало и до того, как летом шестьдесят шестого года отправилась туда с молодыми учеными курчатовского института в составе творческой агитбригады, опять же организованной ЦК комсомола. Предполагалось, что курчатовцы будут читать лекции и проводить беседы о достижениях советской ядерной физики, а я — заполнять паузы песнями и рассказами о бардах.

Прилетели мы в Петропавловск-Камчатский в кромешной мгле. А утром из окон гостиницы открылась истинно гриновская картина: бескрайняя, сливающаяся на горизонте синева неба и моря, мачты рыбацких шхун в Авачинской бухте и четкие силуэты окрестных сопок. И сам город был необычен: он напоминал этажерку с полками улиц, поднимающимися одна над другой.

Нам предстояло совершить почти месячное путешествие по всему полуострову. Сейчас оно вспоминается как яркий цветной слайдфильм, в котором можно увидеть и высоченные, в рост человека, сочные травы, и глухую тайгу, всю перевитую какими-то, похожими на лианы, зелеными цепкими щупальцами, и каскады сверкающих водопадов, низвергающихся с горных круч. Мы побывали в долине гейзеров, где было страшно сделать лишний шаг без опытного проводника, потому что под ногами булькали пузыри, как в котелке с кипящей кашей. В Паужетке купались в горячих источниках, в которых, по словам местных жителей, температура достигала тридцати восьми градусов, что дало нашим ребятам повод для шутки: «Добавь еще два градуса — и пить можно!».

А затем нас ожидал долгий и очень трудный пеший переход по сильной пересечёнке до Жупаново, за который мы получили впоследствии — и это было вполне справедливо — значки «Турист СССР».

Сегодня нас принимали рыбаки, завтра — вулканологи, на следующий день — пограничники. И почти везде я слышала:

— Вам привет от Полоскина!

Дело в том, что в это же время по Камчатке колесил с экспедицией мой знакомый по ленинградскому песенному клубу, физик Борис Полоскин. Узнав, что и я прилетела сюда, он предвкушал, как признался позже, какая это будет славная встреча на самом краю земли! Но мы приходили в очередной поселок, и оказывалось, что Борис уже побывал тут буквально накануне, не забыв передать мне свой привет. Что делать, мне оставалось только просить хозяев о том же, если Борис вновь окажется у них. Вот так мы и обменивались с ним приветами, так ни разу и не встретившись на Камчатке.

Уже в Ленинграде Борис сказал:

— Да я и не надеялся на такую встречу, что было толку гоняться за тобой, если рядом шли пятнадцать своих парней.

А парни эти оказались действительно замечательными. Они по-рыцарски относились ко мне, перекладывая все самое тяжелое в свои рюкзаки, подкладывая мне самое вкусное. Вернувшись домой, мы часто вспоминали ту камчатскую одиссею, множество смешных и невероятных историй, подтвердивших, что Камчатка — это и на самом деле полуостров чудес.

Помню, как шли мы однажды, совершенно измученные, по бесконечной знойной равнине, совсем отчаявшись дойти до места. И тут над нашими головами показался вертолет. И тогда кто-то предложил:

— А может быть, нам взять такси?

И махнул вслед вертолету:

— Такси, такси!

Мы развеселились этой шутке, но ненадолго, потому что неожиданно вертолет повернул в нашу сторону и, сделав круг, пошел на снижение. Через несколько минут, сотворив небольшой ураган, он приземлился рядом с нами, из кабины выглянул пилот и обеспокоенно спросил:

— Что случилось?

— Да ничего особенного, — смутились мы. — Просто устали.

И этого, к нашему изумлению, оказалось вполне достаточно, чтобы нас пригласили на борт вертолета, который и добросил всех до ближайшего поселка. А ближайший, по камчатским масштабам, к которым мы уже стали привыкать, находился в нескольких десятках километров от этого места.

А после Камчатки я открыла для себя острова Медный и Беринга. Первый — совершенно необитаем, сплошь поросший низким кедровым стлаником. Очень странно было бродить по лесным чащам, которые тебе по колено. В этих местах очень удобно собирать грибы — их шляпки поднимаются над верхушками карликовых деревьев. Никого вокруг, и нарушают тишину только крики птиц и шум прибоя.

Соседний остров Беринга, напротив, уже довольно обжит. Здесь мы встретились с сейсмологами, угостившими нас вареньем из янтарной морошки и показавшими лежбище глазастых тихоокеанских котиков и питомник черно-бурых лисиц. Жаль, что на знакомство с островом нам отвели всего три дня. Капризная в эту пору погода могла испортиться с минуты на минуту. Впрочем, так и случилось. В ночь накануне нашего отъезда разразился шторм. Океан ревел. Ветер сбивал с ног. Ливень хлестал как из ведра. И горизонт был, естественно, пуст: какой корабль осмелится в такое ненастье приблизиться к скалистым берегам? Но провожавшие нас сейсмологи смотрели на это житейски просто:

— Ну не уплывете — останетесь с нами на зимовку! Ведь вы по профессии педагог, а у нас в школе как раз нужен учитель по русскому.

Я уже почти смирилась с такой совершенно непредвиденной перспективой, как вдруг в короткий миг затишья на рейде показался корабль. Зимовщики предположили, что это, наверное, зашел «Углегорск», дымный и прокопченный грузовой пароход, который уже давно ожидали здесь. Но когда корабль приблизился к берегу, мы увидели сверкающий белизной красавец. Бросились к портовой диспетчерской:

— Пришел пароход!

— Никакого парохода нет! — категорично ответствовала диспетчер, не поднимая головы от бумаг.

— Как нет? Посмотрите в окно!

— А чего мне глядеть, когда я и так знаю расписание!

И все же это был настоящий пароход, а не прекрасный призрак. И спустя некоторое время по берегу от него уже шагал к нам высокий человек в белой рубашке. А в руках он держал длинные мокрые стебли морской капусты.

Евгений Петрович, так звали его, был капитаном парохода «Саратов». Ну что ж, не «Углегорск», так «Саратов»! Нам было в общем-то все равно, какой плавучий город доставит нас через пролив. Пассажирский даже лучше. Тем более, что Евгений Петрович, как выяснилось, не только знал толк в навигации, но и оказался превосходным кулинаром, классным специалистом по приготовлению всевозможных экзотических блюд из даров моря, в чем мы убедились за столом в кают-компании. Обо всем этом я рассказала потом в радиопередаче, в которой пожелала счастливого плавания своим новым знакомым. Но поскольку я не знала точно, где находился в то время пароход, то адресовала просто: «Океан. До востребования. Экипажу “Саратова”».

Океан. Он тих, велик и вечен.
Океан — то синий, то седой.
Океан, о суше нет и речи,
Да суда с названьем городов.

Из оранжевой папки. *«Москва. Радио. Главному редактору. Конце августа группа находилась Жупаново проходом Гейзерную зпт начиная первого сентября рейс Жупаново Петропавловск метеоусловиям не выполнялся Генрих Штейнберг».*

«Буревестник Курильского Ариадне Адамовне Якушевой Разрешаем задержку командировки три дня Завотделом радиостанции Юность Валентин Тернявский».

НУ ЧТО ТЕБЕ СКАЗАТЬ ПРО САХАЛИН?

Наша камчатская эпопея оставила столько прекрасных впечатлений, что, когда на следующий год мне и моим друзьям-курчатовцам предложили продолжить путешествие по Дальнему Востоку, мы, не раздумывая, дали согласие. На этот раз нас ожидал Сахалин. Что знала я о нем? Пожалуй, ровным счетом ничего. Разве что помнила из чеховской книги, что этот остров был некогда местом ссылки и каторги, да почерпнула некоторые сведения из песни Яна Френкеля, что на острове нормальная погода и почта летит туда с пересадками с материка. Кстати, эта песня очень нравилась и Визбору, который по просьбе автора первым записал ее на радио.

И вот теперь мы должны были пройти и проехать по острову из конца в конец. И опять с лекциями и концертами. Правда, мне теперь уже было легче. Художественную часть агитбригады пополнил еще один представитель бардовского племени МГПИ — Вадим Егоров, который был по отношению ко мне очень почтителен. Не уверена, что это действительно так, но он признавался, что начал писать свои песни, когда услышал однажды по радио мою «Слушай, на время время позабудь». Мне нравились его песни и его застенчивость, а он с таким вниманием вслушивался в каждое мое слово, что я порою чувствовала себя чуть ли не «стариком Державиным».

Знакомство с Сахалином началось для нас с небольшого городка Корсаков на самом юге острова, где мы были приглашены в уютное кафе с необычным для этих мест названием «Оазис». Но, сидя здесь и уминая фирменные рыбные блюда, поглядывая за окно, за которым лил холодный дождь, мы в конце концов ощутили себя, некоторым образом, действительно в гостеприимном оазисе. Кстати, дожди сопутствовали тогда нам почти во всей нашей поездке, и сказать, что «на острове нормальная погода», было никак нельзя. Я скорее соглашусь с песней, которую услышала однажды от Валентина Никулина: «Южносахалинск, вьюжносахалинск».

Как раз в этом городе неожиданно встретилась я еще с одним выпускником МГПИ — Валерием Агриколянским, который преподавал в местном désinstitute. Надо ли говорить, сколько радостного волнения приносят такие встречи вдали от дома. Бесконечные, на весь вечер расспросы «ну как там Москва?», сбивчивые рассказы о себе и о друзьях. И, разумеется: «Возьми гитару!».

Об этом мне напомнило письмо, пришедшее на Неглинку год спустя.

«Ада! (Любимая, — добавляет Юра Карпухин. Он боится, что ты его не помнишь. Но ты, конечно, его помнишь. Он тот самый человек, который знает все твои песни не хуже тебя. Любимая, — еще раз добавляет он.)

Мы пишем тебе из Зонального, что почти на сахалинском севере. Так сказать, «в мире чахоточных сосен». Здесь в обилии «лысые романтики, воздушные бродяги», у которых Юра принимает экзамены. А я, пользуясь его авторитетом, пью с ними всякие достойные напитки. Юра после каждой четвертой все остальное пьет за твое здоровье. А после четвертой он пьет долго. Нашему письму не удивляйся. Просто нам захотелось написать тебе из какого-нибудь экзотического места и узнать, как там у тебя? Потому что доходят до нас разные слухи и песни. Надеюсь, что все в порядке. Юра просит написать пару строк. Даю ему три».

«Валерий слегка под градусом, иначе бы его письмо получилось более теплым. Он говорит, что если бы я услышал пару твоих новых песен, то спокойно направился бы добровольцем в любую африканскую страну. В Александровке, где мы недавно были в командировке, я слышал, как совершенно разные люди пели твои песни. Лысые романтики тоже их знают. Так что завидую!»

«Ада, написала бы! Юра с силой жмет твою руку. Я ограничиваюсь поклоном. Валерий Агриколянский. Пос. Зональный».

Валерий познакомил меня тогда с молодым и, по-моему, так и оставшимся единственным нивхским писателем Владимиром Санги, а также с большим поклонником бардовской песни литсотрудником местной молодежной газеты Тимофеем Кузнецовым. Спустя несколько лет, когда я уже работала на радиостанции «Юность», нам представили нового главного редактора, и я не без удивления узнала в нем моего давнего сахалинского знакомого. Он был строг и внушительно молчалив. А я на следующий день повесила на стене своей редакционной комнаты сохранившуюся с сахалинской поездки фотографию: посадочная полоса аэродрома, я с букетом цветов, а рядом с моим чемоданчиком — почтительный Тимофей. На эту фотографию сбежалась смотреть вся редакция. С нетерпеливым ожиданием смотрели на меня. А я только загадочно улыбалась...

Из Южносахалинска наша группа совершила прыжок на курильский остров Итуруп в поселок Буревестник, где мы должны были выступать у моряков-пограничников. Места эти суровые, почти без всякой растительности. И, видимо, чтобы разнообразить наши впечатления, хозяева пригласили нас на прогулку в бамбуковый лес. Но он показался мне больше похожим на гигантские заросли кукурузы. Идти по нему было чрезвычайно трудно. Однако мы, получившие на Камчатке значки «Турист СССР», старались не роптать и через несколько часов вышли к берегу безымянного озера. Все наши надежды развести костер и устроить у него небольшой пикник оказались тщетными — сплошная стенка бамбука подступала к самой воде. Таким и остался этот край в памяти: дикий, таинственный и не очень-то «нашенский».

И опять Сахалин. Непонятные местные названия: Лаприндо, Ноглики, Эхаби... Поселки газовиков и бурильщиков, леспромхозы, полевые партии геологов, рыбообрабатывающие заводы. Нет, каторжан мы нигде не застали, но зато побывали в селении Лагури. Старожилы сказали, что это производное от «лагерей» — тут когда-то работали заключенные. Думаю, что не случайны и такие отголоски былого, как залив Терпения или поселок Погиби...

Завершился наш сахалинский маршрут на самом севере острова, в городе нефтяников Оха. В черновиках осталась строчка: «"Оха" заохала дождями». Отсюда тянутся нитки магистральных проводов с горючим на материк. И, наверное, правы здешние жители, утверждая, что Сахалин — это остров сокровищ. Но вспоминается и другое — как показывали нам в Охе красочный плакат: огненный факел над вышками и броская надпись: «Огни будущего». И слова газовиков, комментирующих этот плакат: «Если это огни будущего, то всем нам скоро вылететь в трубу!»

О газовиках осталась песня:

Разведу я над плитой
Голубой огонь горячий.
Кто бы знал, как много значит
Перепев его простой!

Из дневника. Я стояла на берегу залива, откуда мне хорошо была видна пристань и подползающий к ней речной теплоходик. Ты прислонился спиной к бортику дебаркадера, потом повернулся и, как мне показалось, поднял руку. Я ответила. Красным пятном сверкнула на солнце твоя кепка.

Я еще долго стояла, заслонив ладонью глаза, пока теплоход не превратился в крохотную светлую щепочку. Господи! Опять одна...

Возвращалась в наш палаточный лагерь напрямик через деревню, где под окнами каждого дома краснели рябины и все дети были белоголовы, как Танька.

И вот сижу у себя на койке. Напротив в палатке слышны мужские голоса, обсуждающие способы бритья бороды, а кто-то на гитаре разучивает «Элегию» Массне, чередуя ее с грустной песенкой из модного аргентинского фильма «Возраст любви».

Я уже уяснила для себя здешний распорядок жизни. Ранним утром после завтрака первыми покидают лагерь яхтсмены. Они уходят на своих белокрылых «эмках» и целый день маячат где-то у горизонта. Затем быстро разбираются шлюпки и байдарки, и все вымирает до обеда. Потом — оживают спортивные площадки, а едва стемнеет, все собираются у костра. Вот и сегодня — сначала, для распева, песни из электричек: о графе Льве Николаевиче, который любил ходить босиком, и красотке, что от всех болезней лечилась пирамидоном. Затем попробовали затянуть «Листопад», правда, перевирая мотив, а гитаристу так и не удалось взять четвертую ступень. Наконец добираются до наших, из МГПИ. Вспомнили «Карельский вальс», «Поземку», «Слушай». И все это поется мужественными хрипатыми голосами.

Третий день я в этом лагере водников и уже со многими знакома. В соседней палатке живет славный парень Борис. У него всегда чуточку задумчивое лицо, а глаза спокойные и чистые. Рядом рыжеволосая, с ленивой походкой, Наташа и две Галки, обе веселые и крашеные. А гитарист — Валерий Цой. Он из студенческой агитбригады, которая здесь, в лагере, готовит новую программу. Всех «агитбригадчиков» окрестили почему-то «яшками». В конце смены и меня стали называть Яшей. Это было очень приятно как признание и знак большого доверия.

Я хорошо помню те несколько дней, которые провела в этом лагере на берегу подмосковного водохранилища. И косые полотнища парусов, и пронзительные крики чаек, и вечерние костры, у которых так легко поется и думается.

Вечер бродит по лесным дорожкам.
Ты ведь вроде любишь вечера.
Подожди тогда еще немножко,
Посидим с товарищами у костра.

ЭТОТ ГОРОД – ОН НА ВИД УГРЮМ

С Ленинградом (простите, — с Петербургом) у меня особые отношения. В этом городе я родилась. Здесь много моих друзей. Когда случилась у меня однажды трудная минута, почта принесла от них сразу несколько десятков ободряющих писем и телеграмм.

Питерцы и сейчас считают меня своей землячкой и постоянно держат в курсе всех событий.

«Ада, здравствуй!

Вчера в клубе "Восток" был у нас заключительный вечер. Приехал ваш Ян Френкель. Очень приличный мужик! Ему прислали записку «вы поете совсем как бард» — и пригласили на «скалы». А до этого он с Женей Клячкиным, Валей Вихоревым и Борей Полоскиным ездил в Брест на слет, и они при встрече так расчувствовались и развспоминались! Я тебя тоже хочу пригласить на майские праздники к нам на «скалы». А потом у нас под Зеленогорском пройдет праздник песни, вроде того, что был в Кавголово. Будут петь все желающие. А сама ты выступишь у нас в Малом зале. Меня тут все донимают вопросами: когда? Когда ты приедешь? Но если ты не хочешь показываться, приезжай контрабандой. Безопасность тебе я гарантирую.

Сделали твои фотографии с вечеров. Поймали такие моменты — ты вся светишься! Как бы нам вытащить Кима? Ты не знаешь ли к нему подхода? Мы бы его на руках носили. Ждем тебя, приезжай!

Наташа Смирнова. 21 апреля 66 г.».

И я, как правило, собиралась и ехала. И уже заранее знала, что ждет меня привычный, всегда один и тот же номер в старенькой гостинице «Дружба» по соседству с местным радиокомитетом, куда под вечер приходили ко мне самые близкие друзья. Разумеется, с гитарами, чтобы не только повидаться, но и обменяться новыми песнями. И верная моя подружка Наташа Смирнова первым делом справлялась, как мне живется, и только убедившись, что все в порядке, интересовалась, что я написала.

В этом городе и любили, и умели устраивать веселые праздники. Как-то они пригласили меня на слет в Лемболово с тогда совсем еще маленькой Танькой. Естественно, она была в центре внимания. И сейчас при встречах всегда с улыбкой выясняет: так у кого же она сидела на плечах? И каждый охотно подтверждает: у меня!

Теперь я наведываюсь туда все реже и реже. Правда, не так давно добралась я до города на Неве по совершенно волшебному маршруту. Сели с Максимом в Химках на теплоход и отправились в плавание сначала по каналу Москва—Волга, потом по Шексне и Свири в бескрайние, как моря, Онежское и Ладожское озера. Побродили по тихим улочкам Петрозаводска, побывали в Кижах и на Валааме. Была удивительно прекрасная пора белых ночей, и мы почти все время пропадали на верхней палубе. Ветер приносил с берега запах цветущей сирени, над водой плыл розоватый туман, срывали кружевную пену с волн быстрые чайки.

Миновав сумрачный Шлиссельбург, вошли в свинцово-тусклую Неву. И вот после нескольких дней пути впереди показались очертания Петербурга. И сразу вспомнились строчки из песни Жени Клячкина:

Этот город — он на вид угрюм.
Краски севера — полутона.
Этот город — он тяжелодум,
Реки в камень он запеленал...

«Здравствуйте, Ариадна Адамовна!

Вы, может быть, слышали обо мне. Но скорее всего — нет. Мне очень нравятся ваши песни, и моя жена часто говорит: «Поставь Якушеву на магнитофон!» (Это, конечно, она имеет в виду ваши песни.)

Я тоже пытаюсь писать. Но пока еще я под сильным влиянием других авторов, и особенно вас. Опытные люди говорят, что это пройдет, и советуют быть смелее. Они говорят, что у меня все еще впереди. (Мне и в самом деле еще только тридцать пять лет). Очень бы хотелось услышать ваш совет по этому поводу. Я понимаю, что трудно давать советы, не зная песен и не видя автора. Но Вы поставьте Ваши песни задом наперед — это примерно и есть мои песни. Словом — до-мажор. (Что по французскому — «С добрым утром!»).

Говорят, что Вы скучаете, и особенно по мне. (Узнавай, узнавай!). А я по Вас! Уж-жасно соскучался. (Ну, узнала?)

Лапонька, Адель, здорово! Мама-героиня, целую и поздравляю! Ну, я же это, я! Помнишь: «Этот город он на вид»? Ну, конечно! Как ты, милый человек? Вот ужо приеду в Москву — к тебе первым делом: и прожито все же что-то, и, написано кое-что. И вообще поговорить надо.

И просьба есть одна. Зайди в «Кругозор», спроси, что они мне денег не высылают? Гибнет, скажи, человек! На вокзале уже видели: ходит с гитарой и побирается. А если их не разжалобить — ты кулачком стукни! Вплоть, скажи, до Косыгина пойдет и выше. Его не остановишь — он такой!

Обнимаю тебя с нежностью. Привет всему твоему огромному семейству. До встречи! (Женя Клячкин я, Клячкин!) 27 ноября 69 г.».

На конверте этого письма штемпель ленинградского почтамта.

А вот Юра Кукин, прирожденный бродяга. Работая коллектором в геологических партиях, исколесил, наверное, всю страну. И я нисколько не удивлялась, получая от него послания из самых глухих, забытых Богом и начальством мест.

«Ада, Юра, здравствуйте! Работаю я сейчас в сибирском поселке Каза и очень интеллигентно — рублю топором железным в тайге профили через гору и меряю через каждые десять метров. Ищу руду. Очень мило и жарко. Ездил недавно по бездорожью в Шерегет. Три перевала, три разрушенных моста, пропасти, отвесные скалы (ох и вру!). Встретил ребят — везут высокооктановый бензин за большие деньги. Шестьдесят километров едут уже пятые сутки. А МАЗ, бензовоз — это тридцать тонн горючего и плюс свои семь тонн — совершенно точно как в фильме "Плата за страх". Когда мы их встретили, один МАЗ сидел кузовом на перешеечке, свесившись на бок — вот-вот сорвется с тридцати метров. А парни от усталости говорить не могут, только смотрят на нашего «козла» с грустью. А через неделю мы увидели их в Шерегете. Доехали-таки!

А в Казе выселили нас из комнаты — красят полы. Поместили в красный уголок. На дверях — Ленин. Внутри, извиняюсь, хуже — Махно. Я подружился с одним парнем из Ленинграда. Ковбой и по облику, и по роже. Знает сто анекдотов и все наши песни. Читаем много, спим меньше, едим слабже — денег нет. Не пьем совсем (причина та же), аккумулируем энергию.

Перед отъездом из Ленинграда мотались всю ночь по городу с Бобом Полоскиным и Валей Вихоревым. Пели и пили в компании Милы Ивановой, Олега Табакова, Михаила Козакова, Алисы Фрейндлих. А приехал в Каз, первое, что вижу — веселую рожу Полоскина, грустную — Вихорева, фривольную — Клячкина и обаятельную Адель. И все это в журнале «Смена». И о всех очень хорошо Визбор пишет. Так их, гадов-профессионалов, чтоб знали!

И меня тоже хвалят. В ленинградской молодежке. В большой статье с фотографией — "Гитара Юрия Кукина". Ну, как тут не зазнаться? Жаль, денег нет. Но сейчас достану — вижу знакомого парня с получкой. Бегу! Юра».

А спустя немного времени приходит следующее письмо. Уже из Горной Шории.

«Льют дожди, сидим в палатке, слушаем радио. И вдруг слышу: на конкурсе самодеятельной песни, который проводила радиостанция "Юность", победила песня Юрия Кукина "Париж". Тут уж, конечно, одолжились под аванс и такой пир закатили!»

И хотя просил сам Кукин в той песне: «И ничего не надо про Париж», представилась возможность — и укатил в этот город. Среди впечатлений, пожалуй, самое яркое: «Приглашают вдруг в ресторанчик, который называется «Тайга». Встречает хозяин, из русских эмигрантов. Угощает сибирскими пельменями, нашей водочкой, черемшей на закуску. И просит спеть про Париж и «За туманом». Так и просидели почти до полуночи.

А вообще-то все трын-трава!
Ленинград есть и есть Москва.
Ты, конечно, права:
Это только слова,
Ах, как кружится голова!»

Как бывалый таежник, Кукин человек очень наблюдательный. Это он уверил меня (чего я о себе никак не подозревала), что я в стихах рассыпаю немало топографических подробностей. Рассказал в доказательство, что был в Москве, захотел навестить меня, но забыл адрес. Стал вспоминать, что в одной из моих песен упоминалась Неглинка, в другой — что под окнами толчея ЦУМа, в третьей... Короче, он нашел-таки меня и похвалил:

— Спасибо, Ада, что пишешь только правду! А если бы искал по песням адрес Клячкина, то потратил бы на это всю жизнь!

ОЧЕНЬ МНОГО ГОРОДОВ НА СВЕТЕ

По заказу я песен никогда не писала. Но вот однажды знакомый редактор звукового журнала «Кругозор» предложил мне попробовать свои силы в таком жанре, как песня-репортаж. Приводил в пример Визбора — первооткрывателя этой радийной формы, дал даже еще раз послушать «На плато Расвумчорр». И я согласилась, не надеясь на подобную славу, конечно, а просто меня, только прикоснувшуюся тогда к журналистике, привлекала возможность поработать со звуком. Адрес мы выбрали сообща — ткацкая фабрика в Вышнем Волочке. Это небольшой тверской городок почти на полдороге из Москвы в Ленинград. По-домашнему уютный, со старинными торговыми рядами и купеческими особнячками, с множеством живописных каналов и березовой рощей, подступившей к самому порогу гостиницы. Правда, время моей командировки было далеко не самое удачное — начало зимы. Кругом пятна первого снега, лужи, метельное небо. Ранним утром будили меня фабричные гудки, и улицы, довольно пустынные в обычное время, наполнялись вереницами работниц, спешащих на пересменку. Несколько дней и я провела в одном из цехов. До этого труд ткачих представлялся довольно смутно, в основном по кинофильму «Светлый путь», и, переступив в первый раз порог цеха, я невольно содрогнулась: душно, шумно, жарко. А от станка к станку буквально метались героини моего будущего репортажа, совсем еще юные девчата в цветастых ситцевых платьицах, в пестрых косыночках. Разговаривать с ними приходилось только в перерыве. И тут меня обступали их совершенно непесенные проблемы. Как правило, все девчонки приехали из деревень или пришли из детских домов, теснились в общежитии, зарплата так себе. От постоянного сильного шума терялся слух, а запыленность приводила к легочным заболеваниям. Плюс ко всему — проблема, типичная для всех текстильных городков, где «незамужние ткачихи составляют большинство». Все это, честно говоря, тянуло больше на фельетон для «Крокодила», чем на лирическую песню, заказанную «Кругозором».

Снова и снова ходила я по улочкам этого тихого городка, который жил своими заботами и тревогами. Слушала тягучие фабричные гудки. Встречала новых знакомых. И ловила себя на мысли, что и я теперь тоже чуточку причастна к его судьбе.

Ветер листья по асфальту кружит.
День пройдет, зима снега завьюжит.
Уезжать уже, наверно, нужно,
А расстаться не могу.
Ох, пути мои, дороги эти, —
За делами, видно, не поспеть им.
Очень много городов на свете,
У которых я в долгу.

Здравствуй, товарищ

Сколько помню, мы жили всегда небогато. А когда родилась Танька, то и вовсе почти без денег. Я сидела дома, Визбор зарабатывал негусто, и на какие-то считанные рубли я умудрялась накормить дочку, запастись дешевыми «микояновскими» котлетами, купить сигареты «Дукат» для Визбора и даже бутылку сидра. Начитавшись зарубежных романов, я полагала, что сидр к обеду совершенно необходим. И когда Юра приобрел где-то по случаю горнолыжные ботинки, я чуть не свихнулась — на эти деньги можно было жить всей нашей семье целый месяц! И вот тогда ребята из молодежной редакции радио, насколько я понимаю, сами нищие как церковные крысы, скинулись и преподнесли нам роскошный подарок — прекрасную зеленую коляску. На этой коляске я каждый день и возила Таньку с Неглинки в Дегтярный переулок, где находилась детская кухня. И по дороге частенько заворачивали на Путинки — так назывался крохотный проезд между двумя домами в центре Страстной, где теперь высится кинотеатр «Россия». В одном из них на первом этаже и располагалась «молодежка». И к нам прямо из окон вываливались Юркины сослуживцы, брали Таньку на руки, тискали, тормошили и пытались угадать, на кого она больше похожа — на мать или отца. Когда Таня чуть подросла и Визбор иногда стал брать ее на работу. она была ужасно недовольна, когда какие-то дяди и тети, встречая ее, непременно сообщали: «Таня, а мы тебя знали еще вот такой!» (жест в сторону пола). Как-то в одно из таких посещений Танька, завидев подходящую к ней улыбающуюся женщину, опережая надоевшую изрядно ей фразу, сгрубила: «И вы меня тоже знали вот такусенькой?» Женщина разволновалась, но еще больше разволновался Визбор: ведь это была не просто женщина, а главный редактор!

Прошли годы. Таня окончила журфак МГУ. И однажды в эфире после позывных «Юности» прозвучало: у микрофона журналистка Татьяна Визбор. А редактировала ее первую передачу самая придирчивая и строгая в «Юности» наставница молодых Вера Александровна Соколовская — одна из тех, кто гладил когда-то Таньку по беленькой голове. Теперь моя старшая — уже свой человек на радио. Все правильно: пришла пора отрабатывать зеленую коляску.

КОЕ-ЧТО О «ЮНОСТИ»

Максим Кусургашев. Начну с того времени, когда и мы сами были совсем еще молодыми. 1957 год. В Москве проводится Всемирный фестиваль молодежи и студентов. Впервые столько иностранцев, есть возможность подойти к ним, попытаться о чем-то поговорить, не опасаясь, что сразу же вслед за этим подойдет «некто в штатском» и попросит пройти за ним. И как раз в эти дни приходит ко мне Визбор:

— Слушай радио! Я буду петь свою песню!

Объясняет: без всякого приглашения зашел на Путинки (там в то время располагался Радиокомитет), в молодежную редакцию — не найдется ли какой работы? Они спросили, а что я умею? Я ответил: пишу стихи и рассказы, пою свои песни. Принесли откуда-то гитару, я спел. Им, кажется, понравилось. Пригласили в студию, сделали запись.

Вскоре Юрий был зачислен в штат отдела молодежных радиопередач. Он не скрывал, что очень доволен. В какой-то мере это льстило и нам, его товарищам. Как-никак, а среди нас есть теперь профессиональный журналист! По его протекции нас тоже стали приглашать в редакцию. Тем более, что я и Юрий Ряшенцев работали тогда совсем рядом с Радиокомитетом в Успенском переулке, в школе для переростков. Молодежный отдел был невелик — что-то около десяти человек. В основном веселые и способные ребята, которыми руководила бывшая зенитчица Александра Денисовна Беда, что позволило им распевать: «Мы — бедовые ребята!» В дальнейшем многие выросли в крепких журналистов с достаточно известными именами: Олег Куденко, Ксения Васильева, Аркадий Ревенко.

Через год мы с Юрой Ряшенцевым ушли из школы. Нас взяли на договор: его — в журнал «Юность», меня — в «молодежку» на радио. Два года я был разъездным корреспондентом по Казахстану, жил в Алма-Ате, а когда вернулся в отдел, там уже вовсю кипела работа по организации новой молодежной радиостанции. И 16 октября 1962 года в эфире впервые прозвучали позывные «Юности». Мы выходили тогда по второй программе, считалось, что нас будут слушать немногие, и поэтому позволяли чуть повольничать. В частности, прямой эфир опробовали именно в «Юности». Радиостанция получила признание. Резко возросла редакционная почта. Прозвучать на волне «Юности» стало весьма престижным. Именно в молодежных передачах состоялись многие премьеры песен Александры Пахмутовой, Оскара Фельцмана, Александра Колкера, Марка Фрадкина. В рубрике «Дебюты "Юности"» считали за честь выступить Алла Пугачева, Муслим Магомаев, Андрей Миронов и многие другие будущие звезды. Через какое-то время «Юность» перевели на первую программу. С одной стороны, это означало некое повышение в ранге, но с другой предполагало более пристрастное внимание вышестоящего начальства. А его было вдоволь — и руководство Гостелерадио, и ЦК ВЛКСМ, и Главное политуправление Советской армии, и ВЦСПС, и прочие, и прочие. Усилил бдительность Главлит: каждый выход в эфир подвергался тщательной цензуре, которая следила не только за неразглашением государственных тайн, но и за политической направленностью. Работать стало и трудно, и сложно. К тому же пошла на убыль хрущевская оттепель, а после прихода к власти брежневского руководства и вовсе подморозило. С каждым годом давление усиливалось. И, вероятно, этим объясняется тот романтический флер, который стал стилевой особенностью молодежных радиопередач. Мы, как могли, избегали бывать на официальных совещаниях, активах и всевозможных комсомольских форумах, зато нас часто можно было встретить в целинных поселках, на сибирских стройках, отдаленных пограничных заставах. А там патриотических песен не пели. Вот почему окольными путями, в камуфляже студенческих строительных отрядов и таежных первопроходцев, стали пробираться в эфир и барды.

В 1967 году после долгих сомнений, вызванных моей беспартийностью, меня назначили заведующим отделом радиостанции «Юность». А спустя месяц я принимал нового сотрудника — Аду Якушеву.

А. Я. Еще когда я училась в институте, к нам пришел как-то совсем молодой журналист Борис Абакумов. Посидел на репетиции нашего вокального октета, послушал, как мы поем, и, видимо, остался доволен, потому что приехал потом еще раз и записал на магнитофон несколько моих песен. И на радио прозвучала передача «Синие сугробы», за которую я, сама того не ожидая, получила гонорар. И смогла купить на него пусть и старенький, но вполне приличный рояль «Беккер». До сих пор не пойму, то ли тогда гонорары были такие большие, то ли рояли такие дешевые. Однажды у него затрещала ножка. Визбор, чтобы понять, почему она трещит, залез под рояль, но тут ножка совсем обломилась и рояль слегка осел. Много позже, когда затрещала другая ножка, тот же подвиг повторил Максим. Он почему-то тоже подлез под рояль, чтобы выяснить, в чем же дело, и снова ножка подломилась, и снова рояль осел. А я неожиданно рассмеялась, так как поняла, что у меня есть надежный защитник.

После окончания МГПИ тот самый волшебный рояль повел меня сначала в хор гнесинского института, потом в семинар самодеятельных композиторов, в музыкальное училище и, наконец, привел в «Юность». Именно здесь, на радио, я обнаружила, что все на свете звучит. Весь мир в звуках! Свистнула птица, заскрипели сосны, проехала машина, подул ветерок — и все это имеет свой голос! Я думаю, что на радио должны работать люди, обладающие абсолютным слухом. И на «Юности» немало таких мастеров. Я готовила передачи с режиссерами Ириной Ельшевской, Евгенией Бабич, Вадимом Жуковым, Рюриком Пестовским, Сергеем Штейном и училась у них этому радийному слуху. Они подбирали звуки, как художник краски, и картины становились почти осязаемыми.

Когда я поехала в первую свою командировку на курильский остров Итуруп, то привезла оттуда целую кассету всевозможных шумов. Пришла к своему наставнику Жене Синицыну и говорю: «Послушай, какое чудо я привезла!» Он сел и добросовестно прослушал всю кассету. Что-то булькало, шумело, поскрипывало. Но я-то знала, что это шумит бамбуковый лес. А Женя сказал: «По-моему, старуха, это какая-то жеребятина!» И вот такая жеребятина меня подкарауливала и на первых, и на вторых, и на третьих порах. На каждом шагу. И я счастлива, что все это было, и по-хорошему завидую тем, кому все это еще предстоит пройти!

А пригласил меня работать в «Юность» тот самый Боря Абакумов, который готовил когда-то к эфиру передачу «Синие сугробы» с моими песнями.

— Да я же ничего не умею! — удивилась я.

— Это все наживное, — сказал он. — Главное, чтобы рядом человек был хороший.

Вот таков был аванс.Поскольку подразумевалось, что я худо-бедно разбираюсь в музыке, первым поручением мне стало записать передачу об американских песнях протеста. Я растерялась: вот об этом-то я не имела никакого представления. И тут мне на помощь решил прийти Аркадий Петров, слывший большим знатоком джаза. К своему наставничеству он отнесся серьезно и при каждом удобном случае принимался за учебу, знакомя меня с именами всех известных ему зарубежных исполнителей и сообщая при этом кучу всяких подробностей из их биографий. Я послушно вторила ему, но никак не могла удержать в памяти шквал полученных сведений. Вообще-то человек добродушный, с лысиной во всю голову и шикарной курчавой бородой, он был строг, когда дело касалось его «конька». И вот знакомые ребята-джазисты решили меня спасать. Они написали мне с десяток имен знаменитостей и специфических джазовых терминов, заставили добросовестно вызубрить и велели произнести все это при встрече Петрову. «Вот увидишь — тут-то борода у него и отпадет!» — пообещали они.

Я так и сделала. Правда, борода у Аркаши не отпала и с удивлением своим он быстро справился, самонадеянно посчитав мои познания результатом своего педагогического мастерства.

А первым моим редактором была Инна Тайнц, буквально влюбленная в авторскую песню. Она могла, прохлопотав целый день в аппаратных и студиях, отправиться поздним вечером на край города, где проводился бардовский вечер, сердечно привечала начинающих, к которым относилась с большой нежностью, и потратила уйму времени, редактируя мой первый солидный материал о бардовском фестивале «Соловьи в Петушках». Я привязалась и к Аркадию, и к Инне, и очень обрадовалась, неожиданно получив от них письмо на далекой Камчатке.

«Адель! Инке лень сочинять, и она велела писать мне. У нас все хорошо: многие больны, а остальные — в отпусках. Погода так себе — под закуску. Скоро 1 сентября, и с ним новая сетка вещания. Каждый будет вести определенный вечер в неделю. И вот результат: все копят материалы и прячут друг от друга. Тайнц все курит. Я седею с бороды, Абакумов — юн и застенчив. Синицын стал худым. Агамиров бросил пить и обещает завязать с куревом. О твоей собаке ничего не известно. Тайнц строит глазки Сереже Никитину. Все другие велели кланяться. Привет от Джерри Маллигана. Твой Аркадий.

Да, подготовили передачу памяти Джона Колтрейна. Но начальству не понравилась его музыка. Приезжай, будем учить Арчи Шенна, Орнетта Колмана и Германа Лукьянова.

Аделенька! Этот толстый мерзавец Петров все обо мне наврал. С Сережей все в порядке — передача с его детскими песнями и записана, и смонтирована, и сделаны наложения. Она прозвучит в 10.30 вечера (детское время, не правда ли?). Все, по кому ты скучаешь, шлют тебе огромный привет. Кроме Максима. Он почему-то опустил голову, ни слова не промолвил и странно как-то, вперед лбом, зашагал по коридору. Любит, значит, да? Как там твое окружение? Молодые и стройные бедуинские принцы? Приезжай, потреплемся всласть! Целую, Инна».

С ПРИВЕТОМ, КЛАША!

Утреннюю субботнюю передачу по письмам слушателей придумал Женя Синицын, ставший впоследствии популярным комментатором на телевидении. Мы долго искали для нее название. Но Боря Абакумов сказал:

— Дело не в названии! Назови ее хоть «С приветом, Клаша!» Если письма будут интересные, то. и передачу слушать будут!

Мы назвали ее «Здравствуй, товарищ!»

И действительно, писем было очень много.

У меня до сих пор хранится несколько папок с этими письмами. Летопись целого поколения. Один написал впервые, когда закончил десятилетку, а, глядишь, сообщает, что и его сын уже пошел в школу. С другой мы заочно познакомились, когда она только решала, кем стать, и вот получаем письмо от главного инженера текстильной фабрики. И откуда только не писали нам! Степной хутор Раздольный и полярный поселок на Ямале Тадибеяха, белорусский городок Барань и «труднодоступная» метеостанция Теви на Камчатке, кавказский горный аул Кыз-Бурун и приют гляциологов на памирском леднике Медвежий... Писали студенты и солдаты, лесорубы и геологи, водители трамвая и юристы. И каждое письмо начиналось с обращения: «Здравствуй, товарищ!» С ними мы вели разговор на самые разные темы: почему скучно в сельских клубах и как построить бюджет молодой семьи, НЛО — выдумки или реальность, и что такое истинная интеллигентность. Разумеется, возникла дискуссия и о молодежной песне. Приведу одно письмо, прозвучавшее в нашей передаче. Его написал эксперт-криминалист Александр Мирзонов.

«Здравствуй, товарищ! Решил и я принять участие в этом разговоре. Вот ведь какая интересная штука получается: сейчас на эстраде, по радио и телевидению звучит огромное ко-

личество песен, вроде бы адресованных молодежи. Все, кажется, в них, как надо, воспевают и трудности строек, и первые палатки, и первую любовь. Но вот именно — воспевают. И поэтому никто и не думает даже подхватить эти песни, никто не подпоет этим молодым парням с хорошо поставленными голосами, с наигранным, прямо-таки ухарским, оптимизмом. Послушать их — это, конечно, можно. Особенно когда сидишь в уютной и теплой квартире. А вот на дальних метеостанциях, в корабельных кубриках, в геологических экспедициях, если у тебя позади много километров пути, если ты отстоял вахту и, наконец, если просто-напросто был трудный рабочий день — тут нужны совсем другие песни. Какие? Вот в твоей передаче звучат письма слушателей. И большинство из них очень интересны. Почему? Потому что в каждом письме свое, неповторимое, не заданное, а откровенное. Потому что товарищу пишут товарищи. И вот авторские песни — те же письма, в каждой — своя судьба, свои радости, своя грусть. Это невероятно широкий мир, в котором помещаемся все мы, это песни — о себе и в то же время обо всех нас. Им веришь и их ждешь. Это наши с тобой песни, Товарищ!»

А письма все шли и шли. Они приводили нас в трепет своим обезоруживающим откровением. Вероятно, написать на радио анонимному Товарищу о своих неудачах и радостях было легче, чем сообщить о том же рядом сидящему другу. Мы старались отвечать на каждое письмо: высылали редкие лекарства, искали потерявшихся друзей и даже любимых, напоминали о традиционных встречах. Эта передача была и телефоном доверия, и службой здоровья, и бюро добрых услуг. Некоторые письма так и тянули на веселый ответ. Я приносила их домой в рюкзаке и приглашала своих старых друзей из студенческого театра эстрадных миниатюр «Телевизор» Московского авиационного института. И начиналась веселая игра наподобие нынешней «Что? Где? Когда?». Я доставала письмо, читала отмеченный заранее вопрос, и устраивался небольшой конкурс на самый остроумный ответ.

— Почему так: когда работаешь — интересно, а приходишь домой — скукотища. Что делать?

— Берите работу на дом.

— Вчера опять поссорился с Наташкой. Лежу на диване, плюю в потолок. Тяжело...

— Попробуйте плевать со шкафа. Это легче.

— Как только она улыбается, сразу становится тепло-тепло. И не только мне, но всему дому.

— Ваш проект отопления жилых помещений передан на рассмотрение специалистам.

— У нас ведь как говорят: «Съешь за бабушку, съешь за дедушку». А вот у меня нет родных.

— У нас в редакции шестьдесят человек; и все мы к вашим услугам!

— Почему медведей в зоопарке на лето не стригут? Ведь им же жарко!

— Приезжай и стриги. Мы уже обо всем договорились с администрацией.

— Вчера у меня взяли рубль штрафа за переход улицы в неположенном месте. Но я ведь здесь уже сто раз переходил!

— Ваше письмо передали в ГАИ. Готовьте сто рублей.

— Исполните для моего друга-сержанта песню «Как хорошо быть генералом».

— А вы думаете, что он и сам этого не знает?

— Я люблю одного парня. Но вот беда: моей подруге он совершенно не нравится!

— Если вы в этом твердо уверены, то беды пока не предвидится!

Когда мы готовили очередную передачу всей группой, то это напоминало мне создание наших былых студенческих обозрений. Каждый предлагал свой поворот, свою шутку. Проходящие мимо останавливались у дверей: что это они так хохочут? Жаль только, что большая часть наших придумок не имела никаких шансов выйти в эфир. Это был юмор для себя. Но он как раз и помогал нам в трудные времена держаться на плаву. И мне, и Жене Синицыну, и Наташе Киселевой, и Боре Вахнюку, и Оле Самсоновой, и Ирине Ельшевской. Тем, кого в редакции называли «Группа “здравствуй-товарищей”».

Эта передача считалась в «Юности» фирменной. Начальство относилось к ней с повышенным вниманием и считало, что слушатели должны откликаться на все события в жизни страны. Выходило постановление о развитии животноводства, и сразу же вопрос: «Почему нет письма от доярки или зоотехника? Что они думают по этому поводу?» Появлялся документ о кружках политпросвещения — немедленное требование: «Поставьте письмо сельского пропагандиста!» То же касалось и всяких других спущенных сверху циркуляров и инструкций. Но что нам было делать, если слушатели ну никак не желали на это откликаться?

А начальство донимало: «Плохо работаете с письмами! Не может быть, чтобы это не волновало молодежь!»

И когда нам изрядно надоело, в передачах появился штатный «откликальщик». Сейчас я могу признаться, что это было лицо мифическое, выдуманное нами, но для достоверности мы его снабдили подробнейшей легендой-биографией. Дали имя — Николай Диденко. Поселили в Киеве — наверняка в миллионном городе есть не один человек с такой фамилией. Присвоили специальность инженера. Он был комсомолец, недавно отслужил в армии, активно занимался общественной работой и увлекался музыкой и спортом. Ко всему тому, Николай Диденко показал себя большим эрудитом. Он живо и немедленно откликался на все правительственные постановления — об экономической учебе и искусственном осеменении, о дальнейшем освоении районов Крайнего Севера и мелиорации пустынь. Читая его письма в передачах, начальство укоризненно напоминало:

«Ну, вот есть же люди, которых интересуют и эти вопросы! А вы говорили, что не пишут!» Оно явно гордилось таким автором. А мы, дрожа от рискованности эксперимента, гадали: когда же хоть кто-нибудь обратит внимание, что все эти отклики принадлежат одному и тому же человеку? Но так и не дождались. Зато однажды почта принесла письмо, которое повергло в смятение всю нашу группу: наш герой материализовался!

«Здравствуй, товарищ! Не удивляйся, но пишет тебе из Киева инженер Николай Диденко. Спасибо за поддержку. С твоей легкой руки мой авторитет растет и растет. Сообщаю, что я также неплохо разбираюсь в шахматах и люблю собирать грибы. До встречи в эфире!»

Нетрудно догадаться, что человек, откликнувшийся на следующее постановление, жил уже совсем в другом городе и имел совсем другую профессию.

Работа над этой передачей настолько увлекла меня, что когда я подняла голову от папок с письмами, то неожиданно обнаружила, что прошло почти двадцать лет, дети стали взрослыми, а ко мне все чаще обращаются только по имени-отчеству.

Я приглашаю вас в леса

МЫ – ГОРОЖАНЕ

Мои родители — и мать, и отец — деревенских корней. А я родилась в Ленинграде, но всю жизнь прожила в Москве. Так что с полным основанием могу считать этот город своим. Несколько раз я меняла адреса. С тихой и зеленой Плющихи переехала сначала в самый центр, на закованную в асфальт шумную Неглинку, затем на отдаленное, застроенное в основном типовыми пятиэтажками-«хрущевками» Загородное шоссе, а оттуда — на никогда не умолкающий проспект Мира. У меня, как, наверное, у всех москвичей, есть свои любимые уголки, связанные с какими-то дорогими сердцу воспоминаниями. Это — Девичье поле, по которому мы часто гуляли с одноклассниками, а потом с институтскими друзьями. Это — аллеи московских бульваров, где назначали когда-то первые свидания. Это — набережные, где не раз встречали рассветы. И однажды, забравшись после лекций в уже упоминавшуюся мной подвальную двадцать пятую аудиторию, которую тем не менее с полным правом можно было назвать нашим студенческим Парнасом, я попыталась объясниться в любви к своему городу.

В институте под сводами лестниц,
Одержимые жаждой творить,
Написать захотели мы песню
И на память Москве подарить.

Город светлый, город чудный, —
Или все тебе спето давно?
Или новое выдумать трудно?
Или просто нам мало дано?

Возможно, это возрастное, но Москва моей юности была, мне кажется, душевнее и ближе. Нынешняя стала официальнее и холоднее. Да, она приобретает европейский лоск, поражает затейливостью архитектурного модерна, слепит яркими красками реклам. И в то же время теряет, к сожалению, безвозвратно, свою домашнюю уютность. Искажаются перспективы знакомых улиц, все выше тянутся этажи каменных громад. Изменился и сам ритм московской жизни. Выйдешь из дома — суета, спешка, непрерывный гудящий поток иномарок.

С грустью вспоминаю, как любила я бродить по осенним бульварам, когда шелестела под ногами опавшая листва и рдели на газонах поздние астры. Как бодрили когда-то молчаливые зимние утренники с морозными бликами на окнах и кружевным серебряным инеем на ветках деревьев. И как светлы и просторны были на рассвете московские улицы, насквозь просвеченные первыми солнечными лучами!

Соглашусь, конечно, что все эти воспоминания окрашены и тем обстоятельством, что они связаны с нашей молодостью, которая, увы, тоже никогда уже не повторится.

ЧЕЛОВЕКУ НАДО ЗНАТЬ СВОЙ ДОМ

Когда-то я была сама себе голова, смело могла загадывать, что вот выкрою свободное время и сумею распорядиться им по своему усмотрению. А теперь уже приходится все делать с оглядкою на детей и внуков. Взять те же отпуска — в первую очередь стали прикидывать где и как отдохнуть ребятам.

Сначала, когда они были маленькими, мы облюбовали подмосковное Софрино, в окрестностях которого находился Центр отдыха нашего Радиокомитета. Здесь мы все были рядом: Таня — в пионерском лагере, Максимка — в детском саду, Даша — с нами в Доме творчества. Почему он так назывался, непонятно. Приезжали сюда в основном престарелые бабушки и дедушки, которые постоянно жаловались на недостаток в меню диетических блюд и требовали соблюдения абсолютной тишины. Когда старший Максим привез сюда однажды пишущую машинку и попробовал поработать на ней, то к администратору явилась целая депутация разгневанных пенсионеров: «Здесь люди отдыхают, а он стучит!» Поэтому мы старались как можно чаще отправляться на лесные прогулки, на экскурсии по соседним достопримечательным местам, которых тут в достатке. Нашим гидом был журналист Яков Белицкий, большой дока в краеведении, написавший несколько книг по истории Подмосковья. Любимым нашим занятием стало прийти вечером на опушку леса и развести из валежника небольшой костер. Потрескивают сухие сучья, стелется сизый дымок, и кажется, что ты не под боком большого города, а где-то далеко-далеко, на самом краю света...

Софрино, Софрино!
Что в твоем мне имени,
Если манишь вновь меня
Ты лесами синими,
Песнею вечернею,
Тропкой неприметною?..
Не забыть, наверное,
Мне тебя поэтому.

Из оранжевой папки. *«Товарищи! Потерялась собака. Ее приметы: рыжая шерсть, глаза ласковые, уши подняты, хвост опущен. Кто видел, сообщите по телефону...»*

«Дорогая мама! Как живешь, как дела? Если хорошо, то я спокоен. Желаю успехов в труде и в личной жизни. Приезжай скорее! Твой сын Максим».

«Уважаемая редакция «Юный натуралист»! Я уже писал, что очень люблю природу. Я хочу быть биологом. Посоветуйте мне, в каком кружке заниматься? Максим Кусургашев, второй класс».

«Дорогая мамочка! Забирай меня отсюда! Я каждый день думаю о доме. Когда я вспоминаю о доме, у меня текут слезы. Я уже озверел в этом лагере. Найди место в Мокрягах, ладно? Жду тебя 10 июля у главных ворот после полдника. Максим».

Сын спросил, придя из школы, —
Дети тот еще народ! —
«Правда, мама, что геолог
Тоже стаями живет?»
Мать в ответ: «Отстань, не знаю!»
А отец: «С чего ты взял?»

После встал, собрался в стаю
И уехал на Байкал.
Телефон не умолкает
Ни в ночи, ни поутру:
Это в стаю приглашают
Таню, старшую сестру.
Вот и Даша подрастает
С каждым годом все быстрей,
А ее подстерегает
Стая прямо у дверей.
Ну, так что же, подытожим
Этих мыслей наворот:
Твой геолог, он, похоже,
Тоже стаями живет!

А затем одним из летних наших пристанищ стал Дом рыбака, построенный на высоком мысу при слиянии двух рек — Сабля и Нерль — недалеко от верхневолжского городка Калязина. Он представлял собой этакое лесное общежитие с просторной кухней, полной запахов жареной рыбы и грибных похлебок. Нам отвели небольшую комнатку, в окна которой свешивались ветки ежевики. Целый день дом пустовал: рыболовы спозаранку отправлялись с удочками к речным заводям, остальные с лукошками и бидонами — за грибами и ягодами. Лес был северный: на взгорках — высокие чистые боры стройных корабельных сосен, по оврагам — сумрачные, пахнущие прелью чащи ольхи и осин. Вода в речках, заросших тростником и кувшинками, была с торфяным привкусом — местные говорили, что и Нерль, и Сабля берут начало в топких Кубринских болотах. Здесь, на лесных делянах и на прибрежных лугах, можно было встретить множество зверушек — зайчишек, ежей, белок. А во мне открылась страсть травницы (видно, сказались родовые корни многих поколений селян). Я расспрашивала здешних бабок о целебных свойствах цветов и трав, местах их произрастания, способах сушки и хранения. Завела даже специальную тетрадку, куда записывала все полученные сведения.

Край этот остался мне памятен своей строгой красотой и настороженной молчаливостью. Из Москвы сюда надо было добираться почти день — сначала на электричке, потом, если повезет, на попутке, и еще несколько километров пешком по лесной дороге. И поскольку иной раз приходилось отлучаться по делам, оставляя детей с Максимом, то подходила к Дому рыбака уже затемно и в одиночку чувствовала себя довольно жутковато.

Иду я ночью лесом
Со станции одна.
Стоят деревья тесно,
Тропинка чуть видна.
Сказали мне, что лучше
Здесь не ходить одной...
Вдруг слышу я: попутчик
Какой-то за спиной.

От страха я сначала
Шарахнулась в кусты,
Но голос услыхала
Его из темноты.
Спросил он осторожно,
Куда хочу идти.
— В деревню мне... — Мне тоже.
— Так, значит, по пути.

Смотрели дружелюбно
Хорошие глаза.
Он много мне безлюдной
Дорогой рассказал.

Служил он год на Волге,
На Севере служил.
Он ласково и долго
О людях говорил...

Не встречусь я, быть может,
Теперь уже с тобой,
Случайный мой прохожий,
Попутчик дорогой.
Ушел он лесом стройным,
Махнул рукой: «Привет!»
Шагай себе спокойно,
Хороший человек!

У географов есть такое понятие «читать карту». Мы с ребятами могли заниматься этим часами. И мысленно вели байдарки по синим прожилкам рек, пробирались по зеленым пятнам лесов, поднимались в окрашенные коричневым цветом высокогорья. И даже намечали места привалов в этом увлекательном путешествии. Почему бы, например, не остановиться на берегу речки Сережа, что течет в Псковской области, или в рязанском селе Мыс Доброй Надежды, или у подножья одной уральской вершины Денежкин камень? Наверняка мы услышали бы там немало интереснейших историй — ведь не случайно же получили они такие любопытные названия.

Странствуя подобным образом по карте, набрели мы на поселок Долгие бороды — и представилось, как сидят на лавочках былинные, похожие на пушкинского Черномора, седовласые старики, на хутор Жаднюги — тут уж само название говорит, что за люди живут здесь, а наткнувшись на тверскую деревеньку Мокряги, даже зябко повели плечами — до чего же, наверное, это постоянно ненастное, омытое всеми дождями место! Вот сюда уж ни за какие коврижки! Но странное дело, уже который год не идут из головы эти самые Мокряги.

Зовут, зовут нас поминутно
Бескрайний север, крайний юг,
А мне Мокряги почему-то
Пожить спокойно не дают.

. . . .

Туда приехать может всякий
И утолить свою печаль.
В Мокрягах мокрые собаки
Хвостами мокрыми стучат.

. . . .

Возьмем рюкзак, отыщем фляги
И, запасясь слегка едой,
Давай отправимся в Мокряги
За самой мокрою водой!

Не помню уже точно, какими ветрами занесло нас однажды на Брянщину, в легендарный партизанский край. Здесь и сегодня бездорожье, болота, чащобы. Отойдешь чуть в сторону от деревни, и немудрено заблудиться. Что и случилось как-то с нами. Свернули с тропинки на приглянувшуюся полянку, усыпанную белыми грибами, и не заметили, как очутились в совершенной глухомани. Куда идти? Вокруг похожие друг на друга кусты, какие-то хляби, островки иван-чая. Плутали добрых два-три часа, прежде чем услышали где-то в отдаленье лай собак, пошли на него и оказались у самой околицы деревни.

А гостили мы у колхозного пастуха в брянской деревеньке Синьково.

И партизаны здесь в годы войны действительно были. Наши хозяева тогда, правда, учились в первом классе. Но помнят, как был выброшен в их Синькове десант. Немцы оказались людьми предусмотрительными: спустили на парашютах целый продовольственный склад. И, как и положено, местные ребятишки сразу же его освидетельствовали и обнаружили немало вкусных вещей. Немцы были крайне удивлены и раздосадованы, когда через несколько дней заметили, что бóльшая часть ящиков пуста, а зато почти в каждом подворье валяются опорожненные консервные банки и обертки от шоколада. И может, поэтому быстро снялись и ушли в районный центр. Но традиции живучи: при нас тоже не проходило дня, чтобы хозяйки, пригнав с берега реки гусей, не досчитывались в своей стае одной-двух птиц. А где-нибудь в укромном лесном уголке у погасшего костровища прибавлялась еще одна горка ощипанных перьев.

Мы же собирали орехи, ловили в удивительно чистой Судости раков, пекли на костре картошку. И, вернувшись в Москву, не раз вспоминали Синьково, и даже подумывали о том, чтобы снова побывать там. Но не собрались. А теперь уже и не соберемся — чернобыльская волна захватила и эти места. Так что остается лишь вспоминать: низкие, уже осенние тучи плывут над пустынными полями со снопами льна; гуси, пытающиеся встать на крыло и полететь вслед за журавлиным клином. Но не подняться и не догнать...

КРАЙ СОСНОВЫЙ – АУ!

Это из биофаковской песни «Ау!». Биостанция, где студенты биофака МГУ проходили летнюю практику, располагается недалеко от Звенигорода, рядом с которым жила Зося, сестра Максима. Та самая, которая безуспешно пыталась когда-то приобщить меня к археологическим раскопкам. Она уехала на несколько лет в Новосибирский академгородок и оставила в нашем распоряжении свою квартиру.

Этот двухэтажный деревянный и уже изрядно поветшавший дом принадлежал столичному санаторию. Он стоял на высоком правом берегу Москва-реки, окнами в лес, и в наших комнатах даже в солнечные дни царил прохладный таинственный полусумрак. Здесь жилось довольно комфортно: газ, горячая вода, телефон, и если учесть, что нашими соседями были санаторские медики, то для семьи, в которой маленькие дети, лучше не придумаешь.

Особенно подружились мы с молодым терапевтом Анатолием Бритовым. Шутливо прозвали его «доктор Чехов», поскольку великий писатель тоже врачевал когда-то в этих местах, а сам Толя пописывает, и недурно, юмористические стихи и рассказы. Кроме того, он весьма рисковый человек: когда мы с лесных прогулок приносили порой сомнительные на вид грибы, доктор соглашался первым отведать их, но почему-то при обязательном условии, что грибы будут жариться исключительно на сливочном масле. В душе эстет, он соорудил в своей комнате изящный камин и, пригласив нас, зажигал крученые таллинские свечи, полагая, что именно такой фон наиболее подходит для исполнения бардовских песен.

Поклонников этого жанра можно было встретить и в соседнем селе Шихово, где находится одна из старейших фабрик струнных музыкальных инструментов. Здесь и сегодня работают искусные мастера, потомки тех умельцев, которые изготовляли гитары, мандолины и балалайки для знаменитого Соколовского хора у «Яра». У меня до сих пор хранится гитара, которую подарили мне в Шихово.

Звенигород и его окрестности часто называют подмосковной Швейцарией. Недаром приезжали сюда на этюды Левитан, Крымов, Коровин. В деревеньке Дютьково жил композитор Танеев, в Дунино провел последние годы жизни Михаил Пришвин. Места здесь и на самом деле дивные. Дорога, окруженная чистыми ельниками, то поднимается в гору, то ныряет в овражистые низины, рядом петляет излучинами неширокая здесь, но быстрая Москва-река, заповедные тропки уводят в заросли орешника и березовые рощицы. Кажется, кинь перед собой сказочный колобок, и он приведет тебя к бревенчатой избушке на курьих ножках или к болотцу с разрыв-травой, где ждет своего часа заколдованная царевна-лягушка. Видно, не случайно выбрали это место для своей биостанции ученые МГУ. Мы любили заглядывать в этот дачный городок. И каждый раз при этом весело распевали:

Трава умыта ливнем,
И дышится легко,
И нет уже в помине
Тяжелых облаков,
И радуга дугою
Повисла над дождем,
И снова мы с тобою
В Звенигород идем!

Нам легко шагалось под эту песню. Тем более что я хорошо знала тех, кто сложил ее, — Митю Сухарева и Гена Шангина-Березовского. Еще студентами биофака МГУ они проходили практику на этой станции, да и потом не раз бывали там. Именно здесь они написали несколько поразительно прозрачных и по словам, и по мелодиям песен, которые запели потом не только в МГУ. С одной из них — «Листопадом» — вышла такая история. Я тогда занималась с вокальным октетом своего института. И вот залетела к нам невесть откуда эта девически нежная песня. Мои подруги сразу же заподозрили, что ее написала я. Первое время я, конечно, все отрицала, а потом уже и сама стала привыкать к этой мысли (интересно, а кто бы на моем месте особо возражал?). Любопытно, что Гену Шангину тоже приписали одну из моих песен и даже как-то объявили об этом по радио. И мы при встрече стали обмениваться вопросами:

— Скажи, а ты уже написал мою новую песню?

— Пишу. А ты — мою?

7 – 4188

Нам просто нельзя было не подружиться. Мы нередко собирались в доме Шангиных. Об этом напомнил мне не так давно его сын Никита, который не пошел по отцовской стезе: он — архитектор, но тоже стал знаменит — в качестве капитана многознающей шестерки знатоков в телевизионной игре «Что? Где? Когда?».

— Я хорошо помню, — рассказывает он, — как нас с сестрой укладывали спать, а вы пели в соседней комнате. Мы украдкой подходили к двери и могли часами слушать. Наверное, поэтому до сих пор мы слово в слово знаем многие ваши песни и можем сегодня напеть любую из них.

Если с Геном Шангиным я чувствовала себя на равных, то перед Митей Сухаревым робела: он мне казался много старше и очень умным.

Одним из первых моих материалов на «Юности» было интервью с Сухаревым, где он и читал свои стихи. Правда, одно стихотворение, причем самое мое любимое — «Для того дорога и дана», начальство с эфира сняло — показались двусмысленными строчки:

Человеку надо знать свой дом,
Весь свой дом, а не один свой угол.
Этот дом замусорен и кругл,
Чердаки в нем крыты белым льдом.

— Это чем же замусорен наш дом? И что за ледяные чердаки?

Виктору Берковскому, наоборот, стихи понравились, и он написал на них песню, которая часто звучит и сейчас на радио.

В жизни моей, как и у каждого, есть свои взлеты и падения. Последних, считаю, больше. И тут мне хотелось бы опять доброе слово сказать о Мите Сухареве. Он удивительно тонко чувствует, когда мне плохо. Впрочем, это относится не только ко мне. Не раз слышала и от других, что у него очень доброе и светлое биополе. А какие-то моменты моей жизни нашли отражение в его стихах.

Век прошел, живет богато
Визбор, вечно молодой,
Не с Аделью, как когда-то —
С молодой кинозвездой.
А звезда-то столь учтива,
Что — на что уж я хитер,
Я взглянул на это диво —
Только лысину утер.
Я присел на стуле чинно
И услышал: «Ну, дела!
Адка, ай да молодчина:
Снова дочку родила!»
Родила — и взятки гладки!
Коли так, то всё по мне.
Все в порядке: дочь у Адки,
Три аккорда, ночь в окне!

Моя привязанность к Мите переросла в семейную. Правда, для моих детей он — Дмитрий Антонович, как-никак доктор наук. С особой нежностью относится к нему моя младшая —Даша. Ведь это о ней он написал в своих стихах. Она теперь уже совсем взрослая и как-то осторожно спросила:

— Мама, а был ли у тебя с Дмитрием Антоновичем роман?

— Был! — огрызнулась я. — Правда, в стихах!

Из оранжевой папки. *«Папа! Мы живем хорошо, только нет мороженого. Найди, пожалуйста, ошейник. Мы с мамой решили купить обезьяну. Я думаю, ты нам не откажешь. Целую, Даша».*

«Максимка, привет! Оказывается, ты прав. Наш котенок девочка. И поэтому мы назвали его Мурлышка. Но нам, наверное,

больше не будут давать котят, потому что в Звенигород приехал внук тети Зины — живодер, мучитель и жаднюга. Но зато Жулька родила трех щенят. Одного продали, а других выносят гулять. Твоя сестра Даша».

«Мой папа работает на радио. Он подготавливает передачу «Юность». Иногда он ездит в командировки. Там он берет интервью у местных. Он ездил на БАМ, в Минск, Киев, в Болгарию, Румынию, Чехословакию, Польшу и так далее. Когда он приезжает обратно, его командировку передают по радио и показывают по телевизору. Вечерами он возвращается домой и садится за машинку. Вот какой у меня папа. Даша Кусургашева, 8 лет». (Из домашнего задания: «Мой папа».)

ЯСНОВИДЯЩАЯ ТАНЬКА

Максим Кусургашев. Многие наши летние маршруты были связаны с местами, открытыми мной во время командировок. Так совершенно случайно набрел я на неприметный, укрывшийся в старых борах калужский городок Юхнов. В его окрестностях и предложил я провести очередной наш отпуск, но прежде, чтобы убедиться в правильности этого выбора, решил еще раз съездить туда, взяв с собой Таню Визбор. Добрались до облюбованной мной полянки на берегу речки Рессы, и тут Татьяна повела себя довольно странно. Долго, как ищейка, водила носом, приглядывалась к речной излучине, прислушивалась к шороху камышовых заводей и вдруг безапелляционно заявила:

— А ты знаешь, здесь я уже была!

— Перестань молоть чепуху, — рассердился я. Но она продолжала стоять на своем:

— Да, была! И если хочешь, я сейчас докажу это! Вот пройдем за поворот, и там будет большая ветла. А рядом мостки и щитки от уткофермы.

Я удивился. Действительно, за поворотом реки были и ветла, и мостки, и остатки уткофермы. Но откуда было знать это девчонке-горожанке, которая всю дорогу до этого восхищенно ахала:

— Никогда не видела подобной красоты!

И вот на тебе: «Здесь я уже была». Ясновидица, что ли? Ведь это за двести километров от Москвы, куда не каждый местный дорогу знает!

Увидев полное мое недоумение, Татьяна интриговать не стала:

— Мы здесь с отцом на байдарках были. Именно на этой полянке у нас дневка была. С мостков рыбу ловили, а в соснах землянику собирали.

Вернувшись в Москву, я рассказал о нашей поездке Визбору. Он подтвердил: да, год назад их байдарочное путешествие проходило как раз по Рессе. И судя по всему, я привез Татьяну на место их былой дневки.

Разумеется, от нее я получил полное одобрение.

Юхнов из тех городов, которые, как писал поэт, «на карте генеральной кружком отмечены не всегда». До ближайшей железнодорожной станции добрая сотня километров. Три крохотных предприятия: льно-, молоко- и хлебозавод. Оживает немножко только в летнюю пору, когда наведываются сюда грибники и ягодники.

Мы уже считаемся здесь старожилами. Знакомые через одного. Давно уже приятельствуем с Павлом Каменским, нынешним главой районной администрации, которого помним еще румяным комсомольским заводилой. Тогда же приехал в Юхнов выпускник лесотехнического института Саша Добровольский, нынче директор известного на всю область леспромхоза. В совхозе «Угра» начальствует тоже недавний молодой специалист агроном Сережа Ушкал. Словом, растут люди. И не только в смысле деловой карьеры. Давно ли поздравляли молодоженов лесоводов Наташу и Василия Хвастуновых, а теперь уже стали старшеклассниками их дети. Так что, как говорится, держат нас юхновцы за своих. Мы знаем, случится что, всегда придут на выручку. И мы стараемся не оставаться в долгу. Было время, когда тот же Павлик Каменский, выбранный председателем отстающего колхоза в селе Упрямово, посетовал, что трудно поднимать хозяйство без молодых. В поле и на фермах остались только пенсионеры. И тогда Максим посоветовал ему выступить в передаче «Юности», рассказать о своем селе и пригласить желающих к себе на работу. И никто не ожидал, что спустя уже неделю-другую почта начнет приносить пачки писем-откликов. Через год поднялась в Упрямово целая улица новоселов, которой по решению сельсовета дали имя радиостанции «Юность».

ПРОСТОКВАШИНО НА РЕССЕ

Первые несколько лет мы проводили свой отпуск на тихой лесной поляне у самого берега спрятавшейся в ивняках речки Ресса. Натягивали тугие бока походных палаток, расчищали место для костровища, прокладывали тропку к роднику. Каждое утро, соблюдая софринские традиции, поднимали на мачте флаг. И ребята пели гимн. Мелодию они вели правильно. А вот слова...

Союз нерушимый республик свободных
Схватила навеки великая Русь...

Услышав такое, комсомольский работник Саша Сидоров недоуменно вскинул брови:

— «Схватила»? Там, кажется, совсем не так!

И не успокоился, пока дети не внесли поправки в свое исполнение.

А вообще-то юхновцам пришелся по душе наш палаточный лагерь. И не проходило вечера, чтобы кто-то не наведывался к нам. Поэтому мы нисколько не удивились, узнав, что они в свою очередь тоже поставили на берегу свой полотняный городок под названием, заимствованным из популярного мультфильма — Простоквашино. Правда, постоянный его комендант райкомовский шофер Анатолий Голубев, человек изобретательный и неистощимый на самые фантастические выдумки, привнес в свой лагерь некоторый комфорт: оборудовал расцвеченную огнями пристань для лодочной стоянки, специальное помещение для сушки грибов и копчения рыбы, установил электрический движок. И теперь в Простоквашино можно посмотреть телевизор и поиграть на компьютере. Именно сюда и привезла я первый диск с записями своих песен.

Помню, было лето, когда погода, кажется, просто сошла с ума. Тучи плотно закрыли небо. Что ни день, то проливной дождь. Промокли насквозь палатки. Отсырели дрова. Костер никак не хотел разгораться. Мы уже стали подумывать, не свернуть ли нам свой лагерь. И тут снова пришел на выручку Его величество случай. Шел мимо какой-то человек, закутавшись в дождевик. Приподнял полог палатки:

— Как, зимовщики, держитесь?

Мы застучали зубами:

— Держимся!

— Молодцы! — похвалил он. И посоветовал:— Я бы сделал перерыв. Переселяйтесь ко мне в избу. Живу я один. Места хватит на всех. И для вас, и для вашей живности.

«Живность», которая всегда кочевала вместе с нами, — дворняга Мишка и кошка Ксюша — дрожала у нас в ногах.

Может быть, это и решило дело. Мы-то ладно, а вот зверье... Мы его приручили. И значит, по Экзюпери, теперь за него в ответе.

Так произошло знакомство с Василием Михайловичем Беловым и наше переселение в его деревню Лобеки.

Изба была жарко натоплена, просторна, полна уютных запахов каких-то трав и меда.

Наш хозяин скинул в сенях дождевик и оказался сухощавым пожилым человеком. Без долгих разговоров он полез в подполье, вытащил сало, банку огурцов, достал с полки рамку сотового меда и бутылку жидкости, оказавшейся натуральным самогоном.

— Это — для нас, чтобы согреться, а ребятам я сейчас самовар поставлю.

Василий Михайлович был ненамного старше нас. Но хлебнуть ему пришлось всякого. Семнадцати лет, после окончания военно-медицинского училища, направили его на фронт. Ротный фельдшер — далеко не самая безопасная должность. Выносил с поля боя раненых, под бомбежками делал перевязки, доставлял в медсанбат. Начал воевать под Тулой, а закончил в германском городе Росток. Многие после победы отправились по домам, а младшего лейтенанта медицинской службы командировали на Чукотку, определили в отряд военных топографов, которому поручили вести съемку местности в совершенно пустынном тогда краю. Исходил там сотни километров бездорожья, прихватил цингу, дважды зимовал в безлюдной тундре и только затем уже комиссовался и вернулся в свои калужские Лобеки. Получил неплохую пенсию, мог бы и передохнуть. Но не усидел, пошел заведовать медпунктом в соседнее село. А в свободное время занялся давно уже облюбованным делом — пасекой. И теперь каждый день совершал Василий Михайлович неблизкий путь: двенадцать километров от дома до медпункта, двенадцать — обратно. Зимой на лыжах, летом на велосипеде.

По деревенским меркам наш хозяин был не от мира сего. Держать какой-то скот не было ни времени, ни желания. Землю под огород отдавал соседям. Снабжал всю округу лекарствами, но подношений никаких не принимал. Найдя в нас внимательных слушателей и обладая незаурядной памятью, Василий Михайлович мог часами вспоминать приключившиеся с ним истории. Кроме того, был он завзятый книгочей, единственный, наверное, во всем районе выписывал журнал «Новый мир» и не раз удивлял нас, когда в разговоре вдруг ронял:

— Об этом хорошо написал Мельников-Печерский...

Или:

— Читал я как-то у Лескова...

И сейчас стоит перед глазами: вернулся он с работы, поставил в сенях велосипед, присел к столу. На дворе уже темно. Стучат о землю падающие яблоки. А Василий Михайлович, прихлебывая из кружки приправленный лесными травами чай, начинает одну из своих бесконечных историй:

— Было это под венгерским городом Дебрецен...

Эти вечера мы часто вспоминали, возвратившись в Москву. И нет-нет да и отправляли в Лобеки скромные посылочки: московские сигареты, банку кофе и непременно какую-нибудь книжную новинку.

«Максим и Ада, поздравляю вас с Новым, 1984 годом! Получил ваши посылки. Спасибо. Почтальон три дня носил по одной. Иду с работы, ребятишки кричат: "Дядя Вася, тебе посылка опять! Тебе что, каждый день будут присылать?" Так что не беспокойтесь, мне теперь всего надолго хватит. После Нового года я, как цыган, считаю, что началась весна.

В гости я, конечно, не приеду: наверное, устарел. Сын Миша вернулся из Калуги, работает в куркинской школе. Вроде втянулся в дело, чему я очень рад. Правда, скучает в деревне. Но не беда, нужно ко всему привыкать. Ведь и деревенских детей кому-то надо учить. Не стало сейчас, как в былые времена, подвижников, которые добровольно ехали в село, чтобы быть ближе к народу.

А у нас все по-старому. Никого не прибавилось, но, слава Богу, и не убавилось. Зима выдалась сиротская. Снега почти нет. На работу хожу пешком, чтобы сердце не стало дряблым. Алкогольные напитки употребляю умеренно, при усталости и плохом настроении. А они почти каждый день. Часто слушаю ваши передачи. Даже на пасеке. Вся деревня узнает уже ваши голоса. Ну, пока до свидания! Будьте здоровы! В.М. Белов. Калужская обл., деревня Лобеки».

Столичных гостей принято в провинциальных городках угощать рыбалкой и охотой. А уж Юхнов славен и тем, и другим. И Угра, и Ресса издавна считаются рыбными реками, и сюда круглый год жалуют из Москвы, Подольска, Малого Ярославца любители и, как правило, не остаются без хорошего улова. А в августе, когда открывается охотничий сезон, окрестные лесные угодья оглашаются треском выстрелов. Как-то под вечер объявился в нашей деревне комсомольский секретарь Вася Хвастунов. Человек, не лишенный артистической жилки, он был облачен в изысканный охотничий наряд: высокие болотные сапоги, залихватская замшевая куртка и тирольская шляпа с ярким пером. Но почему-то в руках у него беспокойно крутил головой белый петух. Важно прошествовав по деревенской улице, он остановился у нашего дома:

— Готовьте специи, на ужин будет печеная утка!

И передал мне совсем уж ошалевшего петуха.

— А эта птица зачем?

— Это на всякий случай, резерв, так сказать, — объяснил Вася.

После этого он забрал Максима и увязавшегося за ними нашего дворового колченогого пса Мишку и пошел в сторону притуманившегося луга. Мы с моей подругой Галкой Ершовой остались на пороге ждать добытчиков. Правда, петуха мы освободили от пут, и он, обиженно кукарекнув, взлетел на плетень.

Ждать пришлось долго. Уж совсем стемнело, когда донеслась беспорядочная пальба. Потом первым появился запыхавшийся пес Мишка с большим куском колбасы в зубах. Как потом мы узнали от Максима, наши охотники так и не встретили ни одного выводка и решили устроить полевой привал. Нашли подходящий взгорок, достали припасенную бутылку, огурцы, колбасу и только наполнили стаканы, как вороватый пес ухватил колбасу и пустился к дому, догадавшись, наверное, что дичь в этот вечер им не светит. А наши охотники устремились за ним. Но ужин так и не состоялся, потому что жертвенный петух убежал в сад и устроился на одной из яблонь на ночлег. Кстати, он на следующий день нашел себе пристанище в курятнике одной из соседок, но обиду затаил и, когда нас навещал Вася, громко хлопал крыльями и что-то злобно бормотал.

Несмотря на неблизкую дорогу, жаловали к нам в гости и москвичи. Наслышанные о грибных богатствах здешних лесных угодий, приезжали передохнуть от журналистских трудов Ирина Петровская и Леонид Азарх. Большим любителем тихой охоты оказался и Эдуард Сагалаев, который с женой Люсей увез из Лобек несколько ведер отменных боровиков. Думаю, что и они не забыли приключения той поездки, когда не хватило денег на обратную дорогу, и нам пришлось несколько раз прятаться в электричке от контролеров. Интересно, улыбнутся ли они, если попадутся им на глаза эти строчки?

Но, пожалуй, больше всего радовались мы приезду Юры Кусургашева, брата Максима, которого всегда сопровождали жена Вера и сын Сергей. Мы уже заранее выходили на лесную дорогу, полную колдобин и ям, чтобы помочь вытащить машину, застревавшую на каждом шагу. За руль на этом участке садился, как правило, Сережа, обладающий каким-то водительским чутьем на грозящие дорожные опасности. И был безмерно горд, когда удавалось, благополучно избежав их, лихо притормозить у самого порога нашей избы.

Из подслушанного у Миши.

— Ну, ладно, прабабушка, говорят, умерла. Но вы-то, надеюсь, еще поживете? С вами хорошо: чай подаете, еда приличная, и главное — в деревню поедем. Лет двадцать поживете? С вами веселее!

— Пойду постригу травку — очень у нас двор мохнатый!

— А мы тут играем в рифму: «Открывается калитка, появляется улитка», «Щурит желтые глаза эта жадная коза», «В лесу гуляла мышь и упала под камыш», «Вам рассказывать не надо, люблю я бабу Аду!»

— Дед, а почему ты Колю, нашего деревенского соседа, называешь «Николя»? Разве можно так называть нормального русского человека?

СТОЯНИЕ НА УГРЕ

И все же от палаток нам, видно, никуда было не деться. Приехали юхновские приятели:

— Собирайтесь, будем переселяться в Палатки!

И, видя недоумение на наших лицах, пояснили:

— Да не в ваши палатки, в другие! Есть у нас такое село на Угре. Мы там для вас дом присмотрели. Ручаемся, что понравится! А к дяде Васе в гости ходить будете.

Поехали. Посмотрели. Действительно, понравилось. Подумали, подумали и решились на очередную перекочевку. И вот теперь уже больше десяти лет являемся жителями этих самых «других» Палаток.

У села богатая история. Именно здесь, по утверждению местных краеведов, состоялось «Великое стояние на Угре», положившее конец татаро-монгольскому игу. Сошлись и встали лагерями на берегах этой реки два войска. На левом — московские ратники, на правом — раскинули шатры ордынцы. Отсюда и получило село свое название. Простояли несколько месяцев, но так и не решились на сражение и, когда наступили осенние холода, развернулись и ушли в разные стороны. В память о том событии поставили в Палатках на крутом берегу дивной красоты церковь, в окрестностях которой зарыл, по преданию, награбленные богатства легендарный разбойник Кудеяр. Поиски этого клада ведутся уже много лет. Особенно усердствуют сейчас мальчишки, среди которых и наш внук Михаил. Правда, церковь уже почти развалилась, как, впрочем, пришло в упадок и все село. Была когда-то здесь пристань на Угре, крепкие каменные постройки, проводились торговые ярмарки. Но обмелела река, зарос лесом некогда широкий тракт, не дошли руки поднять разрушенное и сожженное в годы войны, а под Юхновым почти год проходила линия фронта. И когда началась кампания по ликвидации так называемых «неперспективных» деревень, то занесли в их число и Палатки. Колхозников решили переселить на центральную усадьбу, государственные и общественные учреждения закрыть, а пустующие дома продать желающим. Так и появились у нас «магазинщики», «банщики», «школяры». Нас же зовут «почтарями», поскольку в купленном нами доме размещался раньше узел связи. А всех новоселов именуют «дачниками», потому что приезжают они сюда только на летние месяцы.

Из дневника. На Востоке говорят: «Сначала выбери соседей, а потом уже строй дом». У нас такого выбора не было. И дом уже стоит, и соседи в наличии. Самые ближние — московские инженеры Станислав и Лидия Жабыко. Он — страстный автомобилист. Когда ни глянешь в окошко, лежит под своей развалюхой-иномаркой или кружит вокруг нее, прикидывая, какая именно деталь выйдет первой из строя. А диагноз один — старость, хотя у машины еще вполне приличный вид.

Лида тоже постоянно имеет дело с техникой. Но с другой машиной — швейной. Сидит под старой яблоней, что-то кроит, подшивает, перелицовывает. В душе Лида — художница: может подолгу смотреть, как догорает закат над Угрой, высаживает перед домом какие-то диковинные цветы. Вечерами мы наведываемся друг к другу в гости. И вот как-то Слава говорит:

— Конечно, красивые здесь места. Но вот в детстве жил я на одной сибирской реке, которую никогда не смогу забыть...

Максим, считающий себя знатоком Сибири, естественно, заинтересовался:

— Это где же ты жил?

— Да ты все равно не знаешь, — сочувственно вздохнул Слава, — малоизвестная эта река.

— Да хоть как называется?

— Кондома.

И тогда Максим, спрятав улыбку, спросил:

— Это где Таштагол и Шушталеп?

— Да, как раз там, — опешил Слава. — Ты что же, бывал там?

Оказалось, что оба они провели детство во время войны почти в соседних селах. И, перебивая один другого, стали вспоминать, как ловили щурят на волосяные петли, как собирали корни кандыка, ходили шишковать в кедрачи. Нашлись родственные корни со Славой и у меня. Оба мы белорусских кровей. И когда Максим узнал, что строящий на нашей улочке свой дом Олег Курц тоже белорус, посетовал другому нашему соседу, отставнику-офицеру Владимиру Шубенку, что вот, дескать, попал в окружение белорусов, тот развел руками:

— Извини, дорогой, но я ведь тоже этой же национальности. И родился, и вырос, под Оршей.

Не знаю, как исправно служил Шубенок в армии, но земледелец из него вышел отменный. Недаром наш внук Миша величает его «дядей Мичуриным». В его огороде, как на опытном участке, каждый год обильный урожай. Выращивает какие-то невиданные сорта капусты, лука, клубники. А недавно принес в подарок вкусный, с сахарной мякотью, арбуз. Шубенок раньше всех приезжает в Палатки и позже всех возвращается в Москву. Еще не сошел снег, а он звонит: «Начинаю сезон! Поторапливайтесь!»

Белорусы-то ладно. Но в прошлом году появился в селе еще один новосел — приехавший в Россию из Конго негр Леопольд. Народ в нашем селе деликатный, — хоть африканец в калужской глубинке и сегодня в диковинку, виду не подали, встретили приветливо. Но Леня Лаврухин, сторож на ферме, был однажды изрядно напуган. Рассказывает: возвращался домой поздним вечером. Темно вокруг. И видит вдруг, что шагает навстречу сама вроде бы по себе белая рубашка, размахивая рукавами. Леня, человек несуеверный, остолбенел. Во рту целый день ни капли не было, а тут идет рубашка! Спрятался за куст. А она все ближе и ближе. Бежать — ноги не несут. И только когда она была совсем уже рядом, понял, что это Лео идет. В общем, как гласит реклама: «По-нашему, это шок!»

А приехавшего погостить к нам в Палатки москвича шок настиг среди ясного дня на реке. Пошел купаться, нырнул, проплыл немного под водой, а когда поднял голову, с ужасом увидел совершенно черного человека. «Это где же я вынырнул, — подумал парень,— может быть, в Африке?» Вполне допускаю, что ему от страха померещились вокруг и пальмы, и кашалоты. Во всяком случае, он рванул, не разбирая дороги, в деревню, где ему и объяснили, с кем он встретился на Угре.

А вообще-то Лео оказался вежливым и трудолюбивым человеком. Целый день ходит по своей усадьбе с топором или метлой, строгает, чинит, убирает. Это наблюдение тоже послужило темой досужих разговоров. Дело в том, что, по слухам, Палатки должны стать одним из объектов планируемого Национального парка «Русский лес». И деревенские лоботрясы строят в связи с этим самые радужные планы. Дескать, возникнет здесь современный туристский развлекательный комплекс, и почему бы не запустить в пруд крокодилов, а негру поручить их пасти?

Но Палаткам и без этого есть чем удивить.

В то, что за нами следят инопланетяне, верит сейчас, наверное, каждый второй. А НЛО наблюдал каждый третий. Во всяком случае, у нас на Угре летними ночами часто случается видеть какие-то странно движущиеся огни, которые наш внук Миша называет «мигучими» звездами. Когда из Юхнова наведалась в Палатки женщина — агент по страхованию, я поинтересовалась, а можно ли застраховаться от последствий какой-нибудь космической аварии. На это она вполне серьезно ответила:

— Так эти тарелки пока никакого вреда не принесли. Пусть себе летают!

Словом, как и положено ей по профессии, страхов не убавила. Местные же вроде привыкли к этим полетам. Правда, как-то полюбопытствовали у меня, как думают на этот счет мои коллеги — сотрудники Московского радио. Не желая показаться полным профаном в этой области, я прочитала им стихи Владимира Трепетцова:

Над селом фигня летала
Серебристого металла.
Много стало в наши дни
Неопознанной фигни.
Шлем письмо, уняв испуг,
В Академию наук:
Мол, не спим четыре дня,
В голове одна фигня,
И от этого село
К алкоголю повело.
Из Москвы пришел ответ,
Гриф «секретно»,
Сельсовет:
Прилетаем в эти дни,
Нагоните нам фигни.

Старики почесали затылки: может, и к нам завернут?

Впрочем, вдоволь хватает здесь и земной нечисти. К ней относят ветхих старух, якобы способных навести порчу, сглазить, заговорить. Одна из таких «колдовок» повадилась по делу и без дела заглядывать в наш дом. Ребята при ее появлении убирали подальше метлу, полагая, что идет охота именно за ней, чтобы ночью полетать над деревней. Хотя представить крупную грузную старуху верхом на метле было довольно сложно.

А деревенские посоветовали:

— Когда она к тебе пожалует, ты попробуй перекрестить ее.

Не веря особенно в действенность этого средства, я тем не менее, заметив направляющуюся к нашему дому «колдовку», проделала несложный обряд. И верьте не верьте, старуха помедлила у калитки, а потом и вовсе повернула обратно.

Но Максим на всякий случай привез из Юхнова новую метлу.

Явно обладает какой-то гипнотической силой и вековая — в три обхвата — раскидистая ракита, которая постоянно что-то бормочет листвой у нас за окнами. Станут одолевать невеселые мысли — прикоснешься к морщинистому стволу, постоишь под ее ветками и, глядишь, полегчало. Может быть, поэтому мы свои пирушки устраиваем под этим деревом. Приносит свое фирменное блюдо — беляши — Лида Жабыко, является с огородными дарами Володя Шубенок, ставят на стол свои подношения заядлые грибники наши новые соседи — «банщики» Ира и Виктор Зеленские. Рыбное угощение, естественно, за Натальей и Александром Порсовыми. Еще с юных лет пристрастились они к водному туризму, сплавлялись по горным и таежным рекам, когда работали на севере, а потом открыли для себя Угру. В нашем застолье они просто необходимые люди, потому что знают немало походных песен.

А от местного населения представительствует обычно Нина Лаврухина, человек редкой энергии и неиссякаемого жизнелюбия. У нее огромное хозяйство: лошадь, три коровы, свиньи, овцы, всевозможная птица, а вдобавок дюжина собак и кошек и невесть откуда залетевший волнистый попугай. Наш любознательный внук Мишка ходит к Лаврухиным, словно в зоопарк. Непонятно, как Нина управляется со всеми своими подопечными, в число которых надо включить и ее мужа Леню, давно уже передавшего ей все бразды домашнего правления. Мы величаем ее на иностранный лад — Нинон, потому что еще в молодости коснулась она европейской цивилизации, работая медсестрой на полярном острове Шпицберген. И нас не удивляет, что она гоняет коров с выпаса с изящной веточкой жасмина в руке.

О, как бы нам сбежать от быта
И жить от города вдали,
Где наша старая ракита
Склонила ветви до земли,
Где ширь такая-растакая
И тишина со всех сторон,
Где бегает, коров скликая,
Всегда веселая Нинон.

В деревне, где никуда не надо спешить и не мотают душу бесконечные телефонные звонки, есть возможность сосредоточиться и поразмыслить о том, на что не хватает никогда времени в шумном городе. Как раз об этом написал Юрий Нагибин в небольшой поэтической повести «Река Гераклита», из которой я позволю себе привести короткую цитату:

«Я живу близ границы чудесной страны, именуемой Калужская область, страны, причастной боли и славе России. Там прекрасная Калуга смотрится с высоты в полные воды Оки, принимающей в себя Угру и Суходрев, там леса, богатые ягодой и грибами, исторические города, старинные монастыри и памятные места великих битв. И там, в деревне Мятлево, есть изба, готовая приютить меня».

Мятлево совсем рядом с Юхновым. А «Река Гераклита» — это Угра. На первый взгляд совершенно недвижимы ее темные плесы. Но чуть дальше, за островками, видишь, как стремителен ее бег. Многолика она и переменчива. Одинаково обманчивы и ее покой, и ее быстротечность. В нее действительно нельзя войти дважды...

Давно приятельствуем мы с семьей Пестряковых из соседнего села Калыхманово. От их дома до Угры рукой подать. Весной в половодье подступает она к самому огороду, а летом прячется в тростниках так, что и не сразу заметишь берега. Глава семьи Алексей Терентьевич ведает всей совхозной техникой. Человек обстоятельный и весьма прагматичный, он не читал Нагибина, но заметил однажды, что когда доводится помозговать о серьезном деле, то идет на Угру. Там, дескать, ничто не мешает принять правильное решение. Терентьич, так зовут его все в округе, не прочь порассуждать на высокие «государственные» темы, причем на каждую имеет собственный, порой неожиданный взгляд. Жена его Анна в таких разговорах участия не принимает. Она больше о земном: почему уходит вода из колодцев, когда перестанут расти цены, как извести колорадского жука? Она и мужу-механизатору первая помощница. Лихо водит семейный «уазик», случись что, сядет и на комбайн, и на трактор. В семье Пестряковых трое детей, выросли тоже не белоручками. Самый младший, Миша, учится еще в школе, а старшие уже выбрали свою дорогу. Алеша — курсант военного училища в Серпухове, а Наташа окончила в Калуге педагогический институт и преподает в колыхмановской школе русский язык и литературу. Она увлекается поэтами серебряного века и считает, что бардам у них можно кое-чему поучиться. Так что с Натальей Алексеевной у нас есть о чем поговорить.

Это я все к тому, что время, проведенное в деревне, внесло значительные коррективы в мое представление о сельских жителях. Меня уже не удивляет точность их наблюдений, образность их речи. Как сказала мне наша «деревенская скорая помощь» медсестра Надя Штанкова: «Нас держит земля, а мы за землю держимся».

И мне бы так.

Кстати, здесь, в деревне, для меня открылось, что окружающие поля и перелески — это не только явление, радующее взгляд, но и целая кладовая целебных цветов и трав. И я все больше и больше разбираюсь в них, читая книжки и прислушиваясь к наставлениям деревенских старух. Завязываю в метелки зверобой, лесную мяту, череду, богородицыну травку и вывешиваю их на веранде, которая сразу же наполняется дивными луговыми запахами и начинает напоминать жилище древнего колдуна-лесовика.

А на знакомых мне опушках зреет земляника, а в молодом сосняке светятся шляпки маслят, и мне кажется, что я даже слышу, как они растут. Жаль только, что так скоротечна эта пора.

Из оранжевой папки. *«Таня и Ириша! Хорошо ли вы отдохнули в Палатках? А то Максим уезжает на БАМ, так что готовьтесь к эвакуации. В Москве — плохо. За сигаретами — очередь. Дают по пять пачек. Из консервов в нашем «Океане» только рыбные фрикадельки. И еще морская капуста. Привет быку Руслану! Мама».*

«Мама! Если все будет в порядке, скоро поедем на Рессу. Собираем вещи по твоему списку. В Звенигороде у нас хорошо. Только Танька и бабушка все время обзываются, потому что мы смеемся за столом, как они говорят, без причины. А у нас есть причина, потому что бабушка говорит: «Робята, не трогайте кошек, робята!» Максим».

«Даша! У нас в деревне прекрасно! Маленький Мишутка помогает очищать территорию, сажает цветы, писает с веранды. В доме тепло. Ждем вас с приятелями, места хватит всем. Но торопитесь — сходят ягоды. Зато пошли грибы. Мама».

«Евгения! (Это моя сватья.) Мы все пропадаем в Москве от жары. И так рады, что вы с Михрюткой в Палатках! Максим написал два сценария, но денег пока не поступило. У Алеши Богомолова — тоже напряг. В итоге Леша с Ларисой похитили копилку у своей дочки Женечки и поделили награбленное между собой. И мы устроили пирушку. Мечтаем то же самое сделать, когда приедем, у нас под ракитой. Так что ждите! Ада».

«Расскажу про день прибытия. Ехали по пыльной дороге. Плохо чувствовали себя собака Мишка и кошка Ксюша. Когда приехали на Рессу, мама около оврага завизжала и слезла с машины. Через 15 минут машина вляпалась в грязь. Пришлось перетаскивать вещи до самой деревни. А деревня встретила нас солнечным днем и громадным количеством ягод. Мостик после дождей снесло, и теперь мы купаемся возле самого брода. Вода очень теплая! Максим».

Памятка детям:

Свет и воду отключи.
И возьми с собой ключи.
Чтобы нам не стало хуже,
Закрывайте дверь снаружи!
Всем нагрузкам вопреки,
Не забудь полить цветки!

Фольклор внука Миши.

— Скажи, баба, я тебе хороший помощник или мешатель?

— Ты почему, Миша, оставил портфель в школе?
— А чего его таскать взад-вперед?

— Это ж надо — уже полчаса передача, и никакого мордобоя!

— Что с тобой, Миша? Чихаешь, кашляешь...
— Что поделать — старею!

После кинофильма «Белое солнце пустыни»:
— Баба, как называется много жен, а один муж?
— Гарем.
— А если много мужчин и одна жена?

Подражая ведущему теленовостей:
— Здравствуйте! Вчера погибли семь человек от московской зимы. Один умер навсегда. Один убил другого. Другой убил одного. Так все и начали умирать один за другим. Все уже почти умерли, но один остался раненым. Оживить не удалось.

ЧТО НАМ НАДО ДЛЯ ПОСАДА?

Ну вот, кажется, побывала во всех, оставивших добрую память, местах. Впрочем, нет. Есть еще одно — дачный поселок нашего Радиокомитета недалеко от подмосковного города Павлов-Посад. Поставили десять лет назад там стандартный сборно-щитовой домик, который каждый год достраиваем помаленьку, посадили смородину, крыжовник, облепиху, разбили несколько грядок с «холзаком», как именует Максим укроп, лук и петрушку, украшающие любую холодную закуску. Свои насаждения мы уходом не балуем, но вот что любопытно: соседки, тщательно пропалывающие свои огороды и пробующие на них самые передовые приемы агротехники, завидуют нашим урожаям. Мы же объясняем это тем, что большую часть отведенных нам шести соток занимает березовая рощица, дающая прохладу в зной и сохраняющая тепло во время заморозков. Верность подобных наблюдений подтверждает и Юлия Георгиевна Талаева, которая дважды соседствует с нами: и по московскому дому, и по дачному поселку. Мы уважительно называем ее «профессором». И это действительно так: Юлия Георгиевна ведет серьезную научную работу и имеет степень доктора медицины. По гороскопу она Рыба, — знак, предполагающий отзывчивость и дружеское расположение к окружающим. Стоит кому-нибудь занемочь, как она немедленно приходит на помощь. Звонит друзьям, тоже известным специалистам, достает дефицитные лекарства, роется в своих справочниках. Но и находясь в добром здравии, я всегда обращаюсь к ней за советом и поддержкой.

О Боже мой, опять весна —
Я это чувствую, не глядя.
И где-то в Павловском Посаде
Голубизна и белизна.
Но скоро снег сойдет с полей,
И мы с тобой туда поедем,
И там на дружеской беседе
Нам станет чуть повеселей.
Ну, а пока на склоне дней
Я все печалюсь: доживу ли?
Пойду спрошу подругу Юлю:
Она профессор — ей видней...

Я заранее знаю, что она ответит:

— Хватит сидеть в Москве! Пора ехать! Машина на ходу.

И мы садимся в ее «жигуленок» и едем в Посад. Обычно вдвоем, потому что и Максим, и Эдуард Фазилович Муртазин, муж Юли, так и не стали, мягко говоря, патриотами дачных участков. Но иногда удается уговорить и их.

Из дневника. В этот раз мы поехали вчетвером: Юля, Эдик, я и моя сватья Женя, для которой эта поездка оказалась полной самых разнообразных и неожиданных впечатлений. Она уже была наслышана от меня, что Юля — это рафинированная интеллигентная женщина в ранге чуть ли не академика, а Эдик — маститый журналист-международник, и поэтому была тиха, как мышь. Зная, что вечером мы будем приглашены в их дом, она купила изысканный ликер и была немало удивлена, когда в придорожном магазинчике аристократка Юля, увидев банку плебейской кильки в томате, радостно воскликнула:

— Вот это настоящий закусон!

А Эдик всю дорогу хмуро молчал. Женя шепотом спросила меня, почему он такой неразговорчивый?

— Он серьезный человек, — попыталась объяснить я, — и ведет разговоры только на политические темы.

Вечером сели за стол. Когда вишневый ликер и другие соответствующие напитки были выпиты, Эдик, так и не сказавший ни слова, полез в холодильник и после недолгих поисков извлек запотевшую бутылку.

— Это минералка, — грустно сказала Юля.

И тут наш хозяин наконец-то открыл рот:

— А не жахнуть ли нам, девки, этой минералки?

Мы жахнули. Минералка оказалась чистым спиртом.

Если мы пробьемся, Эдик,
Обязательно весной
Мы опять в Посад приедем
И присядем под сосной.
Сядем днем. Под вечер тоже.
Будет все — питье, еда,
А взгрустнем, то нам поможет
«Минеральная вода»!

А грустится все чаще. И в Посад я теперь больше люблю приезжать не весной, а осенью, когда особенно остро чувствуешь, как неотвратимо быстро идет время. Облетает листва, табунятся отлетающие на юг птицы, холодом дышит недавно еще теплый пруд. Все ближе принимаешь к сердцу обиды, на которые раньше и не обратил бы внимания. Все острее беспокойство за близких. И круче кажутся ступеньки на крыльце Юлиного дома...

Стало холодно. Что делать...
А кому теперь тепло?
То, что было, снегом белым
Замело, заволокло.
То, что будет нам, как видим,
Знать пока что не дано.
И подобно Атлантиде
Опускаюсь я на дно.
Не права. И это знаю.
Хоть жива, да не живу.
Помоги ты мне, родная,
Продержаться на плаву...

Вот уже несколько лет, как нахожусь я в бессрочном отпуске. Но своего свободного времени нисколько не прибавилось. Как не убавилось и забот. Да, повзрослели дети, но подрастают у них уже свои. И только теперь в полной мере понимаю, как непреложное, строчку Константина Ваншенкина: «Будут внуки потом, все опять повторится сначала». Приходит весна, и они тоже все чаще спрашивают: «Бабушка, когда же в деревню?»

А польют осенние дожди, подступят холода — заскучают о Москве, И ничего с этим не поделаешь. Так было и так будет...

Будь нам за тридцать, будь нам за сорок,
Как было раньше, так и сейчас,
В сосновых селах нам снится город,
А дома сосны в окно стучат.

Из оранжевой папки.

Сижу на красном одеяле,
Чиню игрушку внуку Мише.
А за окном то снег повалит,
То дождик пролетит неслышно.

Темно и тихо. Лишь спросонья
Вздохнет семья моя большая.
А черный кот на красном фоне
Картину эту завершает.

Мои поющие друзья

ТАИНСТВЕННЫЙ ДАР

Прошло немало времени, прежде чем я вернулась к тому, с чего когда-то начинала в «Юности» — к передачам о бардовских песнях. Это случилось уже в конце восьмидесятых, когда сей жанр получил как бы амнистию на Гостелерадио и разрешение на выход в эфир. Возрожденный цикл назвали «Песня, гитара и я». Это придумали мои друзья и сослуживцы Леонид Сергеев и Виталий Ушканов, ставшие ведущими нового цикла. Но затем они оба отправились бороздить волны «Молодежного канала», и дефицит времени заставил их отказаться от этих передач. А жаль! Леня сам популярный бард, и я помню, как на Грушинке подпевала ему вся Гора. Виталий тоже не чужак в авторской песне, и журналистский дуэт их был прекрасен. А если учесть, что какое-то время я находилась в некотором отдалении от нашего песенного стана, то замена этих ведущих мною была явно неравноценной. Но мало-помалу стала и я различать голоса моих новых «поющих друзей». Это тоже чужое определение. Оно из песни алмаатинки Ольги Качановой. Помню, как еще в Саратове, на первом Всесоюзном фестивале, я приметила ее песню «Наши сыновья — не братья». Именно это обстоятельство помешало соединиться двум любящим. И вот здесь следует сказать об удивительной емкости песенного стиха — в каких-то двух десятках строк изложен сюжет, которого хватило бы на солидный роман. Ольга написала и о том, что было. И о том, что только еще случится. И с нею действительно произошло так, как это обозначено в песне. Можно снова удивляться таинственной провидческой силе подлинной поэзии. Как напишешь — так потом и свершится. Недавно, листая страницы воспоминаний Натальи Ильиной, нашла тому подтверждение. Анна Ахматова о разговоре с Мариной Цветаевой: «Помню, что она спросила меня, как я могла написать "Отними и ребенка, и друга, и таинственный песенный дар"? Разве я не знаю, что в стихах — все сбывается?».

Я тоже часто думаю о колдовской силе слова. И суеверный страх заставляет порой отложить начатое...

С Любой Захарченко я познакомилась еще когда она работала в Ростове-на-Дону помощником прокурора по делам несовершеннолетних. Все еще у нее тогда было впереди — и замужество, и рождение ребенка. Но вот ее песня про запущенный, поросший крапивой сад, в котором потерялся сын! Песня жуткая до отчаяния, которое может быть знакомо только матери. Это могла понять я, увешанная уже детьми, но как пронзительно почувствовала это страшное беспокойство совсем еще юная девушка?

Мои московские встречи с Вероникой Долиной можно пересчитать по пальцам. Зато мы нередко и с большой охотой беседуем с ней в других городах, где встречаемся на разных слетах и конкурсах бардовской песни. У Вероники четверо детей. И я знаю, сколько времени отнимают домашние хлопоты. Но если я не сумела как-то организовать себя и, можно сказать, махнула рукой на песнесложение, то Вероника — смогла. И я бесконечно уважаю ее за суровую требовательность к себе, уважаю и ее умение — уж не знаю, каким это чудом достигается, — не уставая, беспрерывно работать. Вообще для меня Вероника — прямо какой-то неопознанный летающий объект. Помню, что и в ее первых песнях все летало — и дома, и она сама, и тот, кто напротив — «то ли кошка, то ли птица». И наконец: «Женщина, летающая трудно». Эту дивную песню я особенно люблю, потому что мне кажется всякий раз, что это мои крылья «намокли и отяжелели». «И все мои былые раны живут под именем стихов» написала как-то Вероника. И я недоумеваю, почему это придумала не я?

Ну вот, собиралась рассказать о поющих друзьях, а пока все — о поющих подругах. Ну что ж, им и живется сложнее, и пишется труднее. По себе знаю: заплакал ребенок — и уже не пишешь, хлопнул дверью любимый — и уже не дышишь... И все-таки впереди — полет!

Да будет старт и в первый раз, и в сотый —
Крутой полет над крышами жилья.
И на орбиту, близкую к расчетной,
Уже выходят все мои друзья.

Марина Попович, заслуженный летчик-испытатель. *Вот вы спросили, как я отношусь к авторской песне? В моем понимании барды — это те люди, которые могут задевать самые потаенные сердечные струны, и, слушая их песни, расчувствуется самый черствый человек. Ведь эти песни звучат на одной волне, от сердца к сердцу. Ты настраиваешь на эту волну то, что хочешь доверить другому, и он принимает твой сигнал. А потом, детонируя, передает третьему. И вот уже ретранслируется эта песня всем, кто вокруг.*

Особенно заметно такое в определенных местах и ситуациях. Я очень люблю горные лыжи и, хотя катаюсь неважнецки, не упускаю случая побродить по крутым заснеженным склонам. На горных базах компании складываются быстро. Душой одной из них был опытный восходитель и превосходный гитарист Олег Соколов. Он знал много песен Высоцкого и знаменитого Визбора, с которым провел смену в одном альплагере. И вот представляете, черное ночное небо, белые вершины, а мы сидим у огня и поем про Домбай. И острее понимаешь, что зовет нас подниматься за облака, уезжать на край света, почему так важно ощутить значимость самого себя и дела, которое ты выполняешь.

Вот вам и ответ. К бардам я отношусь с любовью и уважением.

Ничего удивительного, что бардовские песни кому-то нравятся, кому-то нет. У них своя слушательская аудитория, свой, как нынче говорят, электорат. И пока он был сравнительно неширок, постоянно работающие (и неплохо на этом зарабатывающие) авторы эстрадных песен относились к нам, как профессионалы к любителям, — если и не пренебрежительно, то явно свысока, в лучшем случае со снисходительной усмешкой. Но стали много воинственнее, когда барды время от времени начали вторгаться на их территорию, появляясь на концертных площадках. Посыпались обвинения в безвкусице, саморекламе, появились ядовитые, иронически-нравоучительные рецензии.

Приведу одну из них, опубликованную в августе 1966 года в журнале «Музыкальная жизнь».

«Вот и барды выходят на большую сцену. Они выступают вместе с известными мастерами эстрады, хотя их выступление интересно больше с познавательной точки зрения, чем с художественной. Упрекнуть их можно в минорном настроении большинства песен. Как будто сочиняли их усталые, пожившие люди, а не наши современные девушки и парни...

На сцену выходит молодая хрупкая женщина с гитарой. У нее несценичная внешность, несценичные манеры. Она подходит к микрофону и унылым голосом поет унылую мелодию с умными и красивыми словами. Потом поет еще песню. Слова другие, но мелодия лишь чуть видоизмененная. Откровенно говоря, она просто мешает слушать слова. А вслед за женщиной выходит широкоплечий блондин, тоже с гитарой. И он тоже поет унылым голосом унылую мелодию, которую он, вероятно, одолжил у предыдущей исполнительницы. Удивительное сходство!

Хрупкая женщина и широкоплечий блондин — двое из многочисленного племени московских бардов — Ада Якушева и Юрий Визбор».

Я утешилась тем, что хотя бы слова у меня «умные и красивые».

Подобные отзывы настроение не поднимали. И все же бог с ними, критиками-музыковедами. Хуже другое: бардами стали интересоваться «искусствоведы в штатском». Вот что писал мне из Ленинграда поехавший туда в командировку Визбор:

«Здесь дела тоже из рук вон. Кукин бросил работу, и его хотят привлечь за тунеядство. Ему, Высоцкому и Клячкину запретили выступать, как «социально-вредным элементам». «Смена», местная газета, опубликовала против них разгромную статью. Все обалдели, не знают, что и делать. Клячкин оборвался, похудел, смотрит безумным глазом. Городницкий тоже бледен, но у него хоть есть дело — защищает диссертацию...»

По всему складывалось, что сочинение песен — дело не только пустячное, но и опасное. Без лишнего шума и всяких объяснений прикрыли передачу «Барды и менестрели», исчезли публикации на эту тему в молодежных газетах. Рукописные песенники причислили к самиздатским изданиям и взяли под неусыпный контроль соответствующие специалисты из КГБ. Бардовская песня не то чтобы приказала долго жить, но стала уходить в подполье — на те самые кухни и к туристским кострам.

Александр Журбин, композитор. *Я сейчас живу в Америке, но стараюсь следить за всем, что происходит в России. В том числе и за авторской песней, потому что я любитель этой песни,* *причем с очень большим стажем. Вся моя молодость, как, впрочем, и многих других моих сверстников, прошла под знаком песен Окуджавы, Высоцкого, Кима, Визбора, Якушевой. Я их храню в памяти и на старых магнитофонных бобинах. Сейчас с этой песней происходит много интересного. Она наконец-то вырвалась на открытую трибуну, появились новые имена, новые голоса. И эта новизна открыла не только что-то свежее и яркое, но и немало слабого, вторичного, художественно несовершенного. Такая ситуация вполне нормальна. Главное: сохранить родовые особенности жанра — задушевность и демократичность.*

ПЕСНИ ИДУТ ПО СВЕТУ

Долгое время ВААП — учреждение по защите авторских прав — не имело к бардам никакого отношения. И мы тоже обходили его стороной, потому что получали официальный статус лишь «залитованные» песни, прошедшие все рогатки цензуры и всевозможных художественных советов. А наши как бы считались беспаспортными, потому что и в голову не приходило выправить им какие-то метрики. И получалось порой, что песня у всех на слуху, а спроси, кто автор, пожмут плечами. А то приплетут какую-нибудь занятную легенду. Так, например, произошло с одной из песен Алика Городницкого. Однажды, приехав в Магадан, услышал он «Все перекаты да перекаты», поинтересовался у исполнителей, знают ли они, кто ее написал? И тотчас же получил ответ: как не знать, это был знакомый им человек, работал в здешних местах, да жаль, что уже умер. Можем и могилку его показать.

А в бамовском поселке Постышево Максима Кусургашева уверяли, что песня с рефреном «как здорово, что все мы здесь сегодня собрались» принадлежит одному лесорубу (даже фамилию называли), который прокладывал здесь с бригадой первую просеку. Я чуть не дала эту историю в эфир, но, спасибо, вовремя узнала, что подлинный ее автор — мало тогда известный Олег Митяев.

Ручаюсь, что и сейчас далеко не каждый знает, кто сложил песню «Люди идут по свету», хотя наверняка часто ее слышали, а может быть, и сами не раз подпевали. Геолог Роза Ченборисова, а именно о ней пойдет речь, человек необычайной скромности, избегающая всякого рода тусовок — песенных вечеров, туристских слетов, — большую часть времени проводит до сих пор «в поле», как называют геологи маршруты своих экспедиций. И это просто дело случая, что нам повезло с ней встретиться.

Роза Ченборисова. Эта песня сложилась в 1963 году. Мы учились в Московском геологоразведочном институте и, естественно (профессия обязывает!), очень любили странствовать. И вот мы с моим другом Игорем Сидоровым неожиданно сочинили эту песню. Просто кто-то сказал — люди идут по свету, — и мы подумали: какая хорошая строчка для начала стихотворения! Как говорится, запала в душу. И Игорь сразу же сел и очень быстро подобрал мелодию. А я попыталась напеть слова. Это было на Северном Урале. И там мы показали ее ребятам. Им понравилось. И поэтому, вернувшись в Москву, мы рискнули выступить с этой песней на городском конкурсе студенческих песен. Правда, победителем вышел Визбор. Но зато зал песню принял, и мы трижды исполняли ее «на бис». А кто-то из жюри утешил: «Вот увидите, этой песне суждена долгая жизнь!» И ведь как в воду смотрел! Песня живет до сих пор, и ее часто можно услышать. Особенно приятно, когда такое случается где-нибудь далеко от Москвы, во время экспедиций. Приходилось даже с некоторыми «авторами» моей песни встречаться, — меня знакомили с ними. Но меня это не огорчало совершенно. Наоборот, было приятно, что кому-то хотелось тоже считаться ее создателем. Очень интересной была встреча в Вилюйске. Полгода мы колесили по Якутии, и пришло время возвращаться домой. Но разнепогодилось, и нам досталось несколько дней сидеть в крохотном домике местного аэропорта на берегу Вилюя. Наконец прилетел какой-то борт из Тикси. Но надежды выбраться все равно никакой: там собралось немало народу, и каждый норовил побыстрее улететь на Большую землю. И пока самолетик заправлялся, пилоты сели в уголке и запели эту песню. И тут мои ребята говорят им: «А вы знаете, что автор песни здесь, в Вилюе?» С пилотами были геологи, тоже, оказалось, выпускники МГРИ. Они только махнули рукой:

— Хватит трепаться! Это песня Розы Ченборисовой!

— Правильно, вон она сидит!

А.Я. И взяли в самолет?

Р.Ч. Взяли! Нас трое было. Потеснились, и мы успели к Новому году в Москву.

А.Я. Роза, а чем вы сейчас занимаетесь?

Р.Л. Как чем? По-прежнему работаю в НПО нефтегеофизиков, в комплексной экспедиции. Я заядлый полевик. Изъездила, наверное, всю страну. Восемь месяцев в году нахожусь в поле, четыре — в Москве: два — зимой, два — летом. Потому что наша техника плохо работает при большой жаре и при сильных морозах, и в это время мы занимаемся обработкой материалов. Многие мои коллеги осели, как говорится, дома, а я никак не могу остановиться. С Игорем Сидоровым мы написали еще несколько песен, и все они о походных друзьях, о кострах и дорогах. Вот например, одна из последних имеет такую историю. Мой день рождения — в феврале, как раз накануне очередного выезда в поле. Справлю — и уезжаю. А вслед летят поздравления. И вот Игорь прислал мне в подарок стихотворение. «Тост» называется. И ребята из экспедиции попросили напеть. Взяла я гитару и под свои семь аккордов, которые успела выучить, напела:

8 – 4188

Пью за братство людей, чье призванье — дорога,
Чей талант — находить красоту на земле.
И не надо считать — мало нас или много,
И не надо делить — кто пешком, кто в седле.

Если кто-то бедой или тяжкой болезнью
Сбит в пути или в жизни неожиданно слег,
Мы придем, долетим, доползем и долезем,
Каждый сделает все, что он мог и не мог.

И судьбе никогда не отнять нас у счастья,
Если море вздыхает и ветер поет.
Если горы стоят, значит, нет такой власти,
Чтоб смогла отменить высоту и полет.

ДВОРЫ НАШЕГО ДЕТСТВА

Одной из самых последних и, наверное, самых известных песен Юрия Визбора стала «Волейбол на Сретенке», как бы продолжение его песни «Сретенский двор». А какие дворы детства были у других моих сверстников, как аукнулись они потом в их стихах и песнях? Вот ответы, прозвучавшие в одной из радиопередач «Песня, гитара и я».

Юрий Кукин. До войны наша семья жила в Петергофе. Это небольшой город-музей на берегу Финского залива. Он очень красив и словно наполнен воздухом былых времен. Я любил бродить по аллеям старинных парков и думал, что когда вырасту, отправлюсь в далекое плавание, и непременно на парусной каравелле! Но пришла война, нас эвакуировали на восток. А вернулись уже в совершенно разрушенный город.

На соседней улице среди развалин я обнаружил груду книг. Раньше на этом месте находилась библиотека. Я стал перебирать то, что уцелело, и нашел сборник стихов Киплинга. Мне было двенадцать лет, а в таком возрасте такой писатель воспринимается очень здорово. Весь сборник я перечитал от корки до корки и многое даже выучил наизусть. Вполне вероятно, что стихи английского романтика каким-то образом тоже повлияли потом на выбор жизненного пути. Я пошел учиться в институт физкультуры на тренера по фигурному катанию — не правда ли, нестандартная профессия? Но, как говорили мои коллеги-фигуристы: «Хочешь жить — умей вертеться. И не только на льду». Чтобы как-то подработать, а заодно и белый свет повидать, поехал коллектором в геологическую экспедицию. И подработал, и повидал. Причем такие места, в которых охотно побывал бы и Киплинг. Мне понравился экспедиционный быт и люди, которые меня там окружали. Геологи — люди умные и настроенные на философскую волну. Они пели Новеллу Матвееву, Галича, Окуджаву. Попробовал сочинять и я. Придумал песню «За туманом». И потом уже не мог остановиться. Все езжу и пишу. И неизвестно, когда это кончится...

Александр Городницкий. Мне трудно об этом говорить, но детство мое начинается с войны, с угла Восьмой линии Васильевского острова и Среднего проспекта. С первого дома, разрушенного бомбой, с крест-накрест заклеенных полосками окон, с воя сирен, с аэростатов воздушного заграждения, которые нам очень нравились, потому что походили на большие серебряные фантики. Я тогда не понимал всего ужаса происходившего, а понял, как, наверное, и многие другие мои сверстники, только после войны. Мы не очень типичное поколение, и у нашего детства совсем иной отсчет. И звучание песен для меня уже на всю жизнь связано не с танцевальными ритмами, на которые не могут быть положены настоящие стихи, а скорее с усталым шагом марширующих по Ленинграду солдат, с тревожным ожиданием артналета, с залпами зениток. Когда поют о том, что все хорошо, — это замечательно, но я не очень воспринимаю это. Потому что мы жили другим, и первые стихи, которые я написал семиклассником (а это были уже послевоенные годы), были опять о войне, когда наше дворовое мальчишеское братство определялось вопросом: трус ты или храбрый. К сожалению, сейчас это, по-моему, исчезло. Поэтому мне так близки песня Высоцкого «Час зачатья я помню неточно» и замечательная песня Юрия Визбора «Волейбол на Сретенке». В тех дворах были свои категории порядочности и этики.

Дворы-колодцы детства моего,
Я вижу их из года в год все ближе.
На них ложился отблеск солнца рыжий,
Над ними выли голоса тревог.

Слетал в них сверху нежный пух зимы,
Осколки били проходящим градом.
Здесь жили кошки, голуби и мы —
Болезненные дети Ленинграда.

Нас век делил на мертвых и живых.
В сугробах у ворот лежала Мойка,
И не было отходов пищевых
В углу двора, где быть должна помойка.
....
Дворы-колодцы, давнее жилье,
Мне в вас теперь до старости глядеться,
Чтобы увидеть собственное детство —
Былое отражение свое.

Как-то вечером, входя в парадное дома, я встретил совершенно незнакомую пожилую женщину, которая подошла ко мне, обняла и сказала: «С праздником!» Я тогда не понял — с каким. А была годовщина снятия блокады. А я забыл!

Мне этот праздник всех дороже годовщин —
Поминки всех моих родных, и женщин, и мужчин!
Там еле тянет, как больной, коптилки фитилек,
И репродуктор жестяной отсчитывает срок.
Я становлюсь, как в давний год,
К дневному шуму глух,
Когда из булочной плывет.
Парного хлеба дух.
Сказать не смею ничего
Про эти времена...
Нет мира детства моего.
Тогда была война.

Александр Дольский. Мое детство прошло в Свердловске. Мы жили в рабочем районе. Кругом были одни бараки. И понятно, что это были за ребята, мои сверстники, которые сами себя называли «оторвами». В это отчаянное дворовое братство надо было вписаться. Почти круглые сутки пропадал я на улице, потому что мама, по профессии балерина, работала в театре и возвращалась домой после спектаклей далеко за полночь. В дневнике у меня светились в основном «неуды». Зато я был бы, наверное, круглым отличником, если бы ставили оценки за такие популярные тогда уличные игры, как «чижик» или «казаки-разбойники». Драки тоже были нередки, когда выходил двор на двор и доходило дело порой до крови. И все-таки это была настоящая мужская жизнь со своим справедливым кодексом поведения, которая воспитывала самостоятельность.

А потом пришла пора увлечения театром. Я стал ходить днем к маме на репетиции, а вечером на спектакли. Меня там уже все знали, и я чувствовал себя как дома: посижу на бельэтаже, прогуляюсь за кулисы... И скоро весь репертуар я вызубрил наизусть. Потянуло к музыке. Но о пианино приходилось только мечтать. Во-первых, это был слишком дорогой для нашей семьи инструмент, а во-вторых, в нашей тесноте его и поставить было некуда. Значит, гитара. И с третьего класса я начал учиться играть на семиструнке. Но как-то взял в руки шестиструнку, и меня просто поразили ее возможности. Первое, что я разучил, — вариации на темы русских народных песен. Затем приступил к классике. А попутно и сам стал что-то сочинять. Рискнул переложить на музыку стихи Есенина:

Какая ночь! Я не могу.
Не спится мне, такая лунность,
Как будто вновь я берегу
Души утраченную юность...

Вот сейчас анализирую и могу сказать: все было в стиле! А в шестнадцать написал песню, которую и сейчас можно услышать в пионерских лагерях: «Плакала девчонка, слезы не унять». Вот с этого и началось мое творчество.

Юлий Ким. В восемьдесят пятом я сочинил такие слова:

Вот уж год, как нету Юры...
Тише звук... у́же круг...
Наши считанные струны
Обеднели на семь штук.

Что он пел да кем являлся,
Бог небось определил.
Я все помню, как смеялся
Да как шуточки шутил.

Юра, Юра... так недавно...
Так давно!.. А что ты пел?
«Волейбольная команда» —
Вот что, главное, успел.

Наше звонкое начало,
Наш растерянный разброд —
Все в ней разом прозвучало.
Много песня обещала,
А пришлась — на твой уход...

У Визбора был двор детства на московской Сретенке. А у меня было два таких двора. Один в Малоярославце, где разрешено было поселиться моей матери после казахстанской ссылки, а затем, когда и там ее отовсюду поувольняли и жить стало совсем невмоготу, мы перебрались в далекий туркменский городок Ташауз. И если бы я вздумал сочинять про дворы детства, прежде всего вспомнил бы о своих туркменских товарищах. Это было настоящее братство. И через двадцать пять лет после окончания школы мы решили собраться в Ташаузе. А предшествовал этому такой забавный случай. Я послал директору школы письмо: вот, дескать, выпускники хотели бы встретиться, не могли бы вы поспособствовать? И получаю ответ: «Здравствуй, Юлька!» Ну, откуда мне было знать, что Галка Матвеева, девчонка, с которой я учился в одном классе в школе номер один, стала ее директором! Мы повидались, оглядели наши стройные ряды, посмотрели, кто кем стал, вспомнили, кто кем был, поразились некоторому своеобразию судеб и перемен. А самое потрясающее, что через двадцать пять лет на моих глазах происходило довыяснение многих отношений. По-моему, они и до сих пор далеко не выяснены...

А.Я. Ну, а потом, я знаю, были у тебя камчатские дворы. Дворы детства уже твоих учеников.

Ю.К. Я прожил на Камчатке всего три года. Но поражаюсь, сколько осталось впечатлений. Особенно яркое было время, когда директрисой нашей школы была Наталья Осиповна Лахонина. При ней особенно развернулась, если можно так сказать, культурная самодеятельность. Наш поселок стоит на тысячу километров севернее Петропавловска. Стоит на косе. Продувается с трех сторон ветрами. Поселок рыбокомбинатский, и жителей в нем от мала до велика тысячи две. И почти все учились. Утром — дети, вечером — родители. В вечерней школе. Жизнь в нем — от навигации до навигации. И на полгода напрочь отрезается от материка. Связь только самолетом. Так что варились в собственном соку. Но это можно проделывать при помощи спиртного. А если без него? Мы выбрали второй вариант. Сочиняли какие-то композиции на местные темы и в защиту мира. У нас был кукольный театр, для которого я написал первую свою пьесу в стихах «По щучьему велению». И там я практически впервые занялся туризмом, хотя до этого многие считали меня опытным землепроходцем. Я водил ребят в походы. Однажды налетели на медведя, но чуточку пострадал только физрук. И там я сочинил пару туристских песен уже из собственного опыта — с рюкзаком на спине, с двухстволкой наперевес! Это была моя «болдинская Камчатка». Так много и хорошо там сочинялось!

Татьяна Никитина. Я выросла и окончила школу в Душанбе. А это певучий город. И в нашем доме тоже любили песни. Только не те, что постоянно звучали по радио, а те, которые привозили из Москвы наши знакомые. Некоторые из них я узнала, когда к нам приехал Булат Окуджава. На каждом его выступлении зал был полон. Наконец-то зазвучал человеческий голос! Мама и ее приятельницы сидели, слушали и плакали.

В то время вообще настроение было у всех такое приподнятое! Только что прошел двадцатый съезд партии, и все были полны надежд на перемены к лучшему. Я это видела и по родителям, и по людям, которые приходили к нам.

И вот на этой волне ожиданий я приехала в Москву, где поступила на физфак МГУ. Какое это было счастливое и веселое время! Проводились спартакиады, всевозможные конкурсы, туристские походы. Я не пропускала ни одного вечера самодеятельной песни и могла уже по голосу узнавать своих любимцев — Визбора, Городницкого, тебя, Ада. Мы эти песни впитывали в себя, как губка. Они формировали нас духовно и пусть не впрямую, но вели разговор о том, что нас волновало. И у нас в МГУ тоже подобрался круг друзей-единомышленников. Это — Ляля Розанова, Сергей Никитин, Митя Сухарев (замечу, он тоже со среднеазиатской родословной)...

А.Я. Который, наверное, специально для вас с Сергеем и написал стихи о Бричмулле?

Т.Н. А ты спроси об этом у него самого.

Дмитрий Сухарев. Про меня можно сказать, что я туркестанских кровей, потому что и родители мои урожденные в Узбекистане, и сам я родился в Ташкенте. Потом мы переехали в Москву, но во время войны эвакуировались снова в Узбекистан, когда отец ушел на фронт.

А.Я. И признайся, тянет туда?

Д.С. И не только меня. Даже дети, которые там никогда не жили, ощущают себя частью туркестанского русского этноса. Удивляюсь, как много заимствовано нами от коренного среднеазиатского населения и в привычках, и в пристрастиях. Отец прекрасно пел узбекские песни, мать отлично готовила национальные блюда. Кстати, по ее линии пять поколений моих предков жили в тех местах.

А.Я. Так что сказываются гены? Ты ведь прочно связан с этой наукой?

Д.С. Да, окончив школу, я поступил на биофак МГУ. Это было осенью сорок восьмого года: довольно суровое для генетики время. Накануне, в августе, прошла печально знаменитая сессия ВАСХНИЛ, после которой биофак подвергся настоящему разгрому. В моей группе на первом курсе было девять человек, а на втором осталось четыре. У нас учились четыре девчонки, которые дружили с парнями из геологоразведочного института. И по воскресеньям они ездили в Опалиху на любимую лесную полянку, где устраивали пикники. Они на этой полянке даже оставляли закопанными до следующего раза кружки и ложки. И вот, пронюхав про это, гэбэшники обвинили их в том, что они готовили на этом месте посадочную площадку для американских десантных самолетов. Это сейчас можно посчитать подобное дикостью, но тогда парни попали в лагеря. С девчонками поступили мягче: исключили из института и комсомола. Но тогда и это значило сломать человеку жизнь.

А деканом биофака был лысенковский подручный Исай Презент, устроитель многих страшных гонений и разборок. В результате многих профессоров выгнали, некоторые даже покончили с собой. Курс наук вели тогда в основном ассистенты, до которых, слава Богу, не дошли тогда лапы Презента. Они, правда, с оглядкой, но честно объясняли нам суть дела, и благодаря им мы получили все-таки неплохое университетское образование. Помню, на биофаковской станции работал в то время Асауров, ставший потом знаменитостью — академиком. Он вел там исследования по генетике, и его все прикрывали. Он уводил нас куда-нибудь подальше, на берег реки, и там вел с нами занятия. В общем, все было так, как описал это впоследствии в своем романе «Белые одежды» Владимир Дудинцев, который не раз приезжал тогда к нам на биостанцию к Асаурову.

А.Я. Но все это, как известно, не помешало вам сочинять веселые песни и поставить вместе с Лялей Розановой и Геном Шангиным спектакль «Комарики».

Д.С. Да, не помешало. Потому что все мы были молодыми, и энергия била через край. Моя мама долгие годы проработала актрисой в Театре имени Маяковского, который тогда именовался Театром Революции и тоже был эвакуирован в Ташкент, и я проводил немало времени за кулисами и знал почти наизусть все пьесы из тогдашнего репертуара. С Сергеем Никитиным, который был тогда студентом физфака, мы по мотивам стихотворений Маршака сочинили пьесу «Кошкин дом», и она была поставлена в театральной студии МГУ Петром Фоменко. Но тогда (тоже трудно сейчас поверить) партком университета пьесу посчитал крамольной и не пропустил на сцену. Затем с Никитиным и Берковским мы написали кучу песен к спектаклю «Мэри Поппинс», а потом началось содружество с Геном Шангиным-Березовским. И только после этого, когда я уже учился в аспирантуре, принялся за сочинение стихов в чистом виде.

А.Я. У тебя, наверное, и здесь были какие-то пристрастия?

Д.С. Я считаю главным своим учителем Бориса Слуцкого. Более того, на мой взгляд, Слуцкий один из самых крупных поэтов XX века. Это мнение разделяют и мои друзья Татьяна Бек, Владимир Корнилов, Владимир Леонович. Напомню, что своим учителем, единственным из послевоенного поколения, назвал Слуцкого и Иосиф Бродский.

К поэту С питаю интерес,
Особый вид влюбленности питаю.
Я сознаю, каков реальный вес
У книжицы, которую листаю.
Она тонка, но тяжела, как тол.
Я семь томов отдам за эти строки.
Я знаю, у кого мне брать уроки,
Кого мне брать за свой рабочий стол...

А.Я. Мне очень нравится твое стихотворение «Листопад». Кстати, откуда у тебя, человека туркестанских кровей, такое нежное внимание к русской природе?

Д.С. Больше десяти лет я проводил отпуск в одной из глухих деревенек в Тверской области. Она расположена в очень красивом месте между двух живописных озер. Добраться туда от железной дороги можно только пешком. Забыта эта деревня и Богом, и людьми. Там теперь старушки живут. И домик мой тоже совсем развалился. Единственный энтузиаст в нашей семье остался — моя дочь Анна, которая по-прежнему каждый год ездит туда, огород сажает, что-то подправляет. Так что, может, соберусь с силами, наведаюсь еще туда.

Григорий Гладков. Я и по корням, и по натуре — деревенский человек. В деревне я набираюсь сил, отдыхаю от городской суеты. Природа для меня — извини за высокий стиль — храм. А в храме и думается, и поется совсем по-другому. Вероятно, это у меня от матери. Она работала воспитателем в детском саду и обладала педагогической жилкой, стремилась чему-то научить, что-то объяснить, на что-то обратить внимание. Именно она и заронила во мне чувство сопричастности с природой. Мне даже стало казаться, что я начинаю понимать, о чем шумят деревья, шелестит трава, перекликаются птицы. Поэтому, наверное, я так люблю читать стихи о всяком зверье, писать песни о пластилиновых воронах, бродячих собаках, задумчивых коровах.

Мне сейчас приходится жить в больших городах — сначала в Питере, потом в Москве. Но мыслями всегда возвращаюсь в годы детства, к родным местам, к своим землякам-селянам. Как многому научили они меня! Поэтому я так люблю рукодельничать в своем деревенском доме под Брянском, где столько привычных, милых и сердцу, и рукам хлопот: принести из колодца воды, нарубить дров, проконопатить мхом стенку. Поэтому мы о Эдуардом Успенским и написали песню «Возвращайтесь домой, мужики!» И была у меня идея провести несколько фестивалей кантри-музыки. Своим фольклорным духом привлек меня и радиоспектакль «Следствие ведут колобки», к которому я написал цикл песен. А потом в моем творчестве был этап, который я сам назвал «дурацким». А получилось так потому, что как-то мама вспомнила, как в детстве я приходил к ней в детский сад проводить музыкальные занятия, подыгрывал ей на гармошке и очень любил песню про Иванушку-дурака. И вот стал сам сочинять про таких, как он.

Но наш-то дурак не какой-то недотепа со съехавшей крышей, а сметливый и оборотистый, подлинный герой русских сказок.

Сейчас меня часто приглашают для участия в телевизионной передаче «В нашу гавань заходили корабли». Это тоже фольклор, песни, на чей-то взгляд примитивные, с блатнинкой, с душещипательными сюжетами, иной раз звучащие как пародии. Они слагались не для эстрады, не для салонов, а для подворотен, дворовых пирушек. И тут я невольно вспоминаю свое бардовское прошлое: ленинградский молодежный клуб «Суббота», с которым я немало поколесил по стране, туристские слеты с песнями у костра. Какая это замечательная аудитория! И песни там принимают только те, которые как бы продолжают разговор о чем-то близком и понятном для собравшихся в этот костровой круг.

А.Я. Гриша, вот ты сказал, что для тебя барды — это прошлое...

Г.Г. Нет, барды — это пожизненно! Правда, некоторые функционеры КСП слишком уж блюдут какие-то каноны, ограждая, по их мнению, чистоту жанра. И если услышат твою песню в ином, не гитарном сопровождении, считают тебя каким-то перебежчиком в чужой лагерь. А я по природе своей — экспериментатор. У меня есть песни, записанные с диксилендом, со струнным квартетом, я даже (чур меня!) пробую использовать компьютер. Я согласен, Ада, что сложился уже определенный стереотип бардовского жанра. Но авторская песня не может стоять на месте. Без поисков, без развития она рискует стать музейным экспонатом.

Мария Пахоменко, заслуженная артистка РФ. *Признаюсь, к бардовской песне я сначала относилась с опаской. У бардов необычная интонация, своеобразная душевная аранжировка. Здесь легко сорваться, взять неверную ноту. Их песни поются не столько голосом, сколько сердцем.*

Однажды нам с Александром Колкером довелось принять участие в поездке творческой бригады радиостанции «Юность» на Крайний Север. И я убедилась, что эта песня предназначена не для многолюдных концертных залов. У нее свой, возможно, и не очень широкий круг слушателей, точнее сказать, собеседников, с которыми можно поговорить о чем-то очень личном и сокровенном, адресовать то, что доверяешь самым близким друзьям. И такой слушатель дорогого стоит.

ИЗ КАКОГО СОРА РАСТУТ

Когда в программке одного из песенных конкурсов я прочитала «“Мусорка”, автор Борис Гордон», то поинтересовалась у него, не имел ли он в виду эту ахматовскую метафору?

Борис Гордон. Какая там метафора — реальная жизнь! «Мусорка» — так у нас в Чебоксарах именуют пассажирский поезд — дьявольское изобретение ловкачей из управления железной дороги. В летнее время отпусков, когда наступает цейтнот с билетами, этот поезд пускают по маршруту длительностью в один ночной перегон. Состав формируют сплошь из общих вагонов, останавливается он у каждого придорожного столба и подбирает, как мусор, горемык-пассажиров. Измученные ожиданием и давкой, прыгают они в этот поезд, лишь бы добраться! И сколько же нервотрепки стоит это! Я тогда работал врачом “скорой помощи”, и мне часто приходилось выезжать на вокзал, где сваливаются люди с сердечными приступами, нервными срывами, а именно это стало сегодня причиной высокой смертности. И этот «мусоровоз» позволил задуматься о том, как часто холодное равнодушие, чиновничья тупость мотают людям нервы и укорачивают жизнь.

...Есть такие старинные провинциальные городки, где, кажется, сам воздух пропитан историей. Боровск, ровесник

Москвы, из их числа. Ходишь по его улицам и словно листаешь страницы летописей. Вот вросшие в землю стены древних монастырей, которые, по преданию, расписывал еще Дионисий, рядом место, где была вырыта яма, в которую заточили опальную староверку — боярыню Морозову. Сохранились и белокаменные купеческие ряды, принимавшие когда-то торговых гостей из Киева и Великого Новгорода, и здание гимназии, в которой боровским недорослям преподавал точные науки молодой учитель Константин Эдуардович Циолковский.

Пришло как-то из этого города, раскинувшегося на берегах Протвы, письмо от местных школьников, адресованное передаче «Здравствуй, товарищ!». Они писали, что живет в Боровске замечательный человек — молодая художница Людмила Киселева, которая стала для них «примером стойкости и мужества», и приглашали приехать, чтобы встретиться с ней. Я приехала и убедилась, что у ребят были все основания написать так об этой девушке. Судьба Люды Киселевой действительно сложилась на редкость драматично. Инвалид с детства, она обречена была провести годы прикованной к больничной постели. Другие, очутившись в подобном положении, наверняка бы пали духом. И я уже приготовилась к нелегкому жалостливому разговору. А Люда, свернувшаяся калачиком в широком кресле, прочитав полученное мной письмо, смущенно улыбнулась: «Вот нашли героиню! Надоело бездельничать, стала рисовать понемножку. Кажется, что-то получается. Вышел недавно в Москве альбом. Хотите посмотреть?»

Не смею утверждать, что я хорошо разбираюсь в живописи. Не скажу, насколько верно выбран ракурс и точны линии в ее черно-белой графике. Но в каждом рисунке Люды ощущаешь какое-то внутреннее тепло, они словно светятся. Казалось бы, привычные, ничем особенно не интересные вещи: дождь за окном, веточка вербы в вазе, женский силуэт в проеме дверей. Но за всем этим какая-то маленькая тайна, невидимый поэтический штрих. Впрочем, об этом надо не читать. Это надо видеть. Приезжавшая в Боровск сестра Марины Цветаевой Анастасия Ивановна видела. И в превосходной степени отозвалась о способностях молодой художницы.

А потом мы пили чай с земляничным вареньем. А Люда рассказывала о своем славном городе, о подростковом клубе, который они организовали с мужем Николаем Миловым и учат там ребят тому, что умеют сами. На несколько вечеров комната Люды становится художественной студией, где ребята пишут этюды, рисуют натюрморты. А Николай ведет кружок любителей гитары, проводит вечера поэзии, где часто выступает со своими песнями. Как-никак, он лауреат областного конкурса бардов.

Сейчас участники юношеского клуба задумали снять видеофильм о Боровске. Уже выбраны объекты для съемок, Николай написал заставочную песню, а Людмила — сценарный план.

— Так что придется приехать вам еще раз, — прощаясь, сказала Люда. — Ждем вас на премьеру!

Владимир Дашкевич, композитор. *Я бы предложил свою расшифровку уже устоявшейся аббревиатуры КСП. Точнее, серединной ее буквы «С». Клубы песни, но никак не самодеятельной, потому что термин этот размытый и некоторым образом уничижительный, как бы заранее предполагающий не очень высокое качество представленной продукции. Я бы назвал эту песню «свободной» или «самобытной». Свободной от штампов и фальшивого панибратства, поднимающей острые вопросы, волнующие сейчас многих. И по возможности дающей ответы на них, пусть не в лоб, а через образы, но непременно продиктованные высокой гражданской позицией. Примером тому песни Окуджавы, Высоцкого и Юлия Кима, с которым я сотрудничаю уже много лет.*

А самобытность — это постоянный поиск новых форм, свежих интонаций. Эта песня не должна быть связана традиционной куплетностью, которая буквально сковала эстрадную песню. Посмотрите, вернее, послушайте, какое здесь таится богатство форм: и баллада, и сказ, и диалог, и все это со сменой и ритма, и размеров. В равной степени это относится и к мелодике, и к слову. Здесь барды дают сто очков вперед профессиональным сочинителям. Не отсюда ли несомненно высокий уровень вкуса у поклонников именно бардовской песни?

А ОЛЕНИ – ЛУЧШЕ!

Для приезжих тундра полна экзотики. А для Юрия Алотова — все здесь привычно и знакомо. Коряк по национальности, он родился и вырос в отдаленном поселке Боямполка, что означает «Река усопших». Кругом на сотни километров безлесая, заваленная снегами равнина. То самое «белое безмолвие». И когда Юрий однажды принес к нам в редакцию записанные на стареньком бытовом магнитофоне свои песни, мы словно услышали в них ритмы скользящих по насту собачьих упряжек, вздохи налетевшей с берегов океана пурги, скрип широких охотничьих лыж.

Юрий Алотов. Наш род из «оленьих людей». Так что понятно, что основное наше занятие — оленеводство. Кочуем по бескрайней тундре за стадами долгие месяцы, и о чем только не передумаешь за время этих странствий. С кем поговорить? Разве что с олешками или птицами. И начинаешь что-то напевать свое. Так, наверное, возникают песни и у степняков, которые гоняют скот и про которых говорят, что это народные акыны: что видят, то и поют. Вот мне нравится песня Новеллы Матвеевой «Какой большой ветер напал на наш остров...». Никакого сюжета. Просто описание природного явления. Кстати,

Новелла выросла на Дальнем Востоке, и уверен, что слышала не одну такую песню от здешних рыбаков или охотников.

В моем роду были шаманы, которые передавали свое искусство из поколения в поколение. И я с детства слушал их обрядовые песни, сказания о подвигах богатырей, о тех давних временах, когда люди и звери жили одной семьей. Причем начинали они петь вечером и заканчивали только утром. Мой дед говорил, что есть у нас реки с поющими камнями. Может быть, здесь люди подслушали их? Может, кому-то эти песни покажутся утомительными, но северяне так не считают. Я вот тоже написал песню «Гости в юрте». Она, правда, покажется вам длинноватой, — звучит около часа, да и то я в ней не обо всем рассказал.

Песню Юры Алотова мы послушали, но целиком в эфир дать не решились. Формат передачи не позволил. И когда какое-то время спустя к нам заглянул Гриша Гладков и, подозрительно улыбаясь, сообщил, что у него тоже есть песня эскимосского барда, мы первым делом осведомились о продолжительности ее звучания.

— Пять с половиной минут.

— А чему ты улыбаешься?

— Это забавная история. Прочитал в сборнике Глеба Горбовского стихотворение «Песня эскимосского барда» и захотел переложить его на музыку. Вроде бы получилось. Но не было в ней припева. А он так и просился. И я решил написать его текст сам. Но поскольку эскимосского языка я не знаю, то получилось что-то непонятное, но придающее соответствующий колорит: «Трам-бам-бам! Ой-ей, ой! Шилды-мылды, дырбыр-мыр!» Пару раз исполнил эту песенку в концерте. Вдруг телефонный звонок: «С вами говорит руководитель чукотского эскимосского ансамбля «Эргырон». Мы слышали вашу песню и хотели бы взять ее в свой репертуар. Вот только припев непонятный. Скорее всего, слова взяты из какого-то не очень распространенного наречия. Как это перевести?

— «Какая красивая тундра», — нашелся я. И теперь эту песню поют и чукчи, и эскимосы.

А я вспомнила, что и сама когда-то сложила песню про тундру, где бегали олени и лежали тюлени, что и у Алика Городницкого есть песня «Тени тундры», и подумала — какие неиссякаемые возможности таит еще эта тема.

ОТ СУМЫ И ОТ ТЮРЬМЫ

Когда-то Геннадий Колесников подарил мне изданный в «Молодой гвардии» в 1981 году его стихотворный сборник «Остров состраданья» с дарственной надписью: «На память о человеке, находящемся в розыске». Вероятно, кому-то надпись покажется несколько странной, тем более что в аннотации к сборнику сказано, что основное направление поэтических поисков автора — вера во всемогущество человека, в безграничные запасы его мужества и упорства. Все верно. Геннадий и в жизни любил рисковать, а что касается его всемогущества, то это могло бы засвидетельствовать милицейское начальство его родной Астрахани, с которым у Геннадия сложились весьма неровные отношения.

Хотя следует заметить, что астраханский ГУВД всегда питал определенную слабость к представителям творческой интеллигенции. Именно в этом городе проходили съемки фильма «Проверка на дорогах», и режиссер Алексей Герман вспоминает, что когда понадобилось на какое-то время приостановить движение на одной из улиц, то ГАИ сначала и слышать об этом не хотела. Но стоило Герману пригласить на визит к начальнику Владимира Высоцкого, и разрешение немедленно было получено. Как-никак, а отказать известному барду в его просьбе сочли просто неприличным.

Геннадий Колесников считался в Астрахани тоже одной из знаменитостей. Его стихи часто печатались в местной газете, он выступал на всевозможных вечерах, а песня о тополях, что «солнцем коронованы», стала чуть ли ни гимном города. И поэтому милиция смотрела сквозь пальцы на некоторые вольности в поведении молодого поэта. Ему прощалось многое — и браконьерские шалости в волжских заповедниках, и слишком шумные ресторанные застолья. Так или иначе, после одного из получившего широкую огласку скандала милиция решила проучить своевольного земляка, и Геннадий получил пресловутые «пятнадцать суток». А поскольку он утверждал, что поэт и неволя — вещи несовместимые, то поместили его в знаменитый астраханский острог, из которого за многие годы его существования не удалось вырваться ни одному самому отпетому преступнику. Так сказать, дело пошло на принцип. И вот каждое утро выводили Колесникова из камеры под охраной стражника на общественные работы. Однажды досталось ему подметать пляж, куда добираться надо было на лодке. Привезли поэта, дали метлу и стали ждать окончания работы. А он, надо сказать, телосложения весьма хлипкого, как говорят, метр с кепкой, умудрился спрятаться под сиденьем одного из соседних рыбацких яликов — и был таков. Переправился на противоположный берег и, зная, что начнется его поиск, отправился пешком в заволжские села. А оттуда, где на попутках, где на лодках, добрался до Ростова. Там, одолжив в редакции местной молодежной газеты деньги на билет до Кишинева, улетел туда, поскольку в столице Молдавии ЦК комсомола проводил совещание молодых литераторов.

А в Астрахани милиция в это время «стояла на ушах». Взыскания раздавались направо и налево. Объявили чуть ли не премию за поимку беглеца. На кон была поставлена честь астраханских сыщиков, поскольку весь город смеялся над незадачливыми стражниками, и знаменитый острог уже не казался таким неприступным. И нетрудно представить, с каким изумлением вдруг в один из вечеров увидел милицейский начальник на экране телевизора улыбающегося Колесникова, принимающего участие в передаче о прошедшем в Кишиневе совещании, и услышал переданный им привет своим землякам, и в том числе доблестным стражам общественного порядка.

Не знаю, прислал ли Геннадий свою книжку стихов астраханской милиции и какую дарственную надпись предпослал он в этом случае. Но хочу еще раз процитировать издательскую аннотацию к сборнику: «Основным направлением поэтических поисков автора стала вера во всемогущество человека, в безграничные возможности и запасы его мужества и упорства».

Кира Смирнова, артистка. *Если откровенно, то минусов в так называемой авторской песне сколько угодно. Особенно в ее музыкальной составляющей, где просто бросаются в глаза неряшливость и вторичность многих, с разрешения сказать, мелодий. Но нельзя умолчать и о плюсах. Замечу не без гордости, что я была на эстраде одной из первооткрывательниц песен Новеллы Матвеевой. Ее поэзия очень образна, романтична по своему настрою, в каждой песне глубокий, наталкивающий на размышления подтекст. Она, разумеется, не для ленивых душой. Я выступала и на столичных площадках, и в сельских клубах и могу засвидетельствовать, как тепло принимали слушатели эти песни.*

Повторю, что бардом достоин называться не каждый, кто берет в руки гитару и напевает что-то, невнятно срифмованное. Грамотная гладкопись тоже не вызовет душевного отклика. Бард исповедален и в то же время не замыкается на сугубо личном. Он ведет с нами без всякой утайки доверительное собеседование. Вот почему на бардовских вечерах звучат песни, которые подпевает весь зал.

ПОЧЕМУ УВОЛИЛСЯ ВАХТЕР?

Радиостанция «Юность» всегда благоволила к бардам. Посылала своих корреспондентов на все фестивали и вечера, находила место в эфире для их песен, выступала, как принято сейчас говорить, «информационным спонсором», — другими словами, широко освещала в своих передачах более-менее заметные события, проводимые КСП и нашими коллегами-журналистами из других молодежных редакций. Таким событием стал и конкурс «Товарищ гитара», организованный еженедельником «Собеседник». Мы подробно рассказывали о том, как он проходил, знакомили с его участниками, а после его завершения пригласили в студию подвести итоги заведующего отделом культуры еженедельника Игоря Мартынова и его добровольных помощников.

Игорь Мартынов. Эта идея родилась после того, как «Комсомолка» провела «Золотой камертон» — конкурс молодых эстрадных исполнителей. А почему бы не провести подобное соревнование и среди авторов самодеятельной песни? Определили условия конкурса, наметили сроки. Предложили записать на кассеты по три песни — гражданскую, лирическую и шуточную — и переслать нам. Забегая вперед, скажу, что самое трудное оказалось — написать гражданскую песню, хотя, как нам кажется, поводов для этого немало. Зато лирических было в избытке.

Объявили конкурс. И долго ждать не пришлось: стали приходить кассеты из самых разных мест — из крупных городов, райцентров, далеких поселков, которые даже трудно было отыскать на карте. Иногда приходилось всем отделом бегать на почту за этими пленками, для чего купили специальные мешки. Почта работала тоже очень напряженно. Там сказали, что за два месяца, пока шел конкурс, они выполнили годовой план. Они благодарили нас, мы — их.

Параллельно шло прослушивание записей. Этим занималось жюри, в которое вошли Дмитрий Сухарев, Татьяна и Сергей Никитины, Вадим Егоров и другие известные барды. Из трехсот пятидесяти авторов, пожелавших принять участие в конкурсе, на заключительный тур было отобрано двадцать три.

Татьяна Никитина. Конечно, прослушать более тысячи песен — безумно трудно. Я думала, что это никогда не кончится! Песни были самых различных стилей — и джазовые, и битовые, и кантри. Чем мы руководствовались при отборе победителей? Прежде всего тем, насколько умело владеет автор словом. Принимались во внимание свежесть мелодии, оригинальность манеры исполнения и, разумеется, то, о чем автор хотел нам поведать, — его человеческая позиция.

В итоге первое место мы присудили архитектору из Алма-Аты Ольге Качановой.

Ольга Качанова. Я считаю себя начинающим автором. Да, несколько раз выступала на региональных конкурсах, получала даже какие-то дипломы на туристских слетах. Но конкурс «Товарищ гитара» — особая статья. Здесь была возможность поработать над песней не спеша, качественно ее записать и потом представить на суд понимающим людям. Очень важно, что в таком конкурсе могли принять участие жители самых отдаленных мест, для которых добраться до московских площадок сложная проблема. Они почувствовали свою личную причастность к большому общему делу, уважительное внимание к себе.

Вадим Егоров. Уровень песен, присланных на конкурс, был на удивление высок. На удивление — потому, что в шестидесятые годы планка была поднята до отметки, дотянуться до которой было действительно трудно, и вопреки грустным ожиданиям, что придется услышать откровенные подражания или перепевы уже давно спетого, обнаружилось, что появились свежие голоса, свой взгляд на мир.

Татьяна Никитина. Тем более, что бардовская песня в наши дни вступает в свободную конкуренцию с тем, что звучит с эстрады, по радио и телевидению. А это открыло двери и для откровенной серости. Планка, о которой говорил Вадим, должна быть поднята изнутри каждым, кто хочет добиться успеха, кто считает, что ему есть что сказать. И приятно было видеть, что нынешний конкурс познакомил нас с новыми именами и позволил убедиться, что бардовское движение имеет будущее. Так что не зря потрудились и жюри, и организаторы конкурса — Игорь Мартынов и главный редактор «Собеседника» Владимир Снегирев.

Владимир Снегирев. Когда мы в нашем еженедельнике объявили об этом конкурсе, то рядом напечатали и его эмблему: контур гитары и горящая свеча. А себя мы должны были бы изобразить, как готовящегося к прыжку с вышки пловца, который не знает, глубоко там или мелко, и сможет ли он вынырнуть обратно. Мы знали, что затеяли рискованное дело, и рады, что оно получилось. Хотя и не обошлось без потерь. Мы потеряли определенную сумму денег, потому что пришлось покупать магнитофон для прослушивания пленок. Мы потеряли на время и журналиста Игоря Мартынова, который два месяца не работал на газету, а слушал и слушал эти записи. Мы потеряли, наконец, вахтера, который не выдержал пытки этой музыкальной шкатулкой, потому что его пост находится рядом с отделом культуры, и он уволился. Но приобрели мы несравненно больше. Мы приобрели множество новых друзей и, надеюсь, начало традиции, которую постараемся продолжить — традиции проведения подобных, не побоюсь сказать, всенародных конкурсов!

Но традиция не состоялась. Как не состоялось еще много чего, обещанного в те перестроечные годы. И персонально винить в этом некого. Разве что само время — время несбывшихся надежд и напрасных ожиданий.

ФЕДОТ-СТРЕЛЕЦ НА КАМЧАТКЕ

Когда-то, вернувшись с Камчатки, я написала песню, в которой были такие слова: «Я открываю тебя, но открыть до конца не могу». Естественно, три недели, проведенные на этом далеком полуострове, — срок достаточный разве что для поверхностного знакомства. А вот Маргарита и Александр Ястребовы открывают для себя Камчатку уже двадцать лет и все равно считают, что находятся еще в самом начале пути.

Саша — по профессии настройщик музыкальных инструментов, ведет хоровой кружок в местном клубе, Маргарита — диспетчер аэропорта Елизово. Жили раньше в подмосковном Зеленограде, но представился случай — не раздумывая, махнули на Камчатку. Много были наслышаны об этих местах, в частности, из песен Кима, который после окончания нашего МГПИ работал здесь учителем в школе.

Александр Ястребов. Когда прилетели сюда, была сумрачная ненастная погода. Невольно подумалось: а не напрасно ли затеяли все это? Но на следующее утро прояснилось, выглянуло солнце, и открылось такое великолепие вокруг — синяя даль океана, белые шапки Авачинского и Корякского вулканов, золотая осенняя тайга!

Маргарита Ястребова. У нас красиво круглый год. И весной, когда зацветают сопки, и зимой — легкий морозец, полное безветрие, и так вкусно снежок на лыжне скрипит...

Ада Якушева. Вы, наверное, за эти годы всю Камчатку исколесили?

Александр. Это благодаря нашему ансамблю «Кант». Мы и в Подмосковье увлекались бардовской песней. А здесь, как только обустроились, собрали вокальный ансамбль. Мы считаем днем его рождения 10 января 1981 года, когда «Кант» стал победителем первого конкурса «Камчатская гитара». Правда, тогда был не ансамбль, а дуэт: я и Рита. Это потом уже к нам пришло пополнение.

Маргарита. Прекрасные ребята! И музыканты способные, и товарищи верные. Инженер-строитель моя тезка Маргарита Машкова, учительница Лена Рябошапка, сварщик Сережа Степанов.

Александр. Основа нашего репертуара — барды первого поколения, классики жанра — Городницкий, Берковский, Кукин. Недавно подготовили музыкальный спектакль по сказке Леонида Филатова «Федот-стрелец».

Маргарита. Мы не только по Камчатке колесим, но и по всему Дальнему Востоку. Побывали на Колымской ГРЭС, выступали в притрассовых поселках, выходили в море на агитпароходе «Корчагинец». Нас уже хорошо знают и на пограничных заставах, и в рыбацких поселках, в стойбищах оленеводов.

А.Я. А обратно, «на материк», как говорят здесь, не тянет?

Александр. Отвечу не прямо. Во-первых, в прошлом году я построил дом, крепкий, просторный. В нашей семье четверо: я, Рита и двое сыновей — Сережа и Алеша. У каждого теперь своя комната. Есть в нашем доме и холл, и гостиная. Окна выходят на океан. Видно и Авачинскую бухту, и скалы Три брата, и вулканы. Во-вторых, разбил сад, обустроил огород. Может быть, я этим и не стал бы заниматься, но все-таки подспорье. Приобрел инкубатор домашний, трех коз купил, чтобы мальчишки к делу привыкали. Теперь свое молоко пьем. Словом, не ждем погоды у океана. Вы, Ада, прилетайте к нам опять. Много интересного увидите!

Маргарита. А я вас грибами угощу, пирогами с брусникой, вареньем облепиховым.

А.Я. Вот вам и ответ, собирается ли семья Ястребовых покидать Камчатку. Они ведь только-только начали по-настоящему открывать ее для себя.

ВСАДНИК ИЗ КАЙДАКОВА

Владимир Маяковский, заглядывая в завтрашний день воспеваемой им «весны человечества», надеялся встретить там и такой персонаж: «Сидят папаши. Каждый хитр. Землю попашет, попишет стихи». Александр Клименков, с которым я познакомилась в смоленском селе Кайдаково, вполне вписывается в эти рамки. «Папашей» я бы, конечно, его не назвала. А вот «добрым молодцем» могла бы. Статный, моложавый, с белозубой улыбкой во все лицо, он из тех, кого изображали раньше на плакатах «Даешь пятилетку в четыре года!» Но то, что пашет землю, — правда. И стихи тоже пишет.

По образованию Александр инженер. Сначала работал на заводе в Вязьме, где и стал лауреатом областной комсомольской премии. Нет, не за производственные успехи, а как художественный руководитель весьма популярного в то время вокально-инструментального ансамбля «Кривичи». Тогда-то для своего коллектива Клименков и сочинил первые песни. Но прошло время, ансамбль распался, Александру предложили перейти на работу в село. Так он стал директором совхоза в Кайдаково, и, судя по результатам, — неплохим. За короткое время отстающее хозяйство вышло в передовые. Тем не менее районное начальство с некоторым беспокойством следило за деятельностью Клименкова. Да, оно знало за ним эту слабость — сочинительство песен. Занятие, конечно, несерьезное для руководителя. Но стало известно о новых чудачествах молодого директора. В административном здании разместил детскую музыкальную школу, открыл в Кайдаково сельский краеведческий музей, приобрел для мастерских никому не ведомые тогда компьютеры. Мало того, возглавил конноспортивный клуб и решил освоить педагогическое поприще — вести у старшеклассников уроки по новому предмету: «Этика семейной жизни». Фантазии непонятные и поэтому довольно опасные, которые могли далеко завести. И уж совсем растревожила районное начальство дружба директора совхоза с местным священником. Что может быть общего у коммуниста со служителем культа?

Неизвестно, чем бы все это кончилось, но наступили перестроечные времена. Появилась возможность хозяйствовать самостоятельно, без оглядки на райком. И Александр сразу же ушел в фермеры. Я приехала в Кайдаково, когда он начал поднимать из развалин старенькую церковь в соседней деревеньке Покров. Наверное, очередное чудачество, подумала я. Но спросить не решилась. Клименков все объяснил сам:

— Не все же думать о земном. Время подумать и о душе.

И как-то загадочно улыбнулся.

Спустя какое-то время узнала, что Александр принял духовный сан. А совсем недавно получила из Смоленска бандероль. Небольшая книжица стихов с автографом: «Пишу, как умею, и о том, что знаю».

А умеет и знает этот человек многое...

Из редакционной почты радиостанции «Юность». *«Вчера, совершенно случайно включив транзистор, я услышал передачу "Песня, гитара и я". И, конечно же, пожалел, что не слышал ее с самого начала. Это здорово, что вы стали снова рассказывать о творчестве бардов, знакомить с новыми именами. Послушаешь такую песню, и словно встретился со старым другом, которому можешь поведать о своих удачах и неурядицах, поделиться самым сокровенным. Будем рады, если такие встречи вы будете нам дарить как можно чаще. По поручению коллектива проектно-конструкторского отдела ярославского завода "Резинотехника". Л.В.Калинин».*

«Понимая всю условность некоторых вещей, я бы никогда не подумала, что мне, выслушавшей однажды вашу просьбу высказать свое мнение о прослушанной передаче, захочется сразу

же сесть за письмо. Так вот, ваша передача для меня самая любимая. Я слушала ее в нашем Ленинградском студенческом общежитии, на практике во время выездных экспедиций, в альплагере, где люди открываются как нигде и дарят друг другу самое дорогое, к которому я отношу и ваши песни.

Я закончила геофак ЛГУ, живу сейчас в Феодосии, работаю в бюро путешествий. Я знаю, что барды — любители странствий. Если не были у нас, приезжайте. Обещаю показать вам немало интересного, и в первую очередь Кара-Даг. Галина Подгорная».

«Пишут вам радисты-метеорологи. Место нашей работы — таежная точка. В нашу обязанность входит круглосуточное наблюдение, составление сводок и передача их на Большую землю. Иногда бывает грустно: все-таки мы долгое время находимся вдали от родных и близких, нужна какая-то поддержка. И вот такой поддержкой стали ваши передачи. Когда поймаем ваши позывные, вокруг приемника собирается вся станция. Слушаем уже известных бардов, знакомимся с новыми. И каждая песня как привет из родных мест. Если случится бывать в наших краях, ждем вас в гости. Зина Кряжева, Галя Дралюк, Катя Маркеевич».

«Уважаемая Ада Якушева! На днях услышали ваш рассказ о мытарствах собирателей самодеятельных песен. Когда-то и мы бегали с магнитофоном по всему городу в подобных поисках. А сейчас у нас нет и такой возможности, так как мы служим вдали от населенных пунктов. И вот обращаемся к вам с просьбой выслать нам записи новых бардовских песен. Для нас это будет большой радостью. Младший сержант Семенов, рядовой Хрусталев, ефрейтор Шевченко».

«Наш экспедиционный лагерь расположен на самом севере Камчатки, ближе к Чукотке. "Здесь вам не равнина, здесь климат иной". Гигантское блюдо, окруженное белыми горками. Крикнешь — "привет" и вежливо откликается со всех сторон —

“привет, привет”. Океан впечатляет. Берег весь усыпан звездами. Кажется, все они упали с неба, потому что таких на небе нет. На берегу мы нашли бутылку из-под виски, старую лоцию и шкуру какого-то непонятного зверя. Думали, он скинул ее и пошел купаться. Но не дождались, пока он вынырнет. И вот что еще интересно: в этом дальнем далеке знакомые голоса звучат как-то по-иному. Услышали в вашей передаче Туриянского, а голос шел как будто из большой волшебной ракушки. Сообщите это вашим специалистам по акустике. Олег Лойко, Верхнее Пенжино».

ВСЁ ФЕСТИВАЛИ ДА ФЕСТИВАЛИ

Самый первый праздник бардовской песни, на котором я побывала, проходил в 1967 году на границе Московской и Владимирской областей, около поселка Петушки, получившего теперь широкую известность благодаря повести Венедикта Ерофеева. Я тогда только пришла работать на радиостанцию «Юность» и была командирована на этот фестиваль, чтобы потом рассказать о нем в одной из передач. Наступало лето. Цвела сирень. Шелестела молодая листва берез. Над нашим лагерем всю ночь напролет щелкали соловьи. И само собой пришло название будущей передачи: «Соловьи в Петушках». Ведь залетело сюда действительно немало звонких и по-весеннему свежих песен. Приехали Александр Галич, Юрий Кукин, Евгений Клячкин, Сергей Никитин, Володя Туриянский, Игорь Михалев, Виктор Берковский, Юлик Ким... Почти все уже неплохо знали друг друга, и висел вокруг дух удивительного доброжелательства. Много позже, услышав песню Олега Митяева «Как здорово, что все мы здесь сегодня собрались», я вспомнила именно Петушки. Мы пели, вели долгие, неторопливые разговоры, делились творческими удачами и житейскими неурядицами, словом, чувствовали себя жильцами дружной коммунальной квартиры. Я взяла с собой тогда еще совсем маленькую Таньку, и она немедленно предпочла всем Александра Аркадьевича Галича. Они часто гуляли вдвоем, а за ними стайкой следовали деревенские собаки, получавшие за такое сопровождение, видимо, что-то вкусное. Не уверена, сохранилась ли в архивах радио та передача, но я была бы не прочь еще раз послушать ее, чтобы снова ощутить теплую атмосферу этого праздника.

Разъезжались мы из Петушков с надеждой, что родилась хорошая традиция и такие встречи не раз ждут нас еще впереди. Но, увы, традиция приказала долго жить уже в следующем, шестьдесят восьмом году. Тогда было намечено провести фестиваль в новосибирском Академгородке. Не помню почему, но я поехать туда не могла. И все же этот праздник задел стороной и меня. Накануне заглянул знакомый журналист Арнольд Волынцев и сказал: коль ты сама там не будешь, то позволь передать от тебя привет. И передал. Оказалось, что в Новосибирске состоялся концерт Александра Галича, на котором прозвучало несколько довольно рискованных песен, после чего ЦК комсомола решил бойкотировать фестиваль и применить соответствующие санкции к его участникам. И мой привет стоил мне уже готовой к выпуску пластинки на фирме «Мелодия», сборника песен, который должен был выйти в Перми, а заодно и фотографии, снятый с обложки молодежного журнала.

Прошло более двадцати лет, а потом ситуация повторилась. Снова в Новосибирске проводится фестиваль, на который я получаю приглашение. И снова дела задерживают меня в Москве. Приходит симпатичный паренек и передает просьбу оргкомитета послать туда недавно вышедший сборничек моих песен с теплыми словами, адресованными участникам праздника. Не без опаски, но отослала. И провела потом некоторое время в тревожном ожидании: как обернется на этот раз мой привет? Вроде бы обошлось.

Но все эти годы авторская песня продолжала жить и звучала на своих негромких, никем не афишированных праздниках. Вот что вспоминает один из организаторов столь известного сегодня Грушинского фестиваля авторской песни самарский инженер Борис Кейльман.

Борис Кейльман. Я окончил Куйбышевский политехнический институт и как раз в то время познакомился с Валерием Грушиным. Он был заядлым туристом и уже довольно известным автором песен. Надежный товарищ, Валера старался все трудное взять на себя, а на вечерних привалах всегда брал в руки гитару. У него было трио, которое они назвали «Поющие бобры» — наверное, потому, что эти зверьки были для них символами трудолюбия и упорства, которые так необходимы путешествующему человеку. Слушать их можно было часами. Мы исходили с Валерием немало, и было намечено столько новых маршрутов!

И вдруг страшное известие: Валера в походе по Саянам погиб в коварной таежной реке Уде, спасая детей из перевернувшейся лодки. Эту потерю трудно было пережить. Мы то и дело вспоминали Валеру. И вот однажды кто-то (я уже не помню точно, кто именно) предложил: а давайте выйдем на берег Волги, где мы часто раньше встречались, и попоем Валерины песни. И вот в нашем туристском клубе «Жигули» появилось объявление, что в последнее воскресенье 1967 года состоится вечер памяти Грушина. Думали, соберутся пятнадцать—двадцать человек, придем на место, разожжем костер, вспомним, что пел Валера когда-то... И вот прямо беда какая-то: в назначенный день круто испортилась погода, пошел дождь со снегом, развезло дорогу, и мы подумали, что вообще, кроме нас, инициаторов, никто не придет. И напрасно подумали: люди шли и шли. Собралось нежданно-негаданно около тысячи человек! Некоторые даже с детьми. И всю ночь не гасли костры и не смолкали песни. А когда прощались, то решили на следующий год повторить такой же вечер. И рискнули назвать его уже фестивалем. Так продолжалось больше десяти лет. Но потом дошло до ушей работников Куйбышевского обкома партии, что на этих фестивалях собирается в основном неблагонадежный народ, поют сомнительные в политическом отношении песни, а комсомол хлопает ушами. Какой самый простой выход? Прикрыть! Сняли все объявления, запретили упоминать о Грушинском фестивале в газетах, пригрозили строгими карами тем, кто нарушит запрет. Уже на следующий год на дорогах были выставлены милицейские патрули. Проведав это, мы, как завзятые конспираторы-подпольщики, приняли свои меры. Выбрали новое место, поставили там своих дозорных, сообщили всем нашим пароль. Представляете, сколько нервов потрепали мы тогда обкомовцам! И только уже с началом перестройки все постепенно вернулось на круги своя.

Без особой огласки проводились в то время песенные праздники и в других, в основном провинциальных, городках. Под трафаретными, не привлекавшими внимание девизами: «Пусть всегда будет солнце» или «Пою мое Отечество». Адрес одного из них — Пущино на Оке. Здесь располагается Биоцентр Академии наук с целым комплексом научно-исследовательских институтов, лабораторий и опытных участков. Город очень аккуратный и живописный. Он вырос после войны буквально на пустом месте, построен начисто, без черновиков. И поэтому нет здесь ни одного барака, ни одной времянки. На крутом берегу многоводной Оки поднялись корпуса многоэтажек, похожие на корабли, вот-вот готовые отойти от причала. Улицы напоминают парковые аллеи, а площадки между ними — укромные лесные полянки. Одну из них местные жители назвали «Лужайкой бардов». Дело в том, что каждый год в начале мая, когда зацветает сирень и выбрасывают первую листву окрестные березняки, принимает Пущино многочислен-

9 – 4188

ных гостей — участников фестиваля ансамблей бардовской песни. Традиция этих праздников насчитывает уже более двадцати лет. И все эти годы нелегкие хлопоты по их проведению лежат на плечах московского инженера Олега Чумаченко и его пущинских помощников — научного сотрудника Биоцентра Харлампия Тирраса и директора местного Дома ученых Марины Вильнер. Ансамбли приезжают самые разные и по составу, и по адресам — из Казани и Рыбинска, Твери и Петрозаводска... И каждый привозит с собой не одну песню. Вот почему так плотно расписаны все три фестивальных дня, точнее сказать — трое суток, потому что песни звучат и на пущинских улицах, и в зале Дома ученых, и на Лужайке бардов с самого раннего утра до позднего вечера. Сюда не раз приезжали и Визбор, и Ким, и Кукин, и Туриянский. А Митя Сухарев и Сережа Никитин в Пущине вообще свои люди — один часто бывает здесь на всевозможных научных семинарах и симпозиумах, а второй жил и работал в Пущине после окончания МГУ.

Привлекает то, что на этих фестивалях не проводится никаких конкурсов. Нет жюри. Нет того ажиотажа, который волей-неволей всегда возникает во время подобных состязаний. Люди просто приехали, чтобы и себя показать, и послушать то, как и что поют другие.

В общем пущинском хоре всегда различишь детские голоса, придающие ему светлое и звонкое звучание. Словно в свет на первый бал, привозят сюда мамы и папы свою молодую поросль. Соответственно подбирается и репертуар — веселые песенки-считалки, музыкальные сценки из сказок. Ребятам здесь нравится. И вполне вероятно, что когда станут взрослыми, приведут они уже своих дочерей и сыновей сюда, в Пущино, на Лужайку бардов.

Из оранжевой папки. *«А.А. Якушевой. ЦК комсомола Белоруссии с 1 по 20 августа 1965 года организует на озере На-*

рочь республиканский лагерь-семинар. В программе запланированы тематические вечера самодеятельной песни. Убедительно просим Вас принять участие в создании сценария и проведении этих вечеров. Секретарь ЦК ЛКСМ Белоруссии Р. Пионова».

«Дорогой друг! Молодежный клуб "Восток" г. Ленинграда приглашает тебя на праздник песни, который состоится в живописном месте Лемболово 3 и 4 июня 1967 г. Не забудьте взять с собой хорошую погоду и веселое настроение для встречи белых ночей, чтобы послушать у костра именитых и безымянных бардов».

«Уважаемая Ада! Совет клуба Сибирского отделения АН СССР "Под интегралом" будет рад увидеть Вас на фестивале "ПЕСНЯ-68", который пройдет в Академгородке в Новосибирске. Все расходы по приглашению клуб берет на себя. Председатель Совета клуба В. Димитров».

«Дорогая Ада! Каждый год в начале июля в Жигулях на Волге загораются костры фестиваля патриотической песни имени Валерия Грушина. В этом году мы соберемся уже в одиннадцатый раз. Оргкомитет приглашает Вас принять участие в нашем туристском празднике, стать его почетным гостем и членом жюри конкурсного концерта. Мы давно знаем и поем Ваши песни и хотим, чтобы на этот раз привезли их на фестиваль Вы сами. Председатель оргкомитета "Грушинка-68" В. Курганов».

«Аде Якушевой. Вас ждут в гости участники Таймырского фестиваля самодеятельной песни. Таймыр и его столица Норильск — одно из последних мест на планете, куда еще можно ехать за романтикой, туманом и запахом тундры. А теперь еще и за песнями.»

«Приглашаем Вас, Ада, 6 июля 1983 года в Петропавловск на праздник бардовской песни "Камчатская гитара". Вы уже были в наших местах, так что, думаем, уговаривать не придется. Председатель КСП "Алаид" Станислав Лаппо».

Прошло время, и ЦК комсомола решил снова взять под свой надзор беспризорное бардовское братство и провести Всесоюзный фестиваль в Саратове. Были приглашены несколько сот участников и почетных гостей, создано представительное жюри, выступили с приветствиями секретари обкомов и космонавты. Концерты проходили в огромных, залитых огнями юпитеров залах. И где уж тут было найти место неспешным разговорам, милым сердцу воспоминаниям! По решению организаторов проводилось сразу несколько конкурсов.

И что тут началось! Конкурсанты буквально рвались на сцену в надежде получить лауреатство или диплом, а если это не удавалось, то обвиняли в кознях жюри, поносили конкурентов, грозились все равно найти правду.

Да, были среди представленных песен и несомненные удачи. И все же, повторяю, не они определили лицо фестиваля. И достаточно минорным было слово о бардовской песне, которое произнес приехавший в Саратов Булат Шалвович Окуджава. Думаю, не ошибусь, предполагая, что саратовские впечатления не в малой степени подтолкнули Окуджаву написать статью «Еще в литавры рано бить...», в которой он грустно констатировал, что «авторская песня в том понимании, в каком она существовала, благополучно умерла, оставив несколько имен... То, что есть сейчас, — не авторская песня. Это любительская песня, массовая культура, которая не имеет ничего общего с тем, с чего мы начинали».

Почти то же самое повторилось потом и на следующих всесоюзных фестивалях, которые проходили в Таллине и Киеве. Тот же ажиотаж вокруг конкурсов, обилие песен при их невысоком качестве, дурная эстрадность исполнения. Но, может быть, это только мое впечатление?

Вадим Егоров. Я не рассматриваю эти фестивали как праздники. Они должны быть не парадами, не смотрами авторской песни, а творческими встречами, на которых бы мы учились друг у друга, помогали молодым. Тут пригодилась бы такая форма, как творческие мастерские, в которых ведущие могли бы подбирать интересных (на их взгляд) начинающих авторов, разбирать их работу, помогать дельным советом. Такое наставничество будет накладывать ответственность и на учителя, и на ученика, составит какую-то связующую нить, которая может перерасти в настоящее содружество. Это важно тем более в наше время, когда авторская песня проделывает интересный зигзаг в своем развитии, обретая все большее социальное звучание. А такие фестивали, которые проводятся сейчас, надо просто-напросто отменить.

Татьяна Никитина. Что прежде всего претит в подобных фестивалях, так это гигантомания. Собираются тысячи человек! С какой целью? Этого сегодня не скажет никто. Если ставить во главу угла творческие задачи, то надо делать нечто вроде конференции, где проводить разбор сделанного, вести разговор об особенностях жанра, путях его дальнейшего развития. Если это парад-алле, то нужно организовать подлинный праздник для поклонников бардовской песни, отобрав для этого лучшее из того, что имеется. Но при чем здесь тогда конкурсы? Разве не ясно, что по одной-двум песням никак нельзя определить уровень того или другого автора и исполнителя, что тут большой элемент случайности. В конце концов подобные конкурсы развращают молодых, играют на их дешевом тщеславии, размывают истинные критерии.

Александр Мирзаян. Наверное, показательно, что многие из тех, кто приехал на один фестиваль, на следующий уже совсем не рвутся. Возможно, потому, что оценка, которую они получили здесь, не подтверждается потом в реальной жизни. То, что отметило жюри, совершенно не интересует публику, и наоборот — отвергнутое приобретает популярность. Таким образом мы зарождаем сомнение в компетентности самого жюри. Это становится не творческим состязанием, а спортивными соревнованиями, где каждый стремится всеми правдами-неправдами обойти соперника.

Ольга Качанова. Наши фестивали постепенно превращаются в обыкновенные дешевые тусовки. Сюда приезжают не для того, чтобы услышать что-то интересное, а чтобы просто провести время. Падает уровень песен, представляемых на конкурс, и соответственно — качество их разбора. Идет девальвация вкуса слушательской аудитории, которая, в свою очередь, пытается диктовать свои пристрастия, далекие от истинной художественности.

Сергей Никитин. Здесь ярко ощущается неразрешимое противоречие крупномасштабного развлекательного мероприятия и внимания к отдельной личности. Личностный, я бы сказал, интимный характер жанра бардовской песни не вписывается в массовость этих празднеств. Это уже коммерческое шоу, а не встреча единомышленников. Поневоле приходит сравнение с теми немноголюдными, но очень теплыми и в то же время деловыми встречами в Пущино, где можно вдумчиво проанализировать нашу общую работу, обменяться опытом и просто как следует друг друга узнать.

Наглядным примером трансформации песенных слетов в грандиозные, с привкусом неприкрытой коммерции, развлекательные шоу, о которых упомянул Сергей Никитин, может служить, по-моему, история фестивалей памяти Валерия Грушина. Задуманные когда-то друзьями Валеры как дружеские встречи туристов и авторов походных песен, они в первое время были немноголюдны и по-домашнему откровенны. А теперь на эти фестивали собираются буквально десятки тысяч, причем большинство из них — те, кому просто любопытно посмотреть, что же это за Грушинка, о которой велось столько разговоров? Одни приходят сюда, возможно, в ожидании, что разгорятся вдруг митинговые страсти, прозвучат жаркие обличения и гневные призывы. (Что поделать, это тоже знак нашего времени.) Другие — чтобы внести разнообразие в свои выходные дни, поваляться на пляже, устроить на лужайке веселое застолье, а заодно в качестве музыкального оформления послушать песни под гитару.

Решили продавать теперь входные билеты на фестивальную поляну, всевозможные сувениры. Кто-то скажет, что в условиях рынка принцип самоокупаемости выходит на первый план или что-нибудь тому подобное. Я не сильна в экономике. Но уверена, что есть вещи, которые не оценишь в рублях, даже если они обретут конвертируемость.

ИМЕНА, КОТОРЫХ НЕТ В АФИШАХ

Мудро заведено в театре. Берешь программку, и наряду с именами режиссера, художника-сценографа, артистов, исполняющих роли, упомянуты в них и те, кто не выходит на сцену, но тоже вложил свой труд в увиденный нами спектакль. В телевизионных передачах тоже вслед за тем или иным сюжетом читаем мы длинный хвост фамилий осветителей, гримеров, монтажниц, операторов. Есть такие люди и в КСП. Они не сочиняют песен, не выступают с ними на концертах, но выполняют столько черновой, не видной, но крайне необходимой работы: организуют слеты, хлопочут о транспорте, заказывают номера в гостиницах, распределяют билеты. Я бы сказала, что на их самоотверженности, преданности и энтузиазме держится КСП. Не могу не вспомнить москвичей Ирину Алексееву, Аркадия Гербовицкого, Игоря Каримова, Ивана Акименко, бессменных организаторов Грушинки — Бориса Кейльмана и Севу Ханчина из Самары, Михаила Канэ, Наташу Смирнову, Анну Яшунскую — из города на Неве, Юру Черноморченко из Керчи. Наверняка такие люди есть и сегодня в каждом клубе, в каждом городе.

Тут самое время сказать и о той самоотверженной и бескорыстной работе, которую ведут бардовские архивисты, собиратели и хранители поистине бесценных первоизданий и записей. Они помнят многое из того, о чем забыли сами ветераны-барды, что-то восстанавливают, переписывают, реконструируют. Их усилиями, образно говоря, взращивается генеалогическое древо этого жанра, кропотливо ведутся родословные песен. Эти поиски зачастую напоминают остросюжетные детективы и обретают глубину научных исследований. И сколько нечаянной радости доставляют порой их неожиданные находки!

Звонит Григорий Симаков:

— Ада, я отыскал пленку с вашими песнями, которые звучали на первых Грушинках.

— Мы посылаем вам записи рассказа Визбора о съемках фильма «Красная палатка», — сообщают из Пущинского клуба.

— Есть возможность послушать запись вечера двадцатилетней давности, — приглашает Петр Трубецкой.

Титаническую по своему размаху работу добровольно взвалил на свои плечи Дмитрий Соколов, который долгие годы ведет хронику бардовского движения. Надо что-то уточнить, узнать, выведать — и я всегда обращаюсь к Роллану Шипову, кладезю самых различных сведений, касающихся авторской песни. В нашем МГПИ составила своеобразную летопись творчества бардов — выпускников института Наталья Богатырева. И этот перечень имен я могла бы продолжать и продолжать. Всем этим энтузиастам — самый низкий поклон!

Из оранжевой папки. *«Выпускники МГПИ им. В.И. Ленина, авторы и исполнители самодеятельной песни приглашают тебя, Ада, на вечер “Старые года будем мы всегда вспоминать!” Ве-*

чер состоится 18 марта 1984 года во Дворце культуры им. Горбунова».

«Краснодарский краевой Совет по туризму и экскурсиям открывает осенью 1984 года тематический маршрут "Песня позвала в дорогу". О наших замечательных местах сложено немало песен, и поэтому краевой Совет выпускает буклет с их текстами. Мы с удовольствием приняли бы Вас на этом маршруте, а пока обращаемся с просьбой написать вступление к этому буклету, поскольку о нашем крае Вы тоже знаете не понаслышке. г. Краснодар, Э.В. Гончаров».

«Ада, посылаю тебе удостоверение почетного гостя общетрассового фестиваля самодеятельной песни "БАМ-84". Гитара звучит сегодня на БАМе всюду. Каждый километр нашей магистрали, каждый новый поселок отмечены своей песней. Среди их авторов нет профессиональных поэтов и композиторов. Это монтеры пути, инженеры, учителя. Нынешний фестиваль уже восьмой по счету. Как всегда, он пройдет на сопке по соседству с Тындой и, как обычно, соберет тысячи человек. Мне бы хотелось, чтобы ты вошла в состав жюри конкурса, поскольку в твоих передачах не раз звучали наши песни. Председатель оргкомитета Татьяна Денисова».

«Уважаемая Ариадна Адамовна! Приглашаем Вас принять участие в работе жюри на Втором Всесоюзном фестивале авторской песни с 6 по 9 октября в городе Таллине. Оргкомитет».

«А.А. Якушевой. Приглашаем Вас в сибирский город Юргу на традиционный фестиваль "Бабье лето", который будет проходить в городе Юрга Кемеровской области 2—4 сентября 1994 года. В нем примут участие известные барды Сибири и Дальнего Востока. В программе: выступления на предприятиях и в воинских частях, большой концерт на таежной поляне, знакомство с окрестностями Юрги. Зам. главы администрации О.А. Никифоров».

Вслед за песней

Жизнь меня сталкивала и сталкивает (дай Бог, чтобы это продолжалось) с людьми, которые оставляют долгий след в памяти и в сердце. Встречи с ними мелькают, как кадры на бесконечной киноленте, которые надо бы смонтировать в должном порядке — но как?

Вспоминаю, как совершенно неожиданно в Останкинском телерадиоцентре повстречала Зиновия Ефимовича Гердта, с которым не виделась более двадцати лет. То, что я узнала его, неудивительно: он на экране был частый гость. Но и Гердт не прошел мимо:

— Адочка! Сколько лет, сколько зим!

— Вот бы посидеть, как раньше! Где? Ну, разумеется, у Миши.

«У Миши» — это у Михаила Григорьевича Львовского и его жены Ляли, в их доме на Аэропортовской, где я бывала много раз. Обаятельный человек, известный поэт, драматург, Михаил Григорьевич еще был обладателем очень обширной фонотеки бардовских песен. И мы с Визбором однажды получили от него приглашение на чай, чтобы потом записать кассету наших песен. Эти чаепития растянулись на долгое время. Дом Львовских стал для меня, что называется, родным. Сюда я несла и свои радости, и свои горести, и знала, что здесь меня поймут, утешат, а Ляля еще и вкусно накормит. В этом доме я познакомилась со многими людьми, о которых до этого была только наслышана: с тем же Зиновием Гердтом, Марком Бернесом, поэтом Борисом Заходером, эстрадной исполнительницей Кирой Смирновой. И поскольку они считали меня почти уже домочадцем семьи Львовских, то стала я свидетельницей любопытнейших и откровенных разговоров.

— Ну почему так получается, — вздыхал Заходер, — что почти все, что я пишу, печатается в лучшем случае через десять лет?

— Это косвенный признак долголетия, — невозмутимо замечал кто-то.

Кира Смирнова рассказывала о своих выступлениях в парижской «Олимпии», показывала новые песни Новеллы Матвеевой, с которой была в то время очень дружна, и от нее я услышала, как было написано Константином Симоновым стихотворение «На чужбине», героиней которого была она сама. А Михаил Григорьевич Львовский рассказывал историю знаменитой песни «Глобус».

Я не знаю, где встретиться
Нам придется с тобой.
Глобус крутится, вертится,
Словно шар голубой...

Оказывается, еще в годы войны звучала эта мелодия, но с другими словами: «За зеленым забориком ты не можешь уснуть...». Однажды на фронте Михаил Аркадьевич Светлов напел ее белорусскому поэту Пимену Панченко, и тот поинтересовался, кто автор? «Я, — ответил Светлов, — и мелодия моя. Хочешь, научу?»

А спустя несколько лет Львовскому предложили написать песню к спектаклю Леонида Малюгина «Старые друзья». Он вспомнил ту давнюю светловскую мелодию и позвонил Михаилу Аркадьевичу: «Можно?» Светлов согласие дал, но просил не называть его имени: я, мол, не композитор, еще смеяться будут. И вот тогда написал Львовский слова «Глобуса», которые позже стали переиначиваться и дописываться.

Как-то Михаил Григорьевич занялся подсчетами всех вариантов. Их набралось около сотни. Появился «Глобус» студенческий, целинный и даже — строителей Московского университета.

...Совсем коротенький кадр из кинохроники моей жизни. Одно время я занималась в семинаре самодеятельных авторов при Центральном Доме композиторов. У меня сохранилась программка творческого отчета участников этого семинара, проходившего 17 июня 1960 года. Я показывала одну свою песню и очень волновалась. И было отчего. На этот отчет пришел человек, имя которого приводило всех нас в трепет — Дмитрий Дмитриевич Шостакович. Я не сразу отыскала его взглядом. Он сидел в третьем ряду, спокойный и сосредоточенный, в скромной синей тенниске. Мне было страшно. Я уже готова была попросить исключить мою песню из отчетного концерта. Но было уже поздно. Краешком глаза я следила за Шостаковичем: мне казалось, что, услышав мой опус, он встанет и уйдет, хлопнув дверью. Но ничего подобного не произошло. Это был один из самых памятных дней в моей жизни.

ПРИГОТОВЬТЕСЬ, ВАШ ВЫХОД!

Я никогда не была большой любительницей выходить на сцену, а в последние годы — тем более. Хотя некоторые и предостерегают:

— Если время от времени не будешь показываться, тебя могут и забыть.

Возможно, это и так. Но не вижу в этом ничего страшного. Потому что мои песни предназначались для сверстников, для которых они остались памятным знаком их юности, а нынешним молодым, вероятно, нужны уже иные слова и другие мелодии.

А вот раньше приходилось выступать часто. И на студенческих вечерах, и на туристских привалах, и в многочисленных поездках с агитбригадами и выездными редакциями журнала «Молодой коммунист» и радиостанции «Юность». И аудитории были самые разные. Расскажу о двух из них.

Летний воскресный вечер. Совсем еще юные Лужники. Самый просторный и самый модный в то время зал Дворца спорта, появившийся на месте старенького стадиона «Химик», служившего когда-то спортивной базой нашего института. Только-только поднявшаяся на ноги радиостанция «Юность» решила, как говорится, во весь голос о себе заявить и провести грандиозный концерт. Афиши были расклеены по всей Москве. Их украшали самые звонкие тогда имена — Белла Ахмадулина, Андрей Вознесенский, Александра Пахмутова, Майя Кристалинская, Нина Дорда. Представлять бардов пригласили меня. И хотя за плечами был уже кое-какой опыт выхода на большие сцены, волновалась я жутко. Несколько вечеров репетировала перед зеркалом, выбрала из небогатого своего гардероба что поприличнее и отправилась в Лужники. Смелости не прибавилось, когда увидела, что билеты на этот концерт спрашивают уже у станции метро, а перед Дворцом спорта гарцует, как в дни международных футбольных матчей, конная милиция. И вот сижу, жду, когда настанет моя очередь выходить к публике. Распорядитель дает наконец знак — пора! Выхожу за кулисы и ничего не вижу перед собой, кроме ослепительно яркой световой дорожки, по которой я и должна пройти к эстрадной площадке. Зал — сплошное темное гудящее пятно. Ступаю на эту дорожку и вдруг с ужасом чувствую, что у меня одна нога теряет точку опоры. Сломался каблук! Я превращаюсь в хромоножку, иду буквально на носках туфель. И жду, что вот сейчас раздастся хохот. Но нет, никто не смеется. Что пела, как пела — не помню. Бочком, стараясь не оступиться, возвращаюсь за спасительные кулисы. Кажется, все! Но не тут-то было. В зале какой-то шум, и распорядитель снова решительно подталкивает меня обратно на сцену: вас просят спеть еще! И опять я ковыляю на свое лобное место, дорога до которого показалась мне не менее километра. Мне и сейчас иногда снится тот лужниковский вечер, и каждый раз я просыпаюсь в холодном поту.

Говорят, что тогда во Дворце спорта было более десяти тысяч человек. В стареньком деревянном клубе подмосковного села Асаурово, где мне пришлось выступать несколько лет спустя, собралось от силы два десятка слушателей.

В село это редакция «Юности» отряжала каждый год группу своих сотрудников заготавливать сено и убирать картошку для подшефного совхоза «Борец». Утром выходили мы подгребать скошенную траву, собирать валки в копны или на картофельные грядки, а вечером обычно устраивали в крохотной деревенской школе, куда нас поселили, маленькие пирушки с песнями под гитару. Местная бригадирша Юля, румяная и сварливая особа, считала нас неисправимыми лентяями и неумехами. Но, видно, на нее возложили контроль не только за нашими полевыми работами, но и за культурной связью с селом, потому что однажды она неожиданно ласково попросила:

— Девочки, говорят, что вы хорошо поете. Может, придете в наш клуб выступить перед деревенскими?

И пообещала на следующий день выписать нашей бригаде с совхозного склада бидон молока. Разумеется, могли ли мы отказать! И вот стоим на сцене и поем перед старушками и ребятней. Но это нас нисколько не смущает. Поем мы действительно от души. И не только для них, но и для себя. Бьет в окна золотой осенний закат, тарахтит где-то в поле трактор, а наш дуэт буквально упивается песнями. Моя партнерша — совсем еще юная, ей нет и двадцати, вошла во вкус, то и дело предлагает:

— А что, если эту? Давай, попробуем!

И слушатели тоже довольны. Кивают нам головами, прихлопывают сухонькими ладошками, одергивают непоседливых пацанов.

Отпустили нас, когда совсем уже стемнело. Не знаю, как та, моя давняя подружка по дуэту, а я до сих пор хорошо помню этот вечер в ветхом деревенском клубе. Кстати, пели мы тогда с Аллой Пугачевой.

ОШИБКА ГОРЬКОГО

Так уж случилось, что обе мои свекрови, и мама Юры — Мария Григорьевна, и мама Максима — Полина Тимофеевна, были во многом очень похожи друг на друга. Обе властные, весьма категоричные в своих суждениях и, как я подозреваю, считающие, что их сыновьям могло бы повезти чуть больше в семейной жизни. Замечу в скобках, что в равной степени это касалось всех их невесток. И та, и другая потеряли мужей в годы сталинских репрессий. И не сказать, что удачно сложились потом их попытки как-то устроить личную жизнь, хотя были женщинами видными и статными, сохранившими до старости следы былой красоты. Скорее, тут сыграло свою роль и то обстоятельство, что обе они привыкли во всем полагаться только на себя, а подобная самостоятельность всегда отпугивает мужчин.

Зато их высоко ценили на работе. Мария Григорьевна считалась видным специалистом-диетологом и не раз возглавляла различные проверки по линии Минздрава. Полина Тимофеевна окончила Институт красной профессуры, какое-то время работала в редакции Большой советской энциклопедии, а потом преподавала политэкономию в московских вузах.

Они не были близкими подругами, достаточно, что дружили их сыновья. Но поскольку те постоянно находились в разъездах, то при встречах главной темой разговоров служила я. Свекрови просто обожали поделиться со мной своим богатым опытом: давали советы, как стирать белье, сохранять витамины в продуктах, бороться с тараканами и молью. К моему сочинительству относились несерьезно, считали, хоть и не говорили об этом прямо, некоторым образом девчоночьей блажью. Хотя девчонке этой было уже далеко за тридцать.

По-настоящему мы понимать друг друга стали только в последние годы. И я узнала многие интересные подробности их жизни, о которых раньше они упоминали мельком. Наверное, были тому свои причины, но, например, Полина Тимофеевна не очень-то склонна была распространяться о своей дружбе с Горьким. Хотя в их семье всегда существовал культ Алексея Максимовича. В его честь получили свои имена Максим и его младший брат Алексей, полным тезкой писателя стал сын Максима от первого брака — Алексей Максимович. Каждый год 28 марта отмечался день рождения Горького. И вот однажды Полина Тимофеевна неожиданно ласково подозвала меня:

— Я хочу кое-что показать тебе, Аделюшка...

«Аделюшка» — такое я услышала впервые. А свекровь положила на стол передо мной какие-то старые с ветхими шнурками папки:

— Тут все о Горьком. Надо, чтобы ты это знала. Расскажешь ребятам.

И несколько дней сидела я потом над этими папками, читала горьковские письма, слушала историю этой необыкновенной дружбы.

Их знакомство произошло в 1928 году, когда Горький вернулся после долгой разлуки в Советский Союз. В числе встречающих его на вокзале была и комсомольский секретарь Коммунистического университета трудящихся Востока Полина Кусургашева. Ее представили писателю. Через день позвонил его литературный секретарь и передал приглашение на один из вечеров. Вполне возможно, что Горькому не терпелось как можно быстрее узнать о переменах в жизни России, и он захотел поговорить и с этой девушкой с раскосыми азиатскими глазами, приехавшей учиться в Москву из Горной Шории, бывшей по тем временам настоящим медвежьим углом.

Уже одна эта поездка могла бы послужить основой остросюжетного романа. Моя свекровь родилась и выросла в многодетной семье таежного охотника. Отец дружил с жившими в этих краях политическими ссыльными, снабжая их дичью и рыбой. Они-то и уговорили его отдать смышленую девочку в реальное училище в городе Кузнецке, куда, кстати, в свое время были сосланы Федор Михайлович Достоевский и народоволец Виктор Обнорский. Училась девочка хорошо и после революции оказалась единственной грамотной шоркой. И хотя исполнилось ей всего четырнадцать лет, назначили мою будущую свекровь заведовать местной национальной школой. А спустя какое-то время пришло из областного центра Томска распоряжение направить на учебу двух девушек-шорок. Естественно, одной из них оказалась Полина Кусургашева. Но как добраться до Томска? Железных дорог там тогда не было, ездили в областной центр на лошадях — летом верхами, а зимой по реке. Девчонки решили плыть по Томи на лодке. Девять суток длилось их странствие. Днем плыли, вечером вытаскивали лодку на берег, переворачивали и ночевали под ней. Несколько раз встречали медведей. В староверской деревне спрятали их от бандитов. На одном пороге перевернулись, чуть не утонули.

В Томске они впервые увидели электрическую лампочку.

Эту историю Горький пересказал гостившему у него Ромэну Роллану, который написал об этом в одной из своих статей. А на фотографии, подаренной свекрови, оставил шутливый автограф: «Милой моей чертовке. Дедушка ее бывший шаман». Она дружила с сыном писателя Максимом и его женой Тимошей, была в подмосковных Горках, когда Максим умирал. Была уверена, что тут не обошлось без НКВД. Наверное, поэтому и замолчала потом на долгие годы.

Горьковские письма я перечитывала много раз. Убористый четкий почерк. Советы, замечания о прочитанном. Наказ: «И не верьте старикам. Все старики — консерваторы. Они уверены в незыблемости своего опыта. Забывая, что их опыт — опыт вчерашнего дня...» Эти строчки я однажды во время очередной попытки преподать мне уроки жизни процитировала свекрови. Она помолчала, а потом сердито фыркнула:

— Горький тоже мог ошибаться...

Среди ее друзей было немало интереснейших людей. В нашей квартире на Пушкинской не раз бывали Михаил Шолохов и Александр Фадеев, однокашник Полины Тимофеевны по КУТВу Назым Хикмет и Ольга Берггольц. Помню, как, приехав из Франции в Москву, пришла к нам на обед жена Ромэна Роллана Мария Павловна Кудашева. Близкой подругой моей свекрови была легендарная разведчица Зося Залесская, а отчимом Максима — герой гражданский войны комдив Дмитрий Шмидт.

Обе мои свекрови были завзятыми певуньями. Ни одно застолье не обходилось без песен. В основном пели старинные народные. Мария Григорьевна любила украинские песни: «В огороде возле речки», «Распрягайте хлопцы коней». Полина Тимофеевна предпочитала сибирские, в основном каторжные: «Звенит звонок насчет поверки, Ланцов задумал убежать», «Нашего товарища на каторгу ведут». Обычно ей подпевала дочь Зося. Позже к их ладному дуэту присоединилась и Даша.

Сейчас Мария Григорьевна и Полина Тимофеевна снова рядом. Прах одной покоится на Кунцевском кладбище, другой по соседству — на Троекуровском.

ДОРОГА К ДРУГУ

Поэт Борис Алексеевич Чичибабин к бардам никакого отношения не имел. Более того, когда услышал, что кто-то переложил его стихи на музыку, поморщился: настоящая поэзия не нуждается в дополнительной оправе. Но тем не менее встретились мы с ним на Всесоюзном фестивале авторской песни в Киеве.

— Меня пригласили, и мне неудобно было отказаться, — объяснил Борис Алексеевич. — К тому же я очень люблю этот город и всегда рад побывать в нем. И не скучаю: здесь много говорят о поэзии, а у меня есть свой взгляд на это.

И тут я включила магнитофон.

Борис Чичибабин. Первые книжки моих стихов вышли в начале шестидесятых. После этого я больше двадцати лет молчал.

Ада Якушева. Вас не печатали?

Б. Ч. Я не печатался сам. Потому что те первые книжки были очень плохие. Их издали в самом конце хрущевской оттепели, а затем наступило самое тяжелое и постыдное время в жизни страны, и я не мог выйти к людям с тем лицом, с которым хотел бы. И я решил не выходить вообще. И вы знаете, почувствовал себя счастливым человеком! Ведь это счастье для поэта — писать без оглядки на редакторов, на цензуру, писать, что ты думаешь. Да, меня почти никто в эти годы не знал. Кое-что выходило в самиздате, но тоже редко. Потому что «ни дня без строки» — не мой девиз. Было трудно. На идеологическую работу я идти не хотел и стал мастером в троллейбусном управлении. Но зато у меня была внутренняя свобода. Сейчас некоторые называют меня человеком с трудной судьбой. А я опять повторяю: я — счастливый человек. Трудно — это когда надо лгать. Я писал для вымышленного друга-единомышленника, которого наконец дождался. Да, можно было издавать книжки, но для этого необходимо было идти на сделки со своей совестью. Но тогда это был бы не я — Борис Чичибабин.

А.Я. Вы сказали, что дождались наконец своего друга-читателя.

Б. Ч. Да. Все эти годы я был, можно сказать, во внутреннем подполье. Но искал и обретал какие-то высшие духовные ценности. И вот пришло время, которое и я, наверно, в какой-то мере готовил своими стихами. И знаете, я немного растерян. Слишком много суеты и мнимых истин. А это к хорошему тоже не приведет. Так что же делать? Мне понравилось чье-то определение, что поэт — это тот, кто говорит о Главном. Главном с большой буквы. А это не преходящее, это вечное. Это вопросы добра и зла, нашей духовности. И если что-то сегодняшнее взволнует меня, я буду писать и об этом. Но опять же не поступлюсь своей свободой.

А. Я. И все-таки, как вы относитесь к поющим поэтам?

Б. Ч. Как я понимаю, песня — это стихи с музыкальным сопровождением. А оно мне, как автору стихов, мешает. Я хотел бы, чтобы читатель общался со мной, читая мои книги, а не слушая меня с эстрады. С эстрады обращаешься к множеству людей. А путь поэта к читателю — единичный, личностный. Поэт — он сам лирический герой, и все его поступки не должны расходиться со стихами, слово — с делом.

ПОСИДИМ С ТОВАРИЩАМИ У КОСТРА

Когда-то поэт Михаил Пляцковский, приглашенный в жюри конкурса самодеятельных песен, проводимого радиостанцией «Юность», предложил эту строчку взять девизом конкурса.

— Ведь все барды — огнепоклонники, — весело объяснил он. — Вот, послушай сама: «Я смотрю на костер догорающий», «Пять ребят у костра поют», «Вдруг у костра ожидают, представьте, меня». Даже лыжи и те у печки стоят, а не на холоде, где обычно им положено быть! Это ведь уже стало ритуалом — посидеть у костра, откровенно поговорить, излить душу. И в городе — где собираются для этого? Непременно на пресловутых кухнях, тоже поближе к огню.

Все именно так. Сколько костров осталось в моей памяти! В молодости, кажется, мы просто кочевали от одного к другому. Там, на лесных полянах, мы отмечали праздники, назначали место встреч, находили новых друзей. Но что делать, «мы не спеша стареем год от года, мы привыкаем к своему углу». Неутешительно, но Константин Симонов прав. Действительно стареем. И привыкаем к этому самому углу. Все меньше тянет отрываться от него. Приглашают на какое-то торжество, на вошедшие в моду различные презентации, — сразу же находишь с десяток самых уважительных отговорок. Устаешь от многолюдья, избегаешь новых знакомств. И наоборот, стараешься почаще видеться со старыми приятелями, хотя не всегда это удается. Вот совсем недавно получила записку от Пети Фоменко:

«Адель, солнышко! Мы дожили до СЕГОДНЯ. Не прячь лица! Прошу, пока не поздно — увидимся, а? Помню, надеюсь, люблю, верю, хотя уверенности нет...»

Так что местом нынешних встреч становятся сейчас кухни, где можно, укрывшись от домашних, быстро соорудить уютное чаепитие и скромное, не располагающее к чинным беседам застолье. Мастерицей устраивать подобные пирушки была когда-то мама Юры Ряшенцева Ксения Александровна, у которой собирались мы за огромным круглым столом, по семейным преданиям, принадлежавшим в прошлом самому Григорию Распутину. А сейчас любим мы бывать у Маландиных, где Лиля всегда угощает фирменными пирожками, приготовленными по известному только ей рецепту.

Не раз принимала гостей в своей кухне и я. Без всяких приглашений заглядывал Володя Красновский, который в последнее время много гастролировал и привозил с собой из этих поездок множество любопытных историй. Всегда «при оружии» — с громоздким немецким аккордеоном являлся — Валерий Оленинков, сам такой же огромный и шумный, и не выпускал целый вечер из рук свой инструмент. Кстати, именно на нашей кухне сложили Визбор, Максим и Валерий песню «Зимний вечер синий».

Часто заходил и Валентин Никулин, с которым мы давно уже были дружны. Не берусь дать оценку его сценическому мастерству, но бардовские песни исполнял он бесподобно. И никитинский «Диалог у новогодней елки», и окуджавского «Барабанщика». А как вдруг заиграла неожиданными красками, как раздумчиво зазвучала в исполнении Валентина песня Юрия Колесникова «Я смотрю на Москву через призму поэзии»!

Никулин тогда лицедействовал в театре «Современник» и приходил обычно после спектакля. Если был в настроении, то мог петь до утра. Что однажды и случилось, когда он привел к нам на Пушкинскую Олега Даля. Они устроили настоящий песенный марафон. Пели всё — и Вертинского, и Анчарова, и Галича. Причем не просто пели, а разыгрывали каждую песню, как маленький спектакль. Валя вел свою партию с меланхолической отстраненностью, а Олег так яростно и напористо, что к рассвету почти сорвал голос. На прощанье смущенно улыбнулся: «Спасибо, что помогли отвести душу...»

Нашу кухню облюбовали не только гости. Именно в этом уголке просторной квартиры на проспекте Мира собираются на различные семейные праздники все домочадцы. Давно уже абонировали, так сказать, за собой определенные места за столом давние наши друзья Алеша и Лариса Богомоловы, наши сваты Юрий и Евгения Никитины. Кстати, Юрий отличный музыкант, исследователь творчества Петра Лещенко, которого считает — и, наверное, справедливо — одним из предтечей нынешних бардов.

А по выходным на кухне хозяйничают мои внуки — Варвара, Юра и Миша. Здесь их всегда ждет приготовленное бабушкой угощенье, а они, в свою очередь, отчитываются о своих успехах. В том числе и творческих. У всех отличный слух и со вкусом, по-моему, тоже все в порядке. Юра уже с успехом выступал на вечерах, посвященных памяти своего известного деда, а Варя профессионально учится вокалу и, хочу надеяться, о ней еще услышат. Что же касается самого младшего, он охотно рифмует и начал печатать на дедовской машинке забавные случаи, которые он именует «мемуарами». Так что — смена идет!

ЗАЙЦЕВСКИЙ ОДНОДВОРЕЦ

Наверное, у каждого есть свои талисманы. У меня — это камешки-обереги, привезенные с Валаама, черепок древней керамической амфоры, подобранный на раскопках в Пенджикенте, куда увезла меня когда-то Зося, и вырезанная из древесной коряжки изящная головка лани, — это подарок Сергея Евгеньевича Клименко, давнего друга нашей семьи и в какой-то степени сослуживца. Он тоже много лет проработал в Радиокомитете, но в соседнем отделе — на иновещании, где готовились передачи для зарубежных слушателей.

Сергей был знатоком Японии, владел ее языком и приносил нам иногда листки с каллиграфически выписанными иероглифами, обозначающими пожелания добра и удачи. Первым с ним познакомился Максим, когда в очередной раз они поехали в подшефный совхоз на уборку картошки. Сергея знали там уже не первый год и относились к нему с большим уважением. В отличие от большинства приезжих горожан, имеющих о сельских работах самое приблизительное представление, он был мастер на все руки — и лошадь запрячь, и луг выкосить, и колодец почистить. Всему этому обучился Сергей в детдоме, куда определили его после смерти родителей еще в начале тридцатых. Но об этом мы узнали уже позже, когда однажды попался нам на глаза адресованный ему пригласительный билет на торжества, посвященные не помню точно какой годовщине со дня рождения Пушкина. Поинтересовались, почему такая честь? Сергей нехотя буркнул: «Считаюсь потомком». Оказалось, что мать Сергея по прямой родословной линии —

правнучка великого поэта и, значит, сам он — его праправнук. Разумеется, возмутились: «Что же ты молчал об этом?» Объяснил: после революции отца его, управляющего обширным имением в Белоруссии, арестовали — до того ли тогда было, чтобы ссылаться на предков? Дворянин, он и есть дворянин — классовый враг! Семья стала бедствовать, мать никуда не брали на работу, пришлось буквально побираться, а сына отдать в детдом. С той поры и пропала у Сергея всякая охота упоминать о своей родословной. По-моему, даже в редакции, где он служил, не сразу узнали, что он потомок Пушкина.

Мы виделись с ним часто. Подолгу чаевничали, слушая его рассказы об армейской службе в годы войны, о поездках в Японию, встречах с многочисленными родственниками, тоже потомками поэта, которых судьба разбросала по разным странам. Помню, как-то в большой компании зашел разговор о пустоте и ветрености красивых женщин, и кто-то, не зная Сережиного родства с поэтом, привел в качестве примера Наталью Николаевну Гончарову. Клименко побледнел, встал из-за стола и, заикаясь от волнения, сказал:

— Вам следовало бы попросить прощения! Вы, пользуясь грязными сплетнями, оскорбили честь достойной женщины!

Разговор был скомкан. Перешли на другие темы. Я посчитала, что Сергей был излишне резок — ведь о Наталье Николаевне и сегодня можно услышать разное. Но, думаю, я его отчасти поняла, когда однажды, вспомнив этот случай, он сердито сказал:

— Александр Сергеевич отлично разбирался в людях и не случайно написал бабушке: «А больше всего я душу твою люблю!» Не красоту, а душу!

И тут до меня дошло. Ведь для Сергея его знаменитые предки без всяких «пра-пра» — это дедушка и бабушка прежде всего. А великий поэт и его красавица-жена — это уже второе.

И еще один случай, о котором, не пряча улыбки, рассказал Сергей. Как-то, еще ухаживая за своей будущей женой Ниной, он пригласил ее на автобусную экскурсию по пушкинским местам Москвы. Поездили по городу, осмотрели памятные объекты, и тут один из любознательных пассажиров поинтересовался:

— А живет ли сейчас в столице кто-нибудь из потомков поэта?

— Живут, — ответил экскурсовод. И, вздохнув, добавил: — Но все это довольно серые люди.

Выйдя на пенсию, наш приятель прочно обосновался в подмосковной деревне Зайцево, где был у него домик с небольшим участком. Копался в саду, выращивал какие-то диковинные сорта овощей. И судя по всему, этот образ жизни ему нравился. Появилось у него и еще одно увлечение — резьба по дереву. Бродил по лесу, выискивал затейливые сучки и корни, прикидывая, что из них может получиться. Подаренная мне головка лани тоже из того зайцевского леса. С такой припиской:

«Дорогая Ада! Милые Таня и Даша! Поздравляю вас с самым душевным из всех советских праздников — Женским днем. И примите соответствующие случаю вирши от зайцевского однодворца.

Снова честь я имею
Дать вам знать о себе,
О Клименко Сергее, —
Вашем верном рабе.
Пребывая в надежде,
Что пока не забыт,
Приглашаю, как прежде,
В деревенский мой быт,
Где вода из колодца,
Где от печки тепло,
Где поется и пьется
И легко, и светло!

БАРДОВСКИЕ МАДРИГАЛЫ

По гороскопу я — Водолей. И значит, по определению астрологов, должна трезво оценивать отпущенные мне силы и возможности, нисколько не обольщаясь на этот счет. Но ведь не зря говорят, что доброе слово и кошке приятно. А таких слов, адресованных мне собратьями-бардами, и читала, и слышала я немало. Причем порой так затейливо сложенных, что их смысл приходилось разгадывать, как ребусы.

Много лет назад Митя Сухарев подарил мне сборник «Общежитие», где были напечатаны его стихи, с такой надписью:

«Аде — эталону и идеалу — снизу». Я даже оробела и стала искать подвох. И нашла: «эталон снизу»!

А не так давно в мой день рождения поздравил меня в галантно восточном послании Юлий Ким:

Привет тебе, Адель Адамна!
С той самой золотой весны
Весь мир, а мы-то и подавно
В тебя навеки влюблены.
Не мни себя каргой и клушей,
Не озирай пройдённый путь
И не считай годов. Ты — слушай,
На время время позабудь.
Адель, ты помнишь наши встречи,
А также воздух голубой?
Иных уж нет, а те далече —
Но все равно мы все с тобой.
Как прежде, молоды и живы,
И распеваем, как всегда,
Твои бессмертные мотивы,
Забыв невзгоды и года!

Твой Юлик К.
24 января 1997 года

Я ответила ему, на мой взгляд, не менее галантно:

Дорогой, любимый Ким!
Ты мне стал необходим,
Как питье и как еда,
Будь поэтому всегда!

На одном курсе с Кимом учился и Юра Коваль. Он был пригож и улыбчиво ироничен, чем-то напоминая Визбора. Они оба словно торопились жить, чтобы как можно больше повидать, узнать и рассказать об этом. И, по-моему, многое успели, хотя до обидного коротким оказался отпущенный им срок. Чувствуя родство душ, они, поскольку были полными тезками, даже хотели создать клуб Юриев Иосифовичей, в котором собрать таких же бродяг, склонных к веселым проказам и рискованным авантюрам.

Если Визбора влекли горы, то сердцу Коваля были ближе равнинные лесные раздолья русского Севера. Он был своим человеком в костромских и вологодских деревнях, дружил с объездчиками и паромщиками, мог неделями пропадать в каких-то дальних лесных сторожках и рыбачить на глухих безлюдных озерах. Единственно, с кем никогда не расставался ни в Москве, ни во время своих странствий, это со своими собаками. У Коваля был зоркий взгляд первооткрывателя и редкий дар увлекательного рассказчика. Большинство своих книжек — а их написано немало — он адресовал детям. Наверное, потому, что сам оставался в душе мальчишкой.

И еще оба Юрия Иосифовича любили рисовать. Но опять же, если Визбор никогда не считал это своим основным занятием, то Коваль стал профессиональным художником. И не только сам оформлял свои книжки, но и с успехом выставлялся на многих вернисажах. Обзавелся даже просторной мастерской на набережной Яузы. И так уж случилось, что именно там каждый год в один из последних дней декабря стали собираться мы на невеселые встречи, чтобы помянуть уже ушедших от нас однокашников по институту. А их, тех, кто уже далече, становится все больше и больше. И вот нет теперь и Юры Коваля. Того самого вихрастого кареглазого парня, который когда-то, еще на Пироговке, вместе со своим приятелем, однокурсником Мишей Полячеком, нынешним редактором популярного еженедельника «Алфавит», принес мне такие шутливые строчки:

Мы долго упрямо скрывали
Сердечные тайны свои,
Но как-то в холодном подвале
Зашел разговор о любви.
Мы даже повздорили малость,
Сидели, сердито сопя,
Когда, как на грех, оказалось,
Что оба влюбились в тебя.
И после такого признанья
Могли бы рассориться в дым,
Но нас примирило сознанье,
Что третий тобою любим,
Что наши страданья напрасны,
И наши напрасны стихи...
Не Визборы мы — это ясно,
И всё же не так уж плохи!

Но и я не оставалась в долгу перед друзьями. Подошло пятидесятилетие Жени Клячкина, и я отправила в Ленинград такое поздравление:

Дата круглая, что тут скажешь,
Предлагаю напеться всласть!
Я ведь тоже почти тогда же
В этом городе родилась.

И с протянутыми руками,
Позабыв про свои дела,
Я готова стоять веками,
Лишь бы песня твоя была!

У сборничка моих песен, подаренного Александру Городницкому, было такое посвящение:

Вчера, едва проснувшись рано утром,
Я вдруг смекнула прямо наяву,
Что мир устроен празднично и мудро,
Пока в нем Городницкие живут.

В Ленинград ушло и мое приветствие Валентину Вихореву:

Друг дорогой из далекого пришлого,
Мне намекнуть наступила пора:
Будет у нас еще много хорошего
В ясную лунную ночь у костра.

Можно припомнить еще немало подобных мадригалов, пусть не всегда складных, но искренних в своих добрых пожеланиях. Кстати, про тех же Водолеев сказано, что они тянутся к талантливым людям.

КРОКОДИЛ ГЕНА

«Москва не сразу строилась». Но все-таки пришло время расселять и нашу коммуналку на Неглинке, с которой было связано столько добрых воспоминаний. И не скажу, что это вызвало у меня большую радость. Тем более, что нас ожидало новоселье в так называемых «хрущевках» — блочных коробках с крохотными кухоньками, совмещенными санузлами и узенькими лестничными пролетами. После оживленной и шумной

Неглинки новый район показался сугубо провинциальным, на что лишний раз указывал и адрес — Загородное шоссе. Под боком проходила линия кольцевой железной дороги, и тягучие гудки тепловозов создавали впечатление, что живем мы где-то на глухом разъезде. А поскольку поселили здесь немало бывших жителей сносимых с карты Москвы окрестных деревушек, то под нашими окнами то и дело устраивались разухабистые гулянки с гармонями и голосистыми частушками, не смолкавшими зачастую всю ночь напролет. Вдобавок через дорогу располагалась печально известная москвичам лечебница имени Кащенко, по территории которой бродили ее задумчивые постояльцы.

В нашей однокомнатной квартирке на двадцати квадратных метрах каким-то чудом разместились я с Танькой, Максим с сыном Алешкой, наш общий потомок Максим-младший и громоздкий беккеровский рояль. До сих пор для меня остается загадкой, как ухитрялась я находить место для ночлега припозднившихся гостей, порой совершенно нежданных.

Однажды дождливым осенним вечером в дверь позвонили. Открываю — высокий широкоплечий незнакомец с букетом в руках. Подумала, что он просто ошибся дверью. А он, хотя и заметил мое удивление, сразу же протянул букет:

— Вы Ада Якушева? Так вот я к вам! Мой приятель в вашем доме живет, он мне про вас и рассказал. Так что я и решил нанести визит как бы по-соседски. Не прогоните? Тогда давайте знакомиться. Меня зовут Геннадий Шпаликов.

Конечно, я его не прогнала. Пригласила на кухню, предложила чаю. Но Шпаликов вытащил из кармана бутылку вина:

— За знакомство полагается покрепче.

Вошел сонный сын. Посмотрел на чужого дядю и бесцеремонно осведомился:

— Ты кто? Как тебя зовут?

— Гена.

— Крокодил, что ли?

— Пожалуй, что так. Пустишь на постой?

— Оставайся, — разрешил сын.

И вот с того вечера Шпаликов время от времени стал появляться у нас на Загородном. Приходил, стряхивал с плаща капли дождя, спрашивал обычно: «Не прогоните?» Наверное, случалось с ним когда-нибудь и такое. Видно было по всему, что в его жизни что-то крупно не ладится. За разговором вдруг надолго замолкал, устремляя куда-то отсутствующий взгляд. Потом спохватывался: «Это я о своем. Не обращайте внимания».

У меня не спрашивал, но у Максима мог «стрельнуть» десятку, а потом принести с этой десяткой целый ворох цветов, выпивку и закуску.

— Гуляем, ребята! Аванс! Значит, еще верят...

И мы гуляли. Перебивая друг друга, читали весь вечер стихи, пели песни — и свои, и Шпаликова — «Городок провинциальный», «Палубу».

А я вспоминала Неглинку. Как однажды зашли к нам с Юрой тоже с грудой каких-то свертков Булат Окуджава, Андрей Вознесенский, Евгений Евтушенко, Василий Аксенов, еще кто-то. Пришли, как выяснилось, прямо со съемок фильма «Мне двадцать лет» по сценарию Шпаликова, жалели, что не пришел с ними и Геннадий. По их словам, он запил горькую. Да и немудрено, когда каждый день требуют убрать из сценария то одно, то другое.

В последний раз мы с Максимом встретили Шпаликова у станции метро «Академическая». Он был приветлив и непривычно спокоен. Сказал, что вроде бы все налаживается, пора приниматься за настоящую работу. Так что в ближайшее время вряд ли придется увидеться. И как-то извиняюще улыбнулся. А через несколько дней я узнала, что не увидимся мы больше никогда...

СТАРШИЕ ТОВАРИЩИ СО СТАРОЙ ПЛОЩАДИ

Следующее наше новоселье — на проспекте Мира — вышло несколько скомканным. Я ходила последние дни беременная Дашкой (что будет дочка, я не сомневалась), и соорудить соответствующее застолье не было ни сил, ни времени. Но Максим все решил элементарно просто. Не дожидаясь переезда, он поставил прямо на полу в самой большой комнате совершенно пустой квартиры ведро с водкой, нарезал на газеты вареную картошку, огурцы и сардельки, принес кувшин с квасом. Никакой посуды не было. Водку по очереди черпали ковшиком. И, разумеется, скоро «начерпались». Но никто не предполагал, что в самый разгар импровизированной пирушки мне придется встать с единственного из всей мебели стула и объявить, что самое время отправляться в роддом. С грехом пополам нашли сравнительно трезвого обладателя водительских прав, и меня под руки отвели к машине Инна Тайнц и жена Вени Смехова Алла. Через час я родила Дашку. Это было 18 сентября 1973 года.

Первое время было не до знакомства с соседями. Знала только, что поскольку дом ведомственный, большинство из них — работники Радиокомитета. Но к Новому году удалось навести кое-какой порядок. Поставили высокую елку, развесили гирлянды и уже собрались было сесть всей семьей за стол, как в дверях раздался звонок. Открываю: стоит коренастый пожилой человек с очень знакомым лицом.

— Здравствуйте! Во-первых, примите поздравления с наступающим праздником, а во-вторых, разрешите представиться: я ваш сосед по лестничной клетке, Юрий Васильевич Силантьев. Понимаете, какая оказия — забыл ключи в старой квартире. Не встречать же Новый год на лестнице.

Я растерялась. Вот почему показалось таким знакомым это лицо... Поставила еще один стул, наполнила еще один бокал.

И примолкла: не каждый ведь день приходится сидеть за одним столом со знаменитым дирижером. Спасибо, выручил сам гость. Произнес галантный тост, вспомнил приличествующий случаю анекдот, стал расхваливать мою стряпню.

Но чудеса в эту новогоднюю ночь продолжались. Снова звонок. На пороге с бутылкой шампанского — другой мой сосед, Вячеслав Владимирович Янчевский, бывший в то время главным редактором «Юности». И не один, а с как всегда громогласным Шаинским.

— Мы тут отмечали новоселье у Янчевского и решили посмотреть, как живут его работники!

Надо ли говорить, что радостнее всех встретили дядю Володю Максимка и Татьяна. Уже через несколько минут усадили его за наш легендарный рояль — благо Шаинского никогда не надо уговаривать, когда дело касается его песен. Они понеслись одна за другой. Про голубой вертолет, про уснувший крейсер «Аврора», про день рождения, который бывает только раз в году. Уверена, для моих ребят этот новогодний праздник останется одним из самых памятных.

А с Юрием Васильевичем мы стали встречаться часто. Каждое утро выходил он на прогулку со своим безродным, но очень вальяжным псом, который приходился тезкой хозяину, поскольку откликался на кличку «Силантьев». У нас тоже была симпатичная дворняга, и когда я слышала в коридоре басовитое «Ну что, Силантьев, подышим свежим воздухом?» — тут же выходила к лифту.

Пока собаки исследовали округу, наш сосед успевал вспомнить немало историй, забавных и не очень. Вот одна из них.

Дело было в первые послевоенные годы. Шла подготовка к Всемирному фестивалю молодежи и студентов, который должен был проходить в Праге. В состав советской делегации включили и молодежный эстрадный оркестр под художественным руководством Юрия Силантьева. До этого за рубеж они не выезжали и, чтобы не ударить в грязь лицом, репетировали чуть ли не круглые сутки. Репертуар самый что ни на есть «идеологически выдержанный»: «Гимн демократической молодежи», «О Сталине мудром, родном и любимом...», «Комсомольская клятва». Но на всякий случай — все-таки праздник молодежный — включили от себя и несколько лирических песен. Вот о них-то, когда шло генеральное прослушивание, и споткнулся «железный Шурик», тогдашний комсомольский вожак Александр Шелепин.

— Кто у вас за главного? — грозно спросил он.

Показали на Силантьева. Шелепин, по словам Юрия Васильевича, сдвинул брови:

— А, это ты, толстомордый! Что скажешь в оправдание?

А в чем оправдываться? Силантьев и тогда был не худеньким, если речь шла о комплекции дирижера, и никак не думал, что это явится каким-то отягчающим обстоятельством в этом обсуждении. Что же касается песенной лирики, то вся она была взята из трижды проверенных советских фильмов.

«Железный Шурик» отвел холодный глаз и прокурорски изрек:

— Не про любовь, а про борьбу за мир надо петь! И со старшими советоваться. Они плохому не научат.

Старшими он, наверное, считал всех, кто сидел тогда на Старой площади.

Не думаю, что кто-нибудь еще позволял себе говорить с Юрием Васильевичем подобным тоном. Но иной раз, когда я справлялась у него, как идут дела, он, сердито махнув рукой, мог бросить:

— У них (следовал кивок куда-то вверх) всё в ажуре, они разбираются и в сельском хозяйстве, и в музыке. Вы, наверное, и по себе знаете. А у меня помаленьку...

И еще был мой сосед великий книголюб. Все комнаты в стеллажах. И, судя по изрядно потрепанным корешкам книг, служили они не для мебели. Выписывая массу периодики, буквально охотился за новинками. Мог огорошить:

— Обратите внимание, что «Я помню чудное мгновенье» и «Интернационал» написаны в одном размере.

При случае свободно цитировал Ницше и Конфуция. Считал Леонида Филатова одним из лучших поэтов двадцатого столетия.

Сейчас на нашем доме установлена мемориальная доска: «Здесь жил выдающийся дирижер и композитор Ю.В. Силантьев».

НА ГЛОТОК «ЛАУРЕАТСКОЙ»

Лев Иванович Ошанин почему-то каждый раз, завидев меня, спрашивал:

— А вы помните, Адочка, наши встречи на Звенигородской биостанции?

И я согласно кивала:

— Конечно, помню!

Хоть я и бывала не раз на этой биостанции, но Льва Ивановича там не видела. Он, вероятно, имел в виду другое подмосковное место — дачный поселок писателей Переделкино. Там тоже высокие сосны, полусумрак старых аллей, деревянные дома окнами в лес. Туда как-то пригласил нас отчим Володи Красновского Дмитрий Иванович Еремин (автор получившего Сталинскую премию романа «Гроза над Римом») на прощальный обед перед отъездом Володи и Юры Визбора на работу после получения диплома. В числе приглашенных были Лев Иванович с женой Еленой Успенской, писатель Александр Яшин. Все были веселы, шел оживленный разговор о последнем яшинском рассказе «Рычаги», о котором, кстати, говорила тогда вся Москва. Лев Иванович читал свои стихи, тоже казавшиеся нам необычайно смелыми, поскольку речь в них шла о людях, пострадавших в тридцать седьмом году, и благодушно отзывался о песнях самодеятельных авторов. Его отзывы были важны: Ошанин, хотя и был тоже лауреатом, числился среди тех редких профессиональных поэтов-песенников, которые нам нравились. В его стихах подкупали живая разговорная интонация, бытовые ситуации, владение формой. Помню, Визбор с удовольствием цитировал:

В небе — злая грозовая панорама,
Мяч плывет у ворот по воде,
Но упрямо едет прямо на «Динамо»
Вся Москва, позабыв о дожде...

Мне кажется, Лев Иванович тоже внимательно прислушивался к бардовским песням, разгадывая, вероятно, в чем причина их привлекательности. И, думаю, эти наблюдения не прошли даром. Во всяком случае, как разительно не похожи его прежние песни «Комсомольцы, беспокойные сердца» или «Ленинские горы» на написанные позже «А у нас во дворе», «Бирюса», «Желтоглазая луна».

Что же касается Звенигородской биостанции, то не удивляюсь, что она связана у Ошанина с бардами. Дело в том, что его дочь Татьяна училась на биофаке МГУ — том самом биофаке, который в те годы соперничал в песнях с нашим МГПИ.

У меня складывается впечатление, что в последние годы жизни Лев Иванович был чем-то опечален. Да, шутил, как обычно, мог принять участие в каком-нибудь легком розыгрыше, но глаза оставались грустными-грустными. Часто звонил, осведомлялся, что нового, и, не дослушав ответ, вздыхал:

— Когда же я вас затащу к себе в Переделкино? Понимаю, что времени в обрез, но, может, выкроите вечерок? Угощу пирожками домашними, "лауреатской" водочкой собственного настоя!

Как тут устоишь? Собирались и ехали к нему на дачу. И он был искренно рад гостям. Сам накрывал стол, усаживал поудобнее, следил, чтобы отведали все закуски. Пирожки и на самом деле бывали отменными, и настоенная на каких-то корешках и травах водочка хорошо шла. Как водится, с Максимом вспоминали БАМ, где они часто вместе бывали с творческими бригадами радиостанции «Юность». Сам не предлагал, но чувствовалось, что очень ждет, чтобы мы попросили его прочитать новые стихи, и мы, разумеется, просили, и Лев Иванович приносил из кабинета на веранду кипу листов и, скосив из-под очков глаза, читал одно стихотворение, второе, третье. Меня, конечно, больше интересовал песенный жанр. Хорошо помню рассказ Ошанина, как они с композитором Анатолием Новиковым работали над одной из самых известных песен — «Дороги».

— Мы сначала писали ее как попутную, которую поют возвращающиеся с фронта после Победы солдаты. Ее хорошо приняли в секции советской песни и на прослушивании в Радиокомитете. Но было такое ощущение, что она должна быть о другом: не о самой Победе, а о нелегких дорогах к ней. Звоню Новикову: «Толя, забирай песню! Будем переделывать!» Он рассердился: «Хватит валять дурака, песня принята!» Еле уговорил его, за что Новиков был потом благодарен. Немало я бился тогда над каждым словом. Помните: «Выстрел грянет, ворон кружит. Твой дружок в бурьяне... — какой? мертвый? Нет, не подходит, слишком обыденно. Сраженный, павший? И наконец, нашел! «Твой дружок в бурьяне НЕЖИВОЙ лежит!»

Поневоле вспомнишь: «Изводишь единого слова ради тысячи тонн словесной руды»...

При всем нашем настороженном и довольно критическом отношении к авторам-профессионалам были среди них и любимые нами — Алексей Фатьянов, Константин Ваншенкин, Микаэл Таривердиев, Ян Френкель... Мы считали, что у них настоящая бардовская хватка.

КАК Я ВЫРУЧАЛА ВЫСОЦКОГО

Когда-то на Ленинградской студии сняли документальный фильм о бардах «Срочно требуется песня». Недавно в телевизионной передаче были показаны фрагменты из него, и я увидела себя совсем молодую, а следом — такого же юного Владимира Высоцкого, поющего свою песню «Парус». И мысленно сказала спасибо своей подруге Наташе Зеленко. Объясню почему. Когда мне позвонили из Ленинграда и пригласили на съемки этого фильма, я не отказалась, но и не дала согласия. Были какие-то неотложные дела в Москве, личные неприятности, скверное настроение, да к тому же маленькую Таньку не с кем было оставить. И вот тогда Наташа (она работала редактором в газете «Советская культура»), узнав про этот звонок, всплеснула руками:

— И не думай отказываться! Это ведь для вечности! — Она всегда переоценивала меня. А потом стала загибать пальцы: — Это я сделаю за тебя, это может подождать, а Татьяну возьму на время твоей отлучки к себе. Им вдвоем с Димкой будет веселее!

Димка — ее сын, ровесник Тани.

Короче, Наташа меня уговорила. Более того, потратила полдня, чтобы сделать мне прическу, вытащила из гардероба свою любимую модную кофту и буквально вытолкнула меня из дома.

В Ленинграде встречал Миша Крыжановский. Главным делом Миши в течение многих лет была запись на пленку бардовских песен. Уже в то время он ухитрился где-то достать аппаратуру, которой завидовали даже профессионалы. Замечу кстати, что в тот приезд в Ленинград Миша записал и меня. А спустя двадцать с лишним лет эта пленка очень пригодилась при выпуске «Мелодией» моей пластинки.

Съемки прошли благополучно. После меня на студии ждали Высоцкого. Но пришла телеграмма, что он заболел. Меня это уже не касалось, и я собралась возвращаться в Москву. Но тут прибегает в гостиницу тот же Крыжановский:

— Выручай! Объявлен концерт Высоцкого, а его нет. Будет большой скандал! Ведь это не какой-то клуб, а Дворец!

— А при чем тут я?

— Отменять концерт уже поздно. Будешь выступать ты!

Не хотелось и слышать об этом. Во-первых, я вообще не большая охотница до выступлений, во-вторых, у Высоцкого уже к тому времени был свой круг слушателей, и вряд ли они остались бы довольны такой заменой. Но, с другой стороны, как не выручить ленинградских друзей?

И я скрепя сердце поехала на концерт. Известие о том, что вместо Высоцкого будет выступать кто-то иной, зрители встретили довольно прохладно. Надо было как-то согреть зал. Я рассказала о себе, о своих тревогах, с которыми ехала сюда, старалась, как никогда, — и скандала не случилось. Мне даже подарили цветы, которые наверняка были припасены для Высоцкого.

Вернувшись в Москву, скорее всего забыла бы об этом приключении, если бы через несколько дней не раздался телефонный звонок. Звонил Высоцкий. Сказал, что ему сообщили из Ленинграда о происшедшем, поблагодарил и обещал, если понадобится, также выручить. Я решила немедленно воспользоваться этим. В то время я как раз готовила для радио цикл материалов в передачу «Барды и менестрели» и подумала, что будет совсем неплохо записать молодого автора. Мы договорились встретиться на радио. Но в редакции, услышав об этом, забеспокоились:

— Ты что же, хочешь нас подставить с этим твоим Высоцким? — сердито сказал один из тех, кому предстояло визировать материал. — Учти, что нас «там» не поймут!

И он показал пальцем куда-то вверх. Я тоже посмотрела вверх, но подумала: авось пронесет! У меня были основания так думать потому, что из того же ЦК ВЛКСМ просили, бывало, переписать для домашнего пользования ролики песен Кима, Галича, Алешковского, Высоцкого, которые никогда не звучали в эфире. Но на всякий случай решила все-таки использовать в передаче о Высоцком его песни-сказки типа «Чудо-юдо» и «Страшно, аж жуть!», к которым, я надеялась, вряд ли прицепится цензура.

И вот запись сделана. Но в эфир она так и не прошла. Нашлась целая куча замечаний, суть которых сводилась к тому, что все это не имеет ценности для воспитания молодежи.

Оплачено судьбой

Однажды (это было в самом начале шестидесятых) мне кто-то сообщил, что в журнале «Молодой коммунист» опубликовано нечто вроде рецензии на мои выступления. Естественно, я сразу же бросилась разыскивать этот номер. Нашла. Прочитала. Большой радости мне это не доставило. Рецензент весьма скептически отзывался о бардовских песнях, и в том числе о моих. «Ну что ж, может быть и такое», — вздохнула я и захлопнула журнал.

А через неделю-другую раздался телефонный звонок:

— С вами говорят из «Молодого коммуниста»...

— Слушаю вас, — холодно ответила я.

— Не хотите ли напечататься на страницах нашего журнала?

— Спасибо, уже напечаталась! — сказала я в сердцах.

Но мне объяснили, что журнал предоставляет место для различных точек зрения (термин «плюрализм» тогда еще не был в ходу) и у меня есть возможность высказать свою. Подумав, я согласилась, посчитав, что будет негоже не поднять брошенную бардам перчатку. Так появилась в печати моя первая статья. Первая, потому что за ней последовали и другие.

Конечно же, сегодня я написала бы (если вообще взялась бы за это) совершенно по-иному и о другом. И был соблазн все, написанное тогда, серьезно пригладить и многое убрать, но я решила — за непринципиальными исключениями — сохранить все как есть.

ПЕСНЯ БОЛЬШАЯ И МАЛАЯ

Выходит человек на сцену. Перед ним — зал, множество внимательных глаз. А он один. С ним только гитара и песня. Он что-то должен и может сказать людям, сидящим в этом зале. Или ему кажется, что он м о ж е т что-то сказать. В этом «или» — всё. Зал всегда безошибочно чувствует: большую песню или маленькую принес на сцену исполнитель, искусство это или нет. Таков закон. Он одинаково верен как для песен, написанных композиторами-профессионалами, так и для творчества «самодеятельных» композиторов — для искусства вообще. Или — или.

Мне всегда кажется, что поэзия родилась вместе с музыкой, что они неразрывны. Недаром же настоящие стихи полны музыки, то приглушенной и печальной («Пора, мой друг, пора, покоя сердце просит»), то звенящей и ликующей («Узнаю тебя, жизнь, принимаю и приветствую звоном щита!»). Не пример ли тому — народные песни, где слова и музыка настолько слитны?

Гомер аккомпанировал себе на лире. Беранже играл на гитаре. Пушкин писал «певец» — о поэте... Об этом можно говорить много. И хотя сегодня поэзия и музыка живут и развиваются самостоятельно, их пути параллельны. А цель одна: воспитание человеческой души — благородной, нежной, целеустремленной.

Иногда я так представляю себе: была одноколейная дорога, по которой шел состав «стихи—музыка», потом состав разделился, и по двухколейке стремительно неслись одновременно и отдельно уже два состава. Музыка (конечно, не самая лучшая) стала стремиться к объемности и монументальности форм, «освобождаясь» от мелодичности. А от состава поэзии сначала отцепились вагоны ритма, затем — рифмы. А некоторые поэты умудряются вести состав, отцепив даже паровоз — мысли. Разумеется, это опять-таки не о лучших наших поэтах...

И рядом с грохочущими электромагистралями идет тихая узкоколейка, как остаток от старых времен. Это — авторская песня. Их много — песен, музыку к которым создают не профессиональные композиторы, а слова — не профессиональные поэты.

Их, эти песни, называют туристскими. Это удобно — кто же всерьез будет относиться к милым пустячкам? Да и какой может быть спрос с парня в штормовке, который, сидя у костра, извлекает из гитары нехитрый мотив!

Их называют студенческими. Тоже всякому понятно: молодо-зелено, а значит, несерьезно. Новаторства этих песен можно не замечать. Или определить его как «дешевый авангардизм».

Объединяют же все эти песни словом «самодеятельные». Мне временами этот термин кажется очень обидным. Как будто такая песня — нечто вроде студенческого капустника. Второй курс веселится вовсю, а третьему уже не смешно.

Мне думается, и где-то об этом уже говорилось, что правильнее было бы называть эти песни «авторскими». Ведь слова и мелодии пишет один человек. Их много, авторских песен, они стали явлением нашей жизни и, как всякое явление, требуют пристального внимания.

...На одном из московских конкурсов авторской песни выступал мой приятель. Решив «подать» свои песни серьезнее, он не исполнил их сам, а привел из института хор симпатичных певцов, что-то около семидесяти человек. Они старались очень, но песен не спасли. Публика в зале не то чтобы осталась равнодушной, но крайне удивилась. И мне было понятно это удивление. Никакое шаманство, никакие ухищрения не спасут, если нет в песне точного и ясного подхода к жизни, выраженного с подкупающей откровенностью. И хор, и оркестр (пусть даже Большого театра) только подчеркнут несовершенство песни, разрыв между замыслом и исполнением. Как у артиста есть свое амплуа, так и у песни — свои возможности, есть предел этих возможностей. Чужая, несвойственная роль ведет к неудаче. Незачем авторской песне рядиться в чужие одежды, «подтягиваться» до сложных (но не всегда хороших тем не менее) вокальных произведений, созданных профессионалами.

Автор выходит на поразительно пустую сцену один, и его спасают только сама песня, те мысли и чувства, которые в ней заложены. Автор сам возвел этот песенный дом, соединив в себе и архитектора и строителя. Ему нельзя сослаться на то, что, мол, проект был замечательный, а выполнение подкачало. И если у автора нет за душой большого, искреннего чувства и такой же мысли — его песни обречены... Поэтому и не имели успеха песни моего приятеля.

...Я знакома со многими творцами авторских песен. И вот что, на мой взгляд, симптоматично. Никто из них не горит желанием «выбиться в люди» в музыкальном мире. Они давно уже выбились в люди, они — хорошие врачи, учителя, инженеры, рабочие. Песня для них — потребность души, второе любимое занятие.

Ребята ищут наряду со своей основной профессией профессию души.

В расцвете авторской песни — черта времени. Все больше становится умных, пытливых людей, которые не представляют себе жизни без поисков. Песня — только тропинка на той огромной карте душевных маршрутов, которая характерна для нашего общества. Но это особая тропинка. На песню отзываются все.

Очень часто самодеятельные песни упрекают (особенно специалисты!) в том, что плохи или неоригинальны их мелодии, что они примитивны. Что, наконец, эти песни не профессиональны. Мне кажется, не нужно ставить в ряд песни авторские и профессиональные. Никто ведь не предъявляет таких требований к народным песням. А они — одно из величайших чудес, созданных человечеством. Я не равняю эти песни — народные и авторские. Народные создавались столетиями, всю нашу историю, и пережили время только самые лучшие из них. Авторские действительно часто бывают слабыми. Я только за справедливый подход к каждой песне. За то, чтобы она оценивалась именно как авторская. И я отнюдь не призываю к какой-то особой снисходительности. Тем более, что наши музыковеды, разнося в пух песни авторские, бывают удивительно снисходительны к творчеству композиторов-профессионалов. Хотя никакая профессиональность не может скрыть откровенную пошлость некоторых изданных и широко популяризируемых песен.

Во всяком случае, мне было бы стыдно, если бы известную песню «Ландыши» написал кто-нибудь из непрофессионалов. Об этой песне то же сказала и «Литературная газета», когда вела разговор об авторской песне. Однако по недоразумению редакция выдала за «бездарные авторские песни» произведения двух ленинградских композиторов. Знаменательное недоразумение!

Разговор о качестве авторской песни — это разговор о самом авторе, о его интеллекте, запросах, его стремлении учиться. Такая песня неизбежно открывает слушателям духовное лицо автора. Именно поэтому подобная песня не терпит даже миллиграмма фальши. Иначе песня гибнет, потому что не верят ни ей, ни автору.

И в наш, по определению писателя, нервный век, век кибернетики, магнитофонов, бешеных скоростей, человек остается человеком. И на дне души каждого есть особые струны, которые откликаются только на песню. Дело тут не в том, что авторские песни по содержанию своему скорее всего песни интимные. Нет, успех любой песни, самой гражданственной, такой, как «Уходили комсомольцы» или «Песня о тревожной молодости», зависит от того, что она одновременно и очень личная, и своя для всех, общая. Есть такая старая-престарая формулировка: «То, что пропущено через сердце». Так вот, то, что пропущено через сердце, исключает ремесленничество, равнодушное версификаторство. Авторские песни — от сердца. И лучшие из них никого не оставят равнодушными. Вспомните «Снег» ленинградца Александра Городницкого. Как быстро завоевала эта песня огромнейшую аудиторию. Она и лирическая, и немного тревожная, и, основное, полна удивительной веры в то, что человеку в общем-то под силу все пути, любая трудная дорога.

Не все авторские песни хороши, это само собой разумеется. И, конечно, авторам надо учиться, использовать для учебы все (в общем-то небольшие) возможности. Так же, как надо учиться любителям, собирателям магнитофонных записей. Я говорю «учиться» совсем не потому, что сама учусь, а просто всякая учеба воспитывает требовательность вкуса. Бездумные собиратели авторских песен порой искренне восхищаются дешевыми поделками, лжеромантикой, сомнительной бравадой. Обидно, когда настоящие, человечные песни соседствуют с побрякушками.

Многие авторы (даже хороших и популярных) песен музыкально необразованны. Это их беда. Им надо помочь. И, конечно, легче всего это было бы композиторам-профессионалам. Ведь самые талантливые из непрофессиональных авторов песен — это резерв, из которого должна черпать и черпает наша музыкальная мысль.

И обидно, что пока никто всерьез не подумал о том, чтобы объединить создателей авторских песен вокруг музыкальной школы, организовать для них вечерний факультет. Может быть, в деталях я не права и работать с авторами нужно по-другому, но мне важна мысль в основе: с ними надо работать. А не противопоставлять несоизмеримое и критиковать авторские песни с высоты знаний, полученных в консерватории.

Хотя, по-моему, в этой критике повинны отчасти сами авторы песен и комсомольские организации, которые стараются поскорее вытащить на институтскую (районную) сцену своего собственного композитора и при этом не стремятся трезво оценить результаты творчества того или иного молодого человека.

Может быть, неправомерно сказать, что в авторской песне музыка не главное. Но мне кажется, что это так. Тем более, что большинство авторов не знает элементарной нотной грамоты. Дети магнитофонного века, авторы песен хранят свои произведения на пленках, понятия не имея о том, как записать их на бумаге. Они шли от слов, создавая песни. Я знакома со сборниками песен, которые были представлены на конкурс авторской песни в Москве. Многие тексты оставляют желать лучшего, а некоторые не выдерживают никакой критики вообще. И общий недостаток текстов — узость тематики, ходульность образов. Не знаю, как кому, а мне уже надоело встречать в посредственных стихах дорогое имя Аэлиты. Аэлита — «видимый в последний раз свет звезды» — привлекала нас бесконечной оригинальностью, необычной судьбой и такой русской верностью. И вот теперь от этого имени веет пошлостью, чему способствовали, кстати сказать, и профессиональные песни. Вспомните только строку «До свиданья, Аэлиты!». Представляете — такая серийная Аэлита сидит и ждет, когда же вернется из космоса ее Лось.

Я написала эту статью совсем не для того, чтобы еще раз (в который раз!) призвать к изданию сборников самодеятельных песен. Это очень важно, и это со временем будет.

Когда мы смотрим на совершенный в своей красоте самолет ТУ-104, нам безразлично, что его совершенство — результат длительной работы, мучительных поисков. Нам даже кажется, что вся его безупречность — результат мгновенной импровизации, душевного и умственного порыва. То же — с песней. Слушателю она предстает единым целым. Поэтому все ее части должны быть целесообразны и отточены.

Авторская песня выходит на бетонное шоссе известности, стартует с аэродрома человеческого сердца. О ней спорят, ее много ругают — и это отрадно. С ней идет в жизнь молодой интеллигент 60-х годов.

1966

ЛЮБОВЬ МОЯ – ПЕСНЯ!

Ко мне зашел товарищ. Он приехал издалека и ненадолго. За окном шлепал дождь.

— Какие новости в песенном мире? — спросил товарищ. — Как ребята? Кукин, Визбор, Клячкин, Городницкий, Ким?.. Расскажи мне о них.

Расскажи... Нет на свете более неблагодарного занятия, чем рассказывать о своих друзьях, людях, очень дорогих тебе, к которым ты относишься пристрастно. Но как же мне о них не говорить, когда каждая их удачная новая песня для меня событие, когда видеть и слышать их стало почти необходимостью. В этом — истоки моего приподнятого настроения.

Когда я слушаю Женю Клячкина, всегда представляю себе осень в Ленинграде, дождливую и седую. И Женю на набережной. Воротник пальто поднят, руки в карманах. Нам, москвичам, зябко, а ему — в самый раз. Я представляю Женины глаза — строгие и дымные, а за его спиной я представляю город — строгий и дымный, потому что идет дождь. И

Женя удивительно вписывается в этот кусочек города, чем-то они похожи.

Кто его знает, думаю я, может быть, у него песни о городе так хорошо и получаются, потому что он сам проектирует дома.

Этот город — он на вид угрюм.
Краски севера — полутона.
Этот город — он тяжелодум,
Реки в камень он запеленал.

Город угрюм, город тяжелодум — как же так, подумает кто-нибудь, колыбель революции — и вдруг тяжелодум!

Да, но ведь он большой, он из камня и железа, но он живой. И думает он, конечно же, не торопливо, и поступь у него тяжелая, каменная. А потом, почему не вызывают порой сомнений песни о разных городах, похожие друг на друга, как близнецы? Если город, то обязательно над рекой, если вечер, то рядом — огоньки, а если, не дай Бог, дерево на берегу, то под ним почти всегда «мы с тобой».

Город Жени Клячкина совершенно конкретен. Спутать его с каким-нибудь другим невозможно.

А теперь, дождями перемыт,
Пряча лужицы в своей тени,
Розовеет на Неве гранит,
И дома стоят — совсем одни.

Птичий гомон будит Летний сад,
Разминаются мосты, кряхтя,
Силуэты обрели фасад...
В эту ночь я у него в гостях.

Вот и вся песня. Коротенькая и нежная. Слушаешь ее всего две минуты, а впечатлений — надолго. Слушаешь — и представляешь себе этот город живым: и реки в розовеющем граните, и силуэты домов, постепенно обретающие (как точно!) фасад, и разминающиеся, кряхтящие мосты. Потом приезжаешь в Ленинград и видишь — все верно, он живой, все так и есть, как в песне.

Мне нравится этот четкий, ясный почерк песен Клячкина. Скрытая нежность ко всему доброму, о чем он пишет. Это, наверное, потому, что он не может равнодушно идти мимо чужой боли, и потребность помочь человеку в нем одна из самых главных потребностей. Мне нравится раздумчивый, почти философский смысл его песен.

Рассказывать про Юлия Кима — занятие довольно опасное: более остроумного человека я не встречала. Я была с ним в Братске и удивилась его умению разговаривать с аудиторией, чувствовать ее. Удивилась его умению строить каждое свое выступление по-новому, чтобы было одинаково интересно и тем, кто сидит в зале, и нам, стоящим за кулисами, да и ему самому не было бы скучно.

Юля Ким — самый веселый автор песен. Музыкальность, юмор, удачно подобранная стилистика — эти качества сопутствуют всему, что он пишет: будь то песенки о школьниках, будь то песни о рыбаках или моряках. Особенно удачными мне кажутся его шуточные, как он сам их называет, народные песни из цикла «1812 год».

Генерал-аншеф Раевский сам сидит на взгорье,
Держит в правой ручке Первой степени Егорья.
Говорит он: «Слушайте, что я вам скажу!
Кто храбрее в русском войске, того награжу!»

Этот генерал — фигура довольно обобщенная, точь-в-точь такой, как на лубочных картинках палехских художников, такой, каким он представлялся бомбардирам, — добряк с речью и представлениями крестьянина. Узнав, что его любимцы бомбардиры лежат пьяные у трактира, он тотчас же велел посте-

11 – 4188

лить им сена. Сюжетные песни-шутки для Кима характерны. Некоторые из них как будто специально написаны для водевилей, молодежных спектаклей, кинофильмов. Наверное, поэтому песни Кима охотно исполняют на эстраде.

С его «морскими» песнями я очень сдружилась на Камчатке. С ними легко было выступать перед рыбаками и моряками. Причиной тому их близость к терминологии рыбаков (Ким несколько лет работал учителем на Камчатке), темпераментность, ритмичность, заразительность (когда их слушаешь, то даже если они и незнакомы тебе, чувствуешь, что вот-вот сам начнешь подпевать).

Ким — очень любимый молодежью автор. Когда мои знакомые, перефразируя известную песню, говорят: «Как Ким ты был, так Ким остался», — они, безусловно, имеют в виду его непохожесть, его яркость и авторское своеобразие.

Юра Кукин — тренер по фигурному катанию. Может быть, потому, что он постоянно с детьми, песни у него получаются добрыми и сказочно-мудрыми.

Я — старый сказочник, я много знаю сказок
Про злых волков, про зайцев косоглазых.

Или:

Понимаешь, это странно, очень странно,
Но такой уж я законченный чудак:
Я гоняюсь за туманом, за туманом,
И с собою мне не справиться никак...

Или:

Где ж ты, мой добрый волшебник?
Я до сих пор не летаю...

Исполняет все это он тихо, неназойливо (хочешь — верь, хочешь — нет), и вот уже твои беды кажутся тебе мелкими, и ты становишься счастлив оттого, что живешь, и почти всерьез пытаешься разобраться, «чем опечалена туча, радость какая у листьев», и невольно перед тобой, как сказал один мой знакомый, всплывают картинки детства.

Но песни-сказки — это не единственный круг тем, который выбирает для своих песен Ю. Кукин. Я хочу вспомнить его удивительную песню. Она о том, как человеку вдруг становится не по себе. Он закуривает, подходит к окну — все равно тревожно. В это время он ловит сигнал бедствия. Что это — тонет корабль или «мать кричит от горя»? Что бы ни происходило, человек не может быть спокойным, если в мире неспокойно.

Очень похожа по смыслу на кукинскую «SOS» совсем непохожая на нее песня Александра Городницкого «Атланты».

Когда на сердце тяжесть
И холодно в груди,
К ступеням Эрмитажа
Ты в сумерки приди,
Где без питья и хлеба,
Забытые в веках,
Атланты держат небо
На каменных руках.

Оказывается, совсем не обязательно для убедительности пять раз кряду повторять в песне: «Мы войны не хотим». Можно, не теряя ее (убедительности), создать песню высокого гражданского звучания.

Трудно переоценить популярность песен Городницкого. Их знают почти всюду. Мелодии его песен предельно просты и, конечно, не являются открытием, а вот слова удивительны. Городницкий — настоящий, зрелый поэт, романтичный и мужественный. Герои его песен наделены теми же качествами. Саша — геофизик. Он много ездит, встречается в пути с разными людьми, поэтому темы его песен — самые разные. Но почти всегда он начинает песню, взяв за исток ее какую-нибудь сложную минуту в жизни людей — вынужденное ли ожидание летной погоды («Песня полярных летчиков»), снежную ночь у таежного костра («Снег»), — и, оттолкнувшись от каждого отдельного случая, как бы ни была грустна песня, делает полярный вывод с такой взволнованной жизнеутверждающей силой, что, честное слово, охотно верится в то, что его «лысых романтиков, воздушных бродяг» обязательно дождутся «не встреченные невесты».

Не так давно газета «Советская Россия» объявила фотоконкурс под девизом «Любовь моя, Россия!». Так же называлась программа выступления мастеров эстрады в Колонном зале. Но вряд ли составители ее знали, что воспользовались строчкой из песни Юрия Визбора:

Любовь моя, Россия,
Люблю, пока живу,
Дожди твои косые,
Полян твоих траву.
Дорог твоих скитанья,
Лихих твоих ребят.
И нету оправданья
Не любящим тебя.

Юрий Визбор много ездит по стране по долгу службы, много видит и удивительно ярко умеет рассказывать о виденном. Очевидно, поэтому в песнях его всегда присутствует некоторая доля повествовательности. Таковы его песни-репортажи о курсанте, молодом пареньке, погибшем недавно во имя спасения многих жизней; о ребятах, работающих на плато Расвумчорр; о подводниках Тихого океана; о летчике гражданской авиации Сереге Санине.

С моим Серегой мы шагаем по Петровке,
По самой бровке, по самой бровке,
Жуем мороженое мы без остановки —
В тайге мороженого нам не подают.

То взлет, то посадка,
То снег, то дожди,
Сырая палатка,
И почты не жди.
Идет молчаливо
В распадок рассвет.
Уходишь — счастливо!
Приходишь — привет!

«То взлет, то посадка», «уходишь — счастливо!», «приходишь — привет1» — почти в каждой песне Визбора есть такая строчка, которая запоминается мгновенно, а потом тревожит до тех пор, пока не разузнаются остальные слова. Это умение находить предельно точную строчку — свойство далеко не каждого автора-песенника.

Недавно Мурманское книжное издательство выпустило первую книгу рассказов Юрия Визбора «Ноль эмоций». В последнем как раз повествуется о том, как была написана песня «На плато Расвумчорр».

Наверное, у каждого автора песен, о которых я сейчас пишу, есть подобная история. Вот и выходит, что очень непросто писать песни о наших буднях, что их не напишешь, сидя у окна и созерцая близлежащие дома. Они требуют не меньшего труда, чем песни профессионалов.

В песнях Городницкого, Визбора, Клячкина и многих других одна из основных тем — любовь к Родине, к своей земле, ко всему, что нам дорого. Это любовь без «громких слов», бережная, нежная и одновременна мужественная. Это уже упоминавшиеся «Любовь моя, Россия», «Плато Расвумчорр» и многие другие.

Часто мне бывает больно за тех ребят, о которых я сегодня успела написать, и за тех, о которых я только еще собираюсь говорить, оттого, что их принято называть «самодеятельными» авторами, намекая тем самым на какую-то неполноценность их песен. Да, все они самодеятельные авторы, у всех у них разные профессии — и речь идет в данном случае не о терминологии, а об оттенках, каковыми это слово «самодеятельные» иногда окрашивается. А ведь эти песни по-прежнему остаются одними из самых любимых молодежью, потому что они совсем не легковесные куплеты, предназначенные для исполнения в узком кругу. Они рождены в самой гуще нашей сегодняшней жизни. Умные, талантливые, горячие люди, наши современники складывают их в экспедициях, командировках, в короткие часы отдыха. Человечность, гражданственность, патриотизм этих песен несомненны. В каждой из них — крохотный кусочек нашей жизни. Во всем этом их безусловная ценность и секрет их обаяния.

Да, все они самодеятельные композиторы, но в это слово нужно вкладывать больше уважения, а главное — заботы и внимания.

В первом номере журнала «Октябрь» за этот год Юрий Андреев, заканчивая статью о проблемах молодежной песни, пишет, что у него, к счастью, сгорел магнитофон и потому на просьбу: «Нельзя ли у вас переписать пленку-другую?» — он с чистой совестью отвечает отрицательно. Я его хорошо понимаю, тем более что у меня нет магнитофона, а мои знакомые, кочующие по всему свету, заходя, вместо «здрасьте» требуют песен. Ну, десять—двадцать песен я им как-нибудь еще вспомню, а потом отсылаю их к нашим «собирателям». А «собиратели» просто так переписать не дадут (я их знаю!). Они взамен тоже требуют песен.

Выступала я как-то на вечере пропагандистов печати в Ленинграде и говорила обо всех этих песнях. Пропагандисты — люди молодые, неспокойные. Они меня слушали-слушали, а потом один встал и сказал не очень приветливо, что достоинства этих песен всем давно известны, что он сам гоняет по городу в поисках пленок, что «почему бы вам там, в Москве, их не издать?». И вообще: «Скажите, где я могу их достать?»

Действительно, где? Слушайте радиостанцию «Юность», — скажу я, но ведь ее и так слушают. Слушают в Москве, Ленинграде, Братске, Средней Азии, на Востоке и на Севере.

Слушают, вооружившись карандашами, включив магнитофон. Но ведь этого мало. Листайте «Смену», там тоже иногда их печатают, смотрите «Турист», читайте «Московский комсомолец», другие молодежные газеты, загляните туда-то и туда-то. Но ведь этого тоже мало. Недавно ленинградское издательство «Музыка» выпустило песенник «Спутник туриста». Загляните туда, правда, на прилавках я его не видела, а из двух сборников, которые мне прислали из Ленинграда, один «увели» соседи (которые, кстати, никакого отношения к туризму не имеют), а другой похитили мои друзья. На эстраде эти песни звучат крайне редко. Все верно. Потому что, кроме авторства слов и мелодии, они еще предполагают и авторское исполнение, потому что некоторые из них «не смотрятся» с эстрады, некоторые требуют очень осторожной оркестровки и аккуратного исполнения. И еще потому что солистов эстрады смущает некоторая традиционность в мелодии этих песен, заимствованная, наверное, от бытовых городских песен прошлого века. Но ведь эта мелодическая традиционность встречается и в профессиональном песенном творчестве.

Юрий Андреев начал свою статью с того, что 50 процентов населения нашей страны имеет возраст до 26 лет, что «мы живем в молодежной стране» и должны знать песни, которые любит молодежь. А как их узнать, если они не издаются?

Короче, нужны сборники. Очень нужны. И пленки, и пластинки тоже. Они нужны и для того, чтобы научиться отличать хорошее от никуда не годного. Это необходимо для воспитания хорошего вкуса. Ведь есть «собиратели» и иного рода, коллекционирующие пошлятину, состряпанную «под кого-то».

Я очень хочу, чтобы это дело попало в умные, добрые руки. Чтобы люди, которые станут этим заниматься, услышали, что по стране кочуют песни. К ним присочиняются новые куплеты, их любовно передают из рук в руки, и каждый поет их по-своему. Они любимы, потому что в них всё: и гордость за свою страну, и нежность к другу, и напоминание о не пришедших с войны, и тревога за судьбу нашей планеты. Они не дают нам оступиться, не дают права быть жестокими и несправедливыми. Они не дают забыть ни о рассветах в полнеба, ни о березовых рощах, ни о гуле ракетных кораблей. И потому они наши большие друзья. И нельзя позволить, чтобы эти песни ютились в плохоньких записях, передавались «из-под полы». Очень бы хотелось, чтобы лучшие из них стали рядом с профессиональными песнями. В конце концов вовсе неважно, кто написал твою любимую песню — композитор Френкель или журналист Визбор, — была бы она любимой.

1967

ОПЛАЧЕНО СУДЬБОЙ

Мои студенческие годы были временем и возникновения, и расцвета бардовских песен. И вот теперь, по прошествии стольких лет, пытаемся объяснить, найти разгадку этому удивительному явлению: откуда оно пришло, настоящее песенное поветрие? Конечно же, оно родилось не на пустом месте. А может быть, как раз на пустом?

Вспомним: прошло десятилетие после окончания войны. Можно сказать «еще» и «уже». «Еще» — потому что свежа была память о ночных затемнениях и аэростатах воздушного заграждения, днем пасшихся на бульварах и площадях, а к вечеру поднимавшихся в московское небо. Потому что рядом сидели в аудиториях парни в выцветших гимнастерках с красными и желтыми нашивками за полученные ранения. А «уже» — потому что вставали похожие на дворцы высотные здания, газеты писали о грандиозных планах преображения природы, и по радио гремели бодрые маршевые песни, убеждавшие, что легко нам по жизни идти. Все, возможно, было в этих песнях правильно, и в то же время как-то холодно. И мы, собравшись за столом, где главным угощением были картошка с селедкой и винегрет, или греясь у походного костра, пели те, что шагнули к нам с войны.

Но хотелось нам петь и о нас самих. О том, что тревожило и радовало именно нас. Очень хотелось, ведь это было и время больших ожиданий, когда вдруг показалось, что каждый может сказать что-то свое. После маршей потянулись к тишине, в которой можно было услышать и сказанное вполголоса, и тихий аккорд гитары. Да, большинство из нас не очень уверенно владело этим инструментом, и ко многим текстам можно не только придраться, но и на самом деле найти в них немало изъянов. И все-таки...

Все-таки было и, надеюсь, есть в этой песне то, что не может оставить молодежь равнодушной — предельная искренность и отвага. Она говорила о том, о чем предпочитала умалчивать песня профессиональная. За искренность тоже надо платить. И платили. Неопубликованными сборниками, невыпущенными дисками, сорванными афишами...

Нет, совсем не просто жить так, как поешь. Тем более, что в этих песнях требования к человеку ох как высоки! Эти песни не для обывателя. Слишком велика плата. У авторов этих песен есть контакт с залом, поскольку они предлагают слушателям материал для сопереживания и соразмышления. Очень точно сказал об этом Владимир Высоцкий: «Авторская песня — тут уж без обмана, тут будет стоять весь вечер один человек с гитарой, глаза в глаза... И расчет в авторской песне только на то, что вас беспокоит, точно так же, как и меня, те же проблемы, судьбы человеческие, одни и те же мысли...»

«Глаза в глаза» — это, конечно же, не для стадионов или огромных концертных залов. Эти песни гораздо уютнее чувствуют себя в иной, более доверительной обстановке. Когда на открытии саратовского фестиваля прозвучала радостно-торжественная фраза: «Наконец-то самодеятельная песня вышла из леса на большую сцену!», одна из моих соседок вздохнула: «Лучше бы она там и оставалась...»

Не берусь утверждать, что эта песня должна поселиться исключительно у туристских костров, но тогда чем объяснить тот факт, что большинство праздников и конкурсов проводятся КСП за городом, на лесных полянах?

Замечаю, что сейчас бардовская песня стала противопоставляться року, и даже слышны рекомендации всецело оказывать поддержку одному и отказать в ней другому. Но это, помоему, от чрезмерной запальчивости. И тот, и другой — «трудные дети», которые никогда не пользовались и, надеюсь, никогда не будут пользоваться расположением обывателя, поскольку не вписываются ни в его вкусы, ни в его представления о жизни. У них есть свои издержки, свои болезни роста, диагнозы которых не всегда своевременны и верны. Но, хочется верить, цель у них одна — рассказывать о нашем трудном и сложном времени, помочь найти себя в нем, и тогда, как написал Дмитрий Сухарев:

А песню подхватит любой,
А песне найдется работа,
Поскольку в ней каждая нота
Оплачена нашей судьбой...

1987 (в сокращении)

ОТКРОВЕННА И ЧЕСТНА

(Из интервью)

...Простота формы — одно из условий жанра. Поэтому мне кажутся чересчур перегруженными песни, в которых сложные стихи переложены на не менее сложную музыку. Но ведь не из всех хороших стихов получаются хорошие песни, иначе с эстрады пели бы не Резника, а Пастернака. Эстрадный текст всегда будет облегчен по сравнению с высокой поэзией, потому что песенную строку нельзя «вернуть», перечитать. Она должна доходить до слушателя сразу. Вопрос — насколько облегченнее? Если музыка идет за стихом, подчеркивает его мелодику, она помогает восприятию текста, но текст может, наоборот, выполнять вспомогательную роль — в таком случае певец превращается как бы во вспомогательный инструмент с более или менее широким диапазоном. И зачастую все равно, на каком языке он поет. Очевидно, из-за обилия музыкальных и зрительных эффектов так примитивны по форме рок-тексты. В бардовской песне, напротив, главным считают текст. Потому и музыка — проста, потому и слова — поэтичны. Однако при видимой доступности любому, кто разучил два-три аккорда на гитаре, жанр этот далеко не прост. Тексты бардовских песен могут существовать как стихи, чего нельзя сказать о текстах многих поп- и рок-песен.

И еще — о самом термине «авторская песня»: при всех оговорках, при том, что формально он неудачен, термин этот широко употребляется. Он отражает одно из главных качеств жанра: определяющее значение тут имеет личность автора. Она рождается, как результат работы личности над собой. Она откровенна и честна. Потому ее и поют.

1988

ВИСЯТ НА ОКНАХ СИНИЕ МЕТЕЛИ

(Из интервью)

...У авторской песни есть свой, если можно так сказать, родовой признак — камерность. Меня часто спрашивают, а сохраняется ли он сейчас, когда срывается на крик эстрада и кажется, что децибелы вышли из-под контроля? Так вот, на мой взгляд, многое зависит от детской, где человек воспитывался. Нынешние молодые люди живут совсем иначе, чем жили мы — очень трудно и вечно без денег. Мы привыкли делиться последним. У кого-то заводилось несколько копеек, но он не шел один в буфет, а прихватывал с собой ребят, и там, хоть по стакану чая, хоть по пирожку, по бублику — всех оделял. Мы выросли на романтической поэзии Светлова, бегали на вечера в Политехнический и уходили оттуда с горящими глазами. Любовь к поэзии, во всяком случае в нашем институте, была поголовной. Братство, душевность, щедрость питали нашу повседневную жизнь и органично входили, как наши нравственные ценности, в песни.

Сегодняшние песни молодых звучат очень красиво, затейливо, но то, о чем они, молодые, пишут, принадлежит, на мой взгляд, какому-то новому жанру. Конечно, понимаю, меняются поколения, образ жизни и чувствований. Мне же чисто по-человечески ближе классика жанра, которая создавалась в 50—60-х годах: задушевная, очень экономная в словах, простая в мелодии песня, которую по настроению могут петь все. Она западает в душу иной раз одним словом, фразой, и потому из-за этого слова возвращаешься к ней еще и еще.

Никто из наших «стариков», как принято теперь у бардов говорить, не обращал особого внимания на мелодию. Кто писал сильнее, кто — слабее, но никогда не жалели подарить друг другу удачный образ, рифму.

Недавно у меня был довольно неприятный разговор с известным бардом. «Прошу, — говорит, — не называй меня в передаче самодеятельным автором». А я не понимаю, почему это плохо звучит? Другое дело, что нам вообще надо разобраться с этим термином — «авторская песня». Что такое бард? Поющий поэт. Он пишет и слова, и мелодию, и сам исполняет свои песни. Но вот можно ли назвать в полном смысле авторской песню, в которой сочинена мелодия на стихи профессионального поэта? Пишут на слова Цветаевой, Пастернака и очень часто, что интересно, Пушкина. На Саратовском фестивале самодеятельной песни я невольно подумала, что попала на юбилей Александра Сергеевича. Через раз звучали или стихи Пушкина, или песни о нем.

Главное в авторской песне, считает Окуджава (и я всецело разделяю его мнение), — стихи. Они дают ритм мелодии. А когда правильно угаданы и расставлены акценты, здесь, наверное, песня и случается. Я за такую песню, услышанную сердцем.

Основное, что смущает в творчестве молодых, — небрежность по отношению к стихам. Их надо отделывать тщательнее, не бросать, скажем, строчку не зарифмованной — в наше время это считалось неприличным. Нельзя обращаться к образам, которые много раз уже использовались. Мне кажется, своим глазом посмотреть на все, что живет вокруг тебя, может каждый.

Очень сильно преувеличена у нынешних бардов музыкальная сторона песни — идет огромное давящее вступление, проигрыш — в полверсты. Но ведь нужна мера. Мелодия, если она положена на сложные стихи, требует предельной простоты. Если же стихи простые, то ни в коем случае не стоит мелодией утяжелять их.

Очень интересный автор живет в Туапсе — Владимир Ланцберг. Работает в клубе. Скромный парень, внешне не очень яркий, но я таких обожаю. Как Золушка: хоть и в затрапезном фартуке, а все равно — принцесса. Когда Леня Беленький, составитель сборников туристских песен, нас знакомил, то сказал: «Вы с Володей очень похожи. Он не педагог, а работает с детьми. Вы же — педагог, но с детьми не работаете. И второе сходство: у вас и у него — по трое детей».

Сначала Володя пел мне свои песни. Потом я стала на их основе рассказывать ему про него самого. И вроде бы не ошибалась. Потому что он умеет в песне один к одному выразить свой внутренний мир. «Судя по этой песне, ты очень трогательно относишься к детям», — продолжала я свою «анкету», однако Володя меня поправил: «Здесь поется не про ребенка, про любимую. Хотя, если подумать, и недалеко от правды: я к женщинам отношусь, как к детям, — они слабее меня, их надо поддерживать и помогать им по-всякому».

С детьми, причем так называемыми «трудными», работает и Юрий Устинов. Он мечтает создать школу «реабилитации личности», ходит с ребятами в походы, организует всевозможные трудовые лагеря. И песни его мягкие, улыбчивые, но заставляющие о многом задуматься.

Вообще показательно, что чаще всего приходит удача к тем авторам, которым есть что сказать, которые идут не от книг, а от жизни, своего опыта. Например, не случайно пользуются популярностью сейчас песни Андрея Козловского, у которого за плечами работа газосварщиком на строительстве сибирских газопроводов, плотника Виктора Байрака, проводящего все свои отпуска в археологических экспедициях. Чувствуется, что их песни рождаются не за письменным столом, а где-то на лесных станах, в палаточных лагерях, под шум тайги и в отблесках костров. К сожалению, романтика сейчас как-то исчезает из авторской песни. Молодые барды уходят от простых слов, что очень жалко. А как хочется, чтобы они — так же, как и мы — могли волноваться от росного серебра травы, тумана, встающего над утренней рекой, дрожащей листвы осенних осин.

Ведь все это общечеловеческое. И как много этого было в старых бардовских песнях.

В нашей семье один из самых любимых авторов — Александр Городницкий. У него стихи необычайной точности и красоты. Как можно не проникнуться такими простыми и в то же время такими зримыми строчками:

Укрыта льдом зеленая вода,
Летят на юг, перекликаясь, птицы,
А я иду по деревянным городам,
Где мостовые скрипят, как половицы...

Я не завистливый, смею думать, человек, но как бы хотелось, чтобы вышло из-под моего пера: «Висят на окнах синие метели»...

Александр Блок заметил, что «до человека без музыки достучаться нельзя. Но сначала она должна зазвучать на самой пронзительной ноте в душе автора. Тогда и другие подхватят его песни...»

Тогда и другие подхватят его песни.

1988

ВСЕ РОЖДАЛОСЬ НЕВЗНАЧАЙ

(Из интервью)

Андрей Павлов. Мы когда-нибудь услышим ваши новые песни?

Ада Якушева. Я и сама, бывает, задаю себе этот вопрос. Разумеется, хотелось бы ответить на него положительно. Тем более, что есть желание писать — песни ли, стихи, прозу, но пока дальше черновиков дело не идет. Вероятно, чтобы довести его до конца, требуются определенные условия, и в первую очередь душевное спокойствие, чтобы светил впереди радостный огонек, согревала сердце надежда, что всё в конце концов устроится к лучшему. Я по характеру своему далеко не боец, мне по душе гораздо ближе «за», чем «против», и поэтому я каким-то образом реализую желание писать в стихотворных посланиях детям, в поздравлениях друзьям. Одна из моих последних песен так и называется: «Я приглашаю вас в леса». И это не какие-то абстрактные леса, а те, что окружают небольшую калужскую деревеньку Палатки — не правда ли, совсем туристское наименование? В этой деревне я провожу в последние годы каждое лето — собираю грибы, ягоды, целебные травы и отдыхаю от суеты большого города. Вполне возможно, что это передалось мне по наследству — ведь я дочь лесника. А что касается новых песен, то живу надеждой...

А.П. Почему вы вышли на пенсию сразу же, как позволил возраст? Ведь была любимая работа, дело, которым вы занимались всю жизнь?

А.Я. Всё так. Плюс к этому еще и люди, которые стали не только друзьями, но почти родными, с которыми связала более чем двадцатилетняя работа на радиостанции «Юность». Здесь пришлось, как говорится, резать по-живому. Но, с другой стороны, образовался страшный дефицит времени, которое было крайне необходимо, чтобы отойти на какое-то расстояние от привычного, жестко регламентированного уклада, почувствовать себя вольной птицей. Помните пушкинское «Давно, усталый раб, замыслил я побег...»?

За эти годы накопился солидный архив, который надо было привести в порядок, — это дневники, которые я вела еще со школьных лет, письма, наброски. Разбирая их, я как бы еще раз пережила былое, смогла со стороны окинуть ушедшие годы, и поняла, что жизнь в общем-то не прошла напрасно — меня окружали любимые и любящие люди, она была наполнена яркими событиями, памятными встречами. Один только педагогический институт, в котором я училась, подарил столько незабываемого!

А.П. А почему не сложилась ваша учительская карьера?

А.Я. Мне, кажется, что она все-таки сложилась. Может быть, не учительская, а педагогическая. После института я поступила в музыкальное педучилище, руководила вокальным октетом в своем МГПИ и ряде других московских вузов. Да и работа на радиостанции «Юность», где я долгие года вела передачи по письмам слушателей, разве не сродни педагогической? Замечу, что когда-то я почти каждое лето работала вожатой в пионерском лагере Радиокомитета.

А.П. Если бы вы вдруг повстречали тот самый горячий камень из сказки Аркадия Гайдара, вы попытались бы разбить его, чтобы начать жизнь сначала?

А.Я. А что я — хуже других, что ли? Тот камень, как известно, до сих пор лежит на той горе неразбитым. И если уж мы коснулись сказочных пожеланий, то мне бы больше всего хотелось, чтобы все дорогие мне люди были живы и счастливы и годы больше бы не прибывали. «Но всем уже давно известно, — как говорил тот же Аркадий Гайдар, — что такого могущества даже у самых волшебных камней не бывает...» А жаль.

А.П. Расскажите немного о детях.

А.Я. Их у меня трое. Внучат, кстати, пока что тоже трое. Старшая дочь — Татьяна Визбор — ведет на радио России музыкально-развлекательный канал «Четыре четверти». Сын — Максим Кусургашев — учится в ГИТИСе. Дочь — Дарья — на сценарном факультете ВГИКа. Если добавить к тому же, что и мой муж — Максим Кусургашев-старший — около сорока лет отдал радиостанции «Юность», то можно говорить уже о семейной династии. Кстати, для меня это имеет свои удобства. Когда я на лето уезжаю в деревню и, естественно, беспокоюсь, как там в московском доме, то ловлю в эфире голоса родных. Услышу — значит, всё в порядке.

Характеры у детей разные. А общее то, что все они с переменным успехом учились музыке, любят песни, поэзию и всякое зверье. Нашу кошку Ксюшу Максимка принес из Ботанического сада тощим облезлым котенком, а дворнягу Мишку дети принесли в дом из какой-то, как они объяснили, «бедной семьи».

— Почему бедной? — поинтересовалась я.

— Потому что у них всего три стула, — ответили они.

У нас тогда было четыре стула.

А.П. Как рождались ваши песни? Ставили вы перед собой задачу: я должна написать то-то или о том-то, или как-то по-другому?

А.Я. Песни были для меня как бы страничками дневника. «И все мои былые раны живут под именем стихов». (Эта строчка не моя. Это написала Вероника Долина, тоже учившаяся в нашем МГПИ.) В песнях отражалось то, что происходило со мной или моими друзьями. Они были продолжением наших разговоров. Более того, вот что странно и загадочно — в жизни происходило часто то, о чем рассказывала песня. Прямо колдовство какое-то! Что же касается заданности темы, признаюсь, что это не получалось. Все рождалось невзначай. Да по-иному, наверное, и быть не может. Песне по заказу не суждена долгая жизнь. Но я не считаю себя здесь профессионалом. И возможно, что кто-то считает по иному.

А.П. Насколько я знаю, вас не очень-то интересуют в последнее время новые имена в авторской песне и жизнь в клубах КСП. Почему?

А.Я. Да нет, интересуют! Другое дело, что авторская песня стала другой. Из нее исчезла теплота и душевность. Возьмите песни Юрия Визбора, Юрия Кукина, Александра Городницкого — это прежде всего крепкие, настоящие стихи. У нынешних авторов такое встречается не часто. Тогда барды противостояли профессионалам — в их песнях было то, что отсутствовало на эстраде, на радио и телевидении. Не случайно к бардам весьма подозрительно относились власть предержащие. Нынче ворота распахнуты настежь. И как результат — резко упало качество. Поневоле думаешь, что, может быть, снова нужны какие-то преграды, которые надо преодолевать? Сейчас множество людей причисляют себя к бардам. А может быть, лучше несколько имен, но подлинных? Как называет их Юлий Ким — «поющих поэтов»?

А.П. Задевает ли вас неприятно тот факт, что вам исполнилось шестьдесят? И не стоит ли опустить в публикации эту цифру?

А.Я. Задевает. Надо успеть поставить детей на ноги. А опускать эту страшную цифру ни к чему. Я старею вместе со своими любимыми и близкими людьми. Я знаю, сколько им, а они — сколько мне. Недавно позвонил Володя Туриянский: «Как ты там?» Я ему в ответ: «Караул, Володя, стареем!» Он вздохнул: «Давай это делать с достоинством!» И я придумала строчку для новой песни: «Мне шестьдесят. Уму непостижимо. Казалось, что так долго не живут...»

А.П. Чье мнение о вас, о ваших песнях было для вас самым значимым в молодости? Чье мнение для вас самое авторитетное сегодня?

А.Я. В молодости в трудную для себя минуту я оказалась в доме Михаила Григорьевича Львовского и его жены Елены Константиновны, которую друзья звали просто Лялей. Этот дом был принимающий и понимающий. И гости в этом доме были необыкновенные — Марк Бернес, Борис Заходер, Кира Смирнова, Валентин Плучек, Зиновий Гердт. Именно они сказали мне немало нужных и добрых слов. И еще, конечно, Лев Аннинский, который чуть ли не первым записал на свой допотопный магнитофон песни — мои и Юры Визбора. А Юра Ряшенцев подарил мне даже строчку для песни. А Сергей и Таня Никитины подсказали, как мне заверстать одну из песен. А сегодня? Сегодня я сама могу понять, что у меня так, а что не так...

1994

ПЕСНЯ НА ДВА ГОЛОСА

(Фрагменты интервью с А. Якушевой и М. Кусургашевым)

Была мысль из этой беседы сделать два интервью. Еще бы, каждый из собеседников — личность! С Ады Якушевой началась отечественная женская авторская песня. «Ты — мое дыхание», «Вечер бродит по лесным дорожкам» — эти и многие другие ее песни вошли в золотой бардовский фонд. А 27 декабря в мастерской Коваля выпускники МГПИ обязательно поют «В институте под сводами лестниц»...

Максим Кусургашев — известный радиожурналист, всю жизнь работающий на радиостанции «Юность». Люди среднего и старшего поколения помнят его передачи, идущие десятилетиями. Это и «Приглашение к путешествию», передача, выросшая из юношеского увлечения туризмом и проникнутая любовью к памятным литературным местам России и ее людям. Это и «Песни на просеках» — о том, что поют на БАМе (понятно, что, имея жену и друзей по институту — первых отечественных бардов, Максим Кусургашев и передачу свою посвятил во многом авторской песне). Десять лет он работал руководителем радиогруппы на БАМе. Удостоен звания Заслуженного работника культуры, награжден медалью «За трудовую доблесть», причем в Указе о награждении имя комментатора Всесоюзного радио Максима Кусургашева стояло в одном ряду с именами тех, кто строил магистраль: лесопильщиками, плотниками, путеукладчиками. И это для него высшая награда.

...А в общем, два интервью не получилось. Не получилось разделить этих двух людей, которые вместе уже тридцать лет. Это как песня на два голоса — каждый голос, конечно, ценен и сам по себе, но вместе-то — лучше! Так и звучат, сливаясь и дополняя друг друга: пиратский, с хрипотцой — голос Максима Кусургашева и мягкий, застенчивый, улыбчивый — голос Ады Якушевой.

Судьба кидала их в такие виражи, что другие вряд ли бы выдержали. И обида была, и боль. Они не сломались. Может быть, потому, что умели прощать и жалеть тех, кто причинял страдания, умели быть выше унизительных кухонных разборок и мелкой мести? В самые трудные моменты они помогали жить друг другу. Вырастили детей, внуков. Их дом — это действительно ДОМ, гостеприимный, немного суматошный и очень уютный, — уходить не хочется... И до чего здорово было открывать в разбойнике Кусургашеве нежного сердцем романтика, преданного семьянина, а в хрупкой Аде Якушевой — неженскую силу характера.

О быте и стихах

Максим Кусургашев. Поначалу мы все писали, но это было так, между прочим. У нас с Визбором есть несколько общих песен. Но Визбор, Ким, Ряшенцев с самого начала знали свою конечную цель. А меня сгубили бабы. Я ведь считал, что надо все женщине отдавать, серьезно к семье относился. Я в этом плане романтик, а они романтики в другом. Но это не значит, что кто-то хуже или лучше поступал.

Ада Якушева. А тут даже вывода нельзя сделать, у каждого личная жизнь складывалась по-своему. Откуда ты знаешь, кто, сколько и каким бабам отдавал?

М.К. И все-таки если бы мы поступали иначе, у нас с тобой не было бы шестерых внуков и пятерых детей на двоих... За все надо платить. Ада тоже жертва этой тенденции: обзавелась детьми — перестала писать.

А.Я. А о чем писать? О ценах на продукты? О деньгах?

— У Вероники Долиной четверо детей, но пишет ведь!

А.Я. Она — профессионал. А я — нет. Она без этого не может, наверное, жить, а я могу. И не до этого, честно говоря. Мечтаю архивы разобрать: нам книжку об институте заказали. А быт очень опустошает. Хочется сделать так, чтобы было вкусно, сытно и приятно. То магазин, то уборка, смотришь — уже ночь. Времени не остается, потому что то, что раньше мы делали быстрее, сейчас делаем медленнее в силу возраста. Так что песен не пишу. Тихонечко рифмую в свое удовольствие. Но, конечно, есть мечта написать пару лебединых песен. Тут главное — успеть. А то рухнешь, а песни нет.

— Но ведь уже столько написано!

А.Я. Написано, но уже мне не соответствует. Если я выйду вот в таком виде и спою примерно так: «Не уходи, ты мой дорогой, приходи ко мне», — меня не поймут. А поймут того, кто ушел, и правильно сделал. Надо соответствовать своему творчеству... Усталость появилась, а оптимизма осталось мало. Может быть, это связано с тем, что такая сложная ситуация вокруг и, куда ни выйдешь, везде наткнешься на что-то такое, что тебя загоняет в депрессию против воли. Трудновато стало. Но надо надеяться на лучшее. Недавно мне позвонил незнакомый мужчина и говорит: «Вы не могли бы прийти в частный дом и попеть за столом? Мы бы вам заплатили». Разве можно так? Это уж совсем неэтично. Я отказалась, а он говорит: «Наверное, у вас депрессуха». Я говорю: «Слушай, наверное, ты прав».

— А если совсем денег на жизнь не будет?

А.Я. Я тогда лучше пойду сигаретами торговать у метро.

— Как же вы, извините, живете?

А.Я.: Как видишь.

— Вижу, что, как и большинство «шестидесятников», не гоняющихся за материальными благами, живете скромно...

М.К. А что делать? Ужимаемся — раз. Во-вторых, туристское прошлое дает знать: у нас два маленьких домика: один в глуши Калужской, на берегу реки Угры, второй под Москвой.

А.Я. В одном дыра в стене, во втором веранда на себя дом тащила, пришлось ее снять. Но ничего, жить можно.

М.К. Картошку не сажаем. Ходим за грибами, ягодами вместе с внуками. Они скучать не дают.

А.Я. В институте я начала вести дневник, который открывался такой мыслью, что и жизнь моя, и любовь моя, и все, что в жизни положено человеку, будет связано с этим необыкновенно прекрасным зданием на Пироговке. Так оно и вышло в дальнейшем, потому что мой первый супруг, Юра Визбор, оттуда. Мой второй супруг, Максим Кусургашев, оттуда же. Это чудо, что я еще кого-то там не ухватила!

— Но вы совсем не похожи на хищницу.

А.Я. Танька моя как-то сказала: «Моя мама, конечно, не Нефертити, но двух прекрасных мужиков в институте ухватила!» Так что это ее выражение. Я никого не пыталась ухватить. Наоборот, мне кажется, я тогда ни по каким параметрам ни для легких отношений, ни для семейной жизни, ни для прочного союза не подходила. Ты как считаешь, Максим?

М.К. После тридцати лет семейной жизни как я могу считать?

— А как жизнь свела вас двоих вместе?

М.К. Я вернулся из армии. Первым меня встретил в институте Ряшенцев, который тогда литобъединение вел. «Максим, — говорит, — там у нас такая девочка есть!.. Пойдем познакомлю». А потом мы поехали в Переделкино к отчиму Володи Красновского — Дмитрию Еремину, лауреату Сталинской премии за роман «Гроза над Римом», секретарю парткома Союза писателей. Я приехал тогда с Эвелиной, своей первой женой. Ада — с Юрой Визбором. Пришел, помню, Лев Ошанин со своей женой, критикессой Еленой Успенской (она сильно пила и в конце концов выбросилась из окна). Был поэт Александр Яшин. Мы славно посидели, Ошанин читал свою поэму про невинно репрессированных... И была там Рита Горемыкина, секретарь комитета комсомола, которая потом вышла замуж за Юрия Дербинова, тогда аспиранта, который был редактором «Ленинца». И Визбор с Ритой убежал. Ада расстроилась, и я ее стал утешать. Давай, говорю, поедем на Волгу, куда я инструктором группы водил. Она говорит: «У меня педпрактика сейчас». «Да плюнь, — говорю, — на эту педпрактику». И мы на неделю уехали. Причем, путешествие было чисто платоническим! Ада была в подавленном настроении — ну как можно было этим воспользоваться? Конечно, когда мы вернулись в Москву, по институту пошли всякие разговоры... Но я вел себя порядочно, и Ада отнеслась ко мне с доверием.

А.Я. С этого и началась симпатия.

М.К. Потом Визбор собрался жениться и гадал, стоит это делать или нет. Я ему говорю: «Как тебе не стыдно? Дурак, где ты такую бабу найдешь?»

— А как же Рита Горемыкина?

М.К. По боку уже. Красивые-то они красивые, но должно быть какое-то родство душ... А потом у нас стали случаться катастрофы. Сначала Визбор убежал. Потом от меня жена ушла к Софронову, главному редактору «Огонька». Остались мы с Адой одни. Меня назначили заведующим отделом комсомольской жизни радиостанции «Юность». (Самое интересное, что я беспартийный был! И как начальство пропустило?) И однажды сказали: «Мы тебе в отдел дадим вот такого человека! Ты ее, может быть, знаешь, вы с ней в одном институте учились: Ада Якушева». И у нас продолжались товарищеские отношения. Между прочим, у меня в отделе работали тогда еще два наших выпускника: Борис Вахнюк и Альбина Кузнецова — оба из довлатовской театральной студии. Маленький филиал МГПИ получился!

А.Я. Кстати, тогда мы с Аллой Пугачевой близко познакомились.

М.К. Алку мы записывали на радиостанции «Юность», она была среди нас уже своим человеком, ездила с нами в Тюмень... Как-то собирались в подшефный совхоз, стали сколачивать бригаду, Алка тоже захотела поехать. И вдруг Ада приезжает.

А.Я.: Соседка по квартире мне сказала: «Что, так и будешь всю жизнь одна? Езжай тоже, хоть отдохнешь». Взяла мою Таньку к себе на воспитание, и я отправилась в эту деревню. Хорошая была поездка. Выступали с концертами в сельском клубе — кругом старушки, дети и собачки. Я пою первым голосом — Алла вторым подпевает, я пою вторым — Алла подпевает первым. А голос у нее красивый, сильный, чистый, я и подумала: ну все, мне с моим голоском конец... Хорошая девка была, никакая не кривляка, не ломака, и подружка хорошая. Потом пути наши разошлись, но при случае Алла говорит про «Юность» очень хорошие слова, не забывает прежних друзей...

А потом мы с Максимом решили, что вдвоем легче будет жить и детей воспитывать. И как-то незаметно родили Максимку. Тут к нам приехал главный редактор радиостанции «Юность» Володя Фадеев и поразился, что мы так тесно живем: в комнате девятнадцать метров у нас стоял рояль «Беккер», который занимал большую часть комнаты, кухня четыре метра и шестеро жильцов (мы двое, Танька, Алешка, старший сын Максима, Максимка и няня). Нам, говорим, и так хорошо. Он тогда посоветовал взять свидетельство о браке и подавать документы на получение большей квартиры. А у нас нет никакого свидетельства, мы об этом как-то и не задумывались. И началась беготня по инстанциям...

— Вот сюжетец! Сначала Кусургашев свидетель на свадьбе Визбора, потом — наоборот, а невеста одна и та же!

М.К. Ну и что? Я и Таньку забирал из роддома, потому что Юрка был в командировке. Когда Адка ему сказала, что хочет за меня замуж выйти, Юрка принес две бутылки коньяка, мы сели втроем, хорошо так поговорили... Мы до конца жизни секретничали с Юркой, были в курсе всех дел друг друга. Нас очень трудно было раздружить. Что-то мы друг в друге не принимали, что-то на дух не переносили, но принципы были одни.

— Ада Адамовна, любвеобилие Визбора доставило вам много горьких минут. Вы простили его?

— Такого, чтобы мы встретились и я сказала: «Ладно, Визбор, я все прощаю», — не было. Но время шло, много-много людей между нами вставало, и чисто коммуникативно мы были уже отодвинуты друг от друга. Однажды Визбор, уходя от одной своей женщины, приехал к нам в Софрино, где мы тогда отдыхали, и рассказал мне под большим секретом о своем решении. Я ему посоветовала не делать этого: останется в конце концов один, и, как у Чехова, некому будет подать тот самый стакан воды. Но он все-таки решил по-своему. А я при всей своей разговорчивости очень люблю хранить секреты. Даже в юности, когда мне рассказывали о своих романах, я никому ничего не передавала. Молодые все были, романы очень запутанные — ну и что? И вскоре забыла об этом разговоре. А потом проходит какое-то время, раздается звонок. Визбор: «Я у вас внизу. Я вернулся». Я лихорадочно соображаю: куда вернулся? Ко мне? А у меня Максим и дети: Танька, Дашка, Максимка. И как-то я совсем не готова к его возвращению. Первое время я, может быть, надеялась и мечтала об этом, а теперь ситуация другая... «Встреть меня внизу», — говорит Визбор. Я бегу вниз. Там стоит Визбор с двумя чемоданами. Мы сели в лифт, и он признался, что решил вернуться к той своей женщине. Мне стало полегче, потому что, честно говоря, я сильно перепугалась...

Когда он ушел от меня и потом менял свои привязанности, я первый раз подумала, что, может, это и к лучшему. Может, меня просто сверху пожалели. А то я так бы и была одна, а он периодически возвращался, чтобы опять уйти. Представляешь, какая мука? Можно сойти с ума! А когда с ним случилась беда и он умер, я второй раз подумала: господи, какое счастье, что мы давным-давно уже врозь, иначе пережить это было бы просто невозможно.

— ***Что он в вашей жизни значил?***

— Очень многое. Я не так уж много и влюблялась, между нами говоря. Первая детская любовь — мальчик из пионерского лагеря с примечательной фамилией Женька Сталин. А в институте я обожала Визбора, но никогда и не мечтала соединить с ним свою судьбу. Наоборот, сидя в Ленинке, например, присматривалась к красивым, интеллигентным девичьим лицам и думала: вот эта девушка ему бы подошла. Влюблена была просто по-детски. А не так чтобы: «Мой, никому не отдам!» Я очень ревнивая, но в тот момент это была возвышенная такая влюбленность.

М.К. Визбор был человек импульсивный, очень эмоциональный. Вспомни, Ада, его письма: «Я тебя не стою ни грамма, я себя считаю ничтожным человеком», — примерно в таком духе. И все это совершенно искренне! Он никогда в жизни не играл. И к Адке очень хорошо относился. Хотя переживала она отчаянно...

А.Я. Институт, кстати, тоже руку приложил к такому пониманию, что любовь одна и на всю жизнь. И читали мы соответствующую литературу: 18-19 век, «Бедная Лиза», Тургенев. Все мои подруги по институту такие были. Хотелось верности и любви, вечности в этих отношениях. А когда из-под тебя выбивают стену, на которую опираешься, — конечно, это страшно. Наверное, и Визбор не до конца разобрался во всем. Таньке он сказал: «Если бы начать жизнь сначала, я бы начал ее с Адки». Значит, что-то осталось.

Беседу вела Н. Богатырева

1999

ВМЕСТО ПОСЛЕСЛОВИЯ

Вот перечитала все написанное в этот раз, — все страницы, где попыталась рассказать о людях, с которыми встречалась, о друзьях и любимых, о времени, в котором мне довелось жить... Удалось ли это — не мне судить. Пусть эту книжку не напечатают. Пусть ее прочитают только самые близкие. Я даже представляю, как это произойдет. Соберу всю семью за чаем, рассажу всех поудобнее и стану страницу за страницей читать о том, как мы жили, чему радовались, о чем горевали. И буду смотреть на лица детей. Мне очень хочется, чтобы они поняли, как много схожего в наших жизнях — те же крутые ступени и повороты, тот же поиск чего-то самого важного. Пока они знают меня одну: у кухонной плиты, за уборкой квартиры, в спорах по мелочам. Но, может быть, увидят меня и другую, поймут, о чем я думаю, отрешенно вглядываясь куда-то мимо них, что вспоминаю вечерами, когда отпустят хоть на минуту бесконечные дневные заботы... Пусть прочитают эту книжку мои сверстники. Они-то быстрее и лучше поймут меня. Наверное, у многих из них жизнь тоже могла бы сложиться по-иному — и легче, и удобнее, и зажиточнее. Но это была бы другая, чужая жизнь, с другими удачами, тревогами и мерками... А кого-то, возможно, эта книжка оставит равнодушным. Но это не их, а скорее, моя вина. Значит, не достучалась, не коснулась какой-то струны. Может быть, когда-нибудь успею, дай Бог, сделать это.

И остается, как это было принято в старину, подписаться: «за сим уважающая вас Ада Якушева».

Нотное приложение

ПОНИМАЕШЬ

(с. 24)

ПЕСНЯ МОСКВЕ

(с. 11)

12 – 4188

СИНИЕ СУГРОБЫ

Оживлённо ♩=126

F7
B
D7
у_ бе_ га_ ет день...
G7
Cm
Ес_ ли петь те_ бе, то на_ до, что_
Gm
бы пес ня на_ чи_
D7
Gm
_на_ лась здесь.

(с. 19)

ЗДРАВСТВУЙ, ПЕСНЯ!

Cm F7 B B7
по до_ ро_ гам но_ вых встреч! Да бро_
E♭ E♭m B G7
дить по све ту по рас_ све_ там,
Cm F7 B A B
по до_ ро_ гам но_ вых встреч!

(с. 29)

ВЕЧЕР БРОДИТ

(с. 34)

ТЫ – МОЁ ДЫХАНИЕ

С движением ♩=*140*

(с. 39)

ЕСЛИ Б ТЫ ЗНАЛ

Fm B7
до_ ме да_ же лест_ ни_ цы ждут те_ бя зи_
E♭ G7
мой и ле том... Э_ то —
Cm G7
о, ес_ ли б ты знал, — твер_ жу я
Cm
час_ то, ос_ та_ ва_ ясь од_ на.
B7 E♭
Хо_ тя ни_ что б не из_ ме_ ни_ лось для
Cm D7 G7 Cm
нас, если б ты знал об э_ том.

(с. 37)

ГОРОЖАНЕ

Весело ♩=140

(с. 41)

МОЙ ДРУГ РИСУЕТ ГОРЫ

Не спеша. С чувством ♩=140

(с. 43)

МЕТРО

Умеренно быстро, с теплотой ♩=76

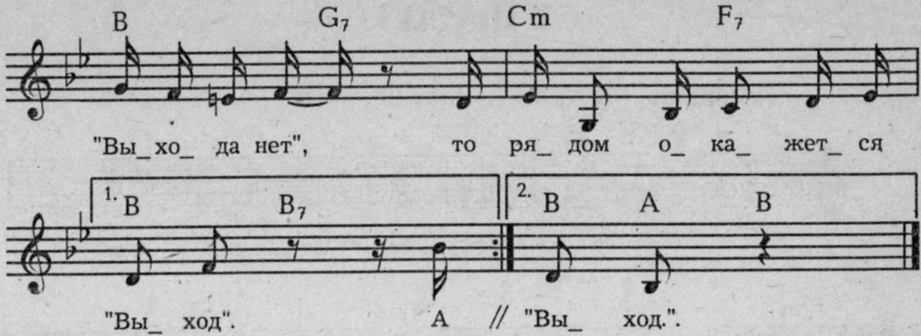
B G7 Cm F7
"Вы_ хо_ да нет", то ря_ дом о_ ка_ жет_ ся
1. B B7
2. B A B
"Вы_ ход". А // "Вы_ ход.".

(с. 42)

Я ШАГАЮ

Живо ♩=140
B Cm F7
Я ша_ га_ ю до_ ро_ гой
B Cm F7
длин_ной, все по_ во_ ро_ ты е_ ё при_
B B7 E♭ E♭m
няв, по то_ му что то_ му при_
B Cm F7
_чи_ ной тво_ ё спо_ кой_стви_ е за ме_
B B7 E♭ E♭m
_ня, по_ то_ му что то_ му при_
B Cm F7
_чи_ ной тво_ ё спо_ кой_стви_ е за ме_
1. B
_ня.
2. B A B
_лю.

(с. 45)

ДРУГИЕ ГОРОДА

(с. 46)

ВЕТЕР ПЕСНЮ ПОЁТ

Тепло, задушевно ♩=90

(с. 48)

В РЕЧКЕ КАМЕННОЙ

Умеренно ♩=120

(с. 49)

А Я ЖДУ

Быстро. Взволнованно
=140
Cm Cm D7
Ты о_ чень по_ хож на ме_
G7 Cm
_ня, че_ ло_ век! У сход_ ства од_
D7 G7 Cm C7
на лишь по ме_ ха: те_
Fm B7 E♭
бе ни за что не си дит_ ся в Мос_
A♭ Cm D7
кве, а мне от не ё не у_
G7 Cm E♭
1.
_е_ хать. А я жду.
B7 E♭ G7
Бе_ да — не бе_ да. А я

Cm Fm B7
жду, — мне труд_ но не ждать.
E♭ Fm G7
Ве_ тер вью_ жит и жёл_ ты_ ми
C7 Fm Cm
листь_ я_ ми кру_ жит, а я жду, —
D7 G7
ты ну_ жен мне. Зна_ //
2. Cm E♭ B7
А я жду...
E♭ G7 Cm

(с. 50)

НЕ ЗАБЫВАЙ ПРО МЕНЯ

(с. 52)

ДА ОБОЙДУТ ТЕБЯ ЛАВИНЫ

В соавторстве с Ю.Визбором

Умеренно быстро, взволнованно ♩=140

(с. 54)

ПАРНИ

Не спеша, лукаво ♩=136

1. A♭ A♭m E♭ C7
Ес_ ли пар_ ни го_ во_ рят о де_ ле —
Fm B7 E♭ D E♭ D
им не сле_ ду_ ет ме_ шать.
2. A♭ A♭m E♭ C7
Я за то, чтоб э_ ти пар_ ни всё же
Fm B7 E♭ D E♭
го_ во_ ри_ ли о де_ лах!

(с. 56)

Я ПРИГЛАШАЮ ВАС В ЛЕСА

Неторопливо, задумчиво ♩=120

Cm D7 G7
нён но ис_ пьём во_ ды из род_ ни_
Cm C7 Fm
ка. Мытам ко ле_ но_пре_ кло_
Cm G7
нён но ис_ пьём во_ ды из род_ ни_
1. Cm 2. Cm
_ка. Я _я. Я
Fm6 G7 Cm
при_ гла_ ша_ ю вас в ле_ са, я
Fm6 G7 Cm
при_ гла_ ша_ ю вас в ле_ са...

(с. 73)

Я НЕ ХОЧУ, ЧТОБЫ ТЫ УХОДИЛ

Умеренно, речитативно ♩=164

(с. 60)

СОДЕРЖАНИЕ

СТИХИ И ПЕСНИ

Здравствуй, песня!

Да обойдут тебя лавины

ЕСЛИ Б ТЫ ЗНАЛ. *Воспоминания*

Угол Пироговской

Очень много городов на свете

Оплачено судьбой

НОТНОЕ ПРИЛОЖЕНИЕ

По вопросам оптовых закупок обращаться:
тел./факс: 261-97-23, 261-02-51
E-mail: M@Lokid.ru
Адрес: 107082, г. Москва, Переведеновский пер., д. 17, склад 223
Адрес редакции: 129110, г. Москва, а/я 33

Ада Якушева

ПЕСНЯ — ЛЮБОВЬ МОЯ

Стихи и песни
с нотным приложением

Редакторы *В. Щербакова, Н. Клименко*
Музыкальный редактор *А. Костромин*
Подготовка нотного приложения *Г. Бургучева*
Дизайн серии *И. Мидова*
Художественно-графический редактор *В. Ахшарумов*
Верстка *О. Воробьева*
Корректор *Л. Малова*

Налоговая льгота — общероссийский классификатор продукции
ОК-005-93, том 2; 953000 — книги, брошюры

Издательская лицензия ИД № 04144 от 27.02.01 г.
Подписано в печать 18.07.01. Формат $70\times100^1/_{32}$.
Бумага офсетная. Печать офсетная.
Усл. печ. л. 14,95. Тираж 5500 экз. Заказ № 4188.

Качество печати соответствует качеству диапозитивов

ООО Издательство «Локид-Пресс»
129090, Москва, ул. Гиляровского, д. 3, стр. 1

Отпечатано в полном соответствии
с качеством предоставленных диапозитивов
в ОАО «Можайский полиграфический комбинат»
143200, г. Можайск, ул. Мира, 93